JN441372

글로벌
혁신경영

박주홍

유원북스

머리말

글로벌화가 급속도로 진행되고 있는 오늘날의 기업에 있어서 혁신은 더 이상 논쟁의 대상이 아니고, 기업의 글로벌 경쟁력의 강화를 위해 철저히 탐구해야만 하는 대상이 되었다. 혁신은 글로벌 경쟁에서 경쟁우위를 확보하고, 위기상황에서 보다 확실한 생존권을 확보하기 위한 기업의 가장 중요한 목표의 하나이다. 역동적인 환경변화, 빠른 기술의 변화, 기업환경의 불확실성과 복잡성의 증대 및 시장상황의 불연속적인 전개 등과 같은 현상들로 특징지워지는 오늘날의 증대되는 도전은 기업으로 하여금 부단한 혁신을 추구하도록 강요한다.

본서는 저자가 출간한 『국제경쟁력 강화를 위한 전사적 혁신경영』(삼영사, 2007)을 글로벌 관점에서 수정 · 보완한 저술연구이다. 본서는 『글로벌 혁신경영』이라는 수정된 서명을 충실하게 반영하기 위하여 제1장 '글로벌 기업과 혁신의 글로벌화', 제2장 '글로벌 기업의 기술적 환경'과 제3장 '글로벌 기업의 혁신촉진적 기업문화'를 추가하였을 뿐만 아니라, 제13장 '글로벌 기업의 혁신네트워크의 관리'를 새롭게 추가하여 집필하였다. 아울러, 글로벌 관점에서 집필되었기 때문에 이와 관련된 용어들도 본서 전반에 걸쳐 정리되었다.

본서는 총 5부 13장으로 구성되어 있다. 제1부에서는 혁신의 글로벌화, 기술적 환경 및 기업문화를 살펴보고, 제2부에서는 글로벌 기업의 전사적 혁신경영에 대한 개념적 기초를 논의한다. 아울러, 제3부에서는 글로벌 기업의 전사적 혁신경영을 위한 전략, 계획 및 조직에 대하여 체계적으로 검토하고, 제4부에서는 글로벌 기업의 혁신과정에 대하여 설명한다. 마지막으로 제5부에서는 글로벌 기업의 혁신에 대한 통제와 혁신네트워크의 관리에 대하여 논의하기로 한다.

본서는 저자가 독일 유학시절부터 지금까지 25년 이상을 심혈을 기울여 수집하고 연구해 온 '혁신경영'에 대한 수많은 문헌, 즉 혁신경영에 대한 체계적인 저술연구가 활발히 이루어지고 있는 독일어권(독일, 오스트리아 및 스위스)의 방대한 문헌, 영어권(미국 및 영국)의 문헌 및 저자의 연구논문 등을 바탕으로 집필되었다. 특히, 본서에서는 저술연구 집필의 체제에 따라 참고문헌에 대한 정확한 출처를 제시한 각주(footnote)를 달았기 때문에, 이 분야에 관심이 있는 연구자 또는 독자들이 연구를 하는 데 있어서 본서에서 제시한 참고문헌이 도움이 될 것으로 보인다.

본서의 집필을 위한 학문적 씨앗을 뿌려주신 저자의 박사학위 지도교수이신 독일 만하임(Mannheim) 대학교 대학원 국제경영학과의 펠리츠(Prof. Dr. Manfred Perlitz) 명예교수님께 존경의 감사를 드린다. 또한 저자의 독일 유학시절 귀중한 학문적 조언을 해 주신 독일 슈투트가르트 호헨하임(Hohenheim) 대학교 전 총장이신 마하르찌나(Prof. Dr. Dres. h.c. Klaus Macharzina) 교수님께 깊은 감사를 드린다.

또한 본서의 출판을 위해 많은 관심과 후원을 아끼지 않으신 유원북스 이구만 사장님과 원고정리를 위해 수고해 주신 편집부 김양형 편집위원님께도 감사를 드린다. 또한 본서가 집필되는 1년 여 동안 많은 시간을 빼앗겨야만 했던 사랑하는 가족들에게 마음으로부터의 고마움을 전한다.

2016년 6월

궁산 기슭 연구실에서

저자 씀

◆ 강의용 파워포인트자료는 출판사 또는 juhong@kmu.ac.kr로 문의바람.

차 례

제 1 부 혁신의 글로벌화, 기술적 환경 및 기업문화

제 2 부 글로벌 기업의 전사적 혁신경영에 대한 개념적 기초

제 4 장 글로벌 기업의 혁신과 글로벌 경쟁력

제 5 장 글로벌 기업의 전사적 혁신경영과 혁신믹스전략

제 7 장 글로벌 기업의 혁신을 위한 계획

제 8 장 글로벌 기업의 혁신을 위한 조직

제 5 부 글로벌 기업의 혁신에 대한 통제와 혁신네트워크의 관리

제12장 글로벌 기업의 혁신에 대한 통제

제13장 글로벌 기업의 혁신네트워크의 관리

그림 차례

표 차례

제 1 부

혁신의 글로벌화, 기술적 환경 및 기업문화

제1부에서는 혁신의 글로벌화, 기술적 환경 및 기업문화에 대하여 살펴본다. 제1장에서는 글로벌 기업과 혁신의 글로벌화에 대하여 논의한다. 제2장에서는 글로벌 기업의 기술적 환경에 대하여 설명한다. 아울러, 제3장은 글로벌 기업의 혁신촉진적 기업문화를 체계적으로 검토한다.

제 1 부 혁신의 글로벌화, 기술적 환경 및 기업문화

제 1 장 글로벌 기업과 혁신의 글로벌화
제 2 장 글로벌 기업의 기술적 환경
제 3 장 글로벌 기업의 혁신촉진적 기업문화

↓

제 2 부 글로벌 기업의 전사적 혁신경영에 대한 개념적 기초

제 4 장 글로벌 기업의 혁신과 글로벌 경쟁력
제 5 장 글로벌 기업의 전사적 혁신경영과 혁신믹스전략

↓

제 3 부 글로벌 기업의 전사적 혁신경영을 위한 전략, 계획 및 조직

제 6 장 글로벌 기업의 혁신을 위한 전략적 검토
제 7 장 글로벌 기업의 혁신을 위한 계획
제 8 장 글로벌 기업의 혁신을 위한 조직

↓

제 4 부 글로벌 기업의 혁신과정

제 9 장 글로벌 기업의 혁신과정의 3단계 및 아이디어창출의 단계
제10장 글로벌 기업의 아이디어평가의 단계
제11장 글로벌 기업의 아이디어실현의 단계

↓

제 5 부 글로벌 기업의 혁신에 대한 통제와 혁신네트워크의 관리

제12장 글로벌 기업의 혁신에 대한 통제
제13장 글로벌 기업의 혁신네트워크의 관리

제 1 장

글로벌 기업과 혁신의 글로벌화

1.1 기업의 글로벌화와 글로벌 기업

1.2 혁신의 글로벌화와 글로벌 혁신경영

1.3 본서의 구성 및 주요 내용

1.1 기업의 글로벌화와 글로벌 기업[1]

1.1.1 글로벌화의 개념과 발전단계

(1) 글로벌화의 개념

오늘날 현대인들은 국가 간의 구분이 큰 의미가 없는 글로벌 시대에 살고 있다. 글로벌화의 영향으로 인하여 국가 간의 인적 및 물적 교류가 점차 증대되고 있을 뿐만 아니라, 전 세계 소비자들의 욕구도 점차 동질화되고 있다. 글로벌화(globalization) 또는 세계화라는 용어는 1980년대 후반부터 널리 사용되기 시작하였으며, 국제화(internationalization)의 동의어로 간주되기도 한다. 글로벌화는 국가 간의 정치적, 경제적, 사회문화적 및 기술적 상호의존성(interdependence)이 증대되는 것을 의미한다.[2] 또한 이것은 세계시장을 하나의 통합된 관점에서 고찰하며, 무엇보다도 세계시장에서의 소비자의 동질성 또는 유사성을 중요하게 고려한다.[3]

(2) 글로벌화의 발전단계

역사적 관점에서 볼 때, 글로벌화의 발전단계는 〈표 1-1〉에 제시되어 있는 바와 같이 4단계로 구분될 수 있다. 이러한 네 가지 발전단계의 주요 특징을 살펴보면 다음과 같다.[4]

- 글로벌화 1단계(1830-1800년대 말): 철도의 발전, 효율적인 해양수송, 대규모 제조기업과 무역회사의 등장, 전신 및 전화의 발명 등으로 인하여 글로벌 기업이 널리 확산되기 시작하였다.
- 글로벌화 2단계(1900-1930년): 전기 및 철강 생산이 증대되기 시작하였으며, 미국 및 유럽 등지에서 초기 단계의 다국적 기업(예를 들면, BASF,

1 박주홍(2012a), p. 22 이하 수정 재인용.

2 Cavusgil et al.(2008), p. 30; Wild(2008), p. 34.

3 박주홍(2010), p. 1.

4 Cavusgil et al.(2008), p. 31 이하.

표 1-1 ■ 글로벌화의 발전단계

글로벌화의 단계	기 간	촉발요인	주요 특징
1단계	1830-1800년대 말 (1880년 정점)	철도와 해양수송의 도입	제조업의 성장: 주로 무역회사에 의한 국가 간 상품 무역
2단계	1900-1930년	전기 및 철강 생산의 증대	제조업, 채굴업 및 농업 분야에서의 초기 다국적 기업(주로 유럽 및 미국 기업)의 출현과 우월적 지위
3단계	1948-1970년대	GATT의 설립, 제2차 세계대전의 종전, 유럽 재건을 위한 마샬 플랜의 출범	무역장벽의 점진적 완화를 위한 선진국의 공동 노력, 일본의 다국적 기업의 성장, 유명제품의 국가 간 무역, 글로벌 자본시장의 발전에 따른 국가 간 자금이동
4단계	1980년대-현재	정보, 통신, 제조 및 회의 기술의 비약적 발전, 동구권 국영기업의 민영화, 신흥시장의 괄목할 만한 경제적 성장	제품, 서비스 및 자본에 대한 국가 간 거래의 급격한 성장률, 많은 국가의 중소기업 및 대기업의 국제경영 참여, 수출, 해외직접투자 및 자원소달 활동을 위한 신흥시장으로의 집중

자료원: Cavusgil et al.(2008), p. 32.

British Petroleum, Nestlé, Shell, Siemens, Fiat 등)이 설립되었다.

- 글로벌화 3단계(1948-1970년대): 제2차 세계대전의 종전 이후 GATT가 출범하였으며, 유럽의 경제가 재건되었다. 그리고 선진국기업들의 주도하에 세계무역과 해외직접투자가 증대되기 시작하였다.
- 글로벌화 4단계(1980년대-현재): 정보통신 및 생산기술의 발전에 힘입어 세계무역과 해외직접투자가 급속도로 증대되기 시작하였으며, 신흥공업국의 괄목할 만한 경제성장이 이루어지고 있다.

1.1.2 글로벌 기업의 개념

글로벌 기업(global company)은 기업의 모든 기능영역에서 세계적으로 운영을 표준화하려는 기업을 의미한다.[5] 그러므로 글로벌 기업은 기업의 국적 개념보다는 기업이 관계하고 있는 시장의 글로벌화에 더 중요한 의미를 부여하며, 인적·물적 자원의 세계적인 활용, 규모의 경제 및 시너지효과 등을 통하여 세계적인 경쟁력강화를 추구한다.[6] 글로벌 기업은 기업의 규모 또는 매출액에 관계없이 정의될 수 있을 뿐만 아니라, 그들이 활동하는 국가 또는 지역과 무관하게 정의될 수도 있다. 즉, 기업이 세계적으로 활동하고 있다면, 글로벌 기업의 범주에는 대기업과 중소기업, 선진국기업과 개발도상국기업 등이 모두 포함될 수 있다.

〈표 1-2〉는 2015년 포춘(Fortune)지 선정 세계 10대 글로벌 기업을 제시한다. 포천은 매년 세계 500대 글로벌 기업을 선정하고 있다. 이 표에서는 세계 10위 이내의 글로벌 기업의 순위가 매출액 기준으로 나열되었다. 이 표에는 제시되어 있지 않지만, 삼성전자는 13위, SK홀딩스는 57위, 그리고 현대자동차는 99위로 세계 100대 기업에 그 이름을 올렸다.[7]

표 1-2 ■ 포춘(Fortune)지 선정 세계 10대 글로벌 기업(2015년)

순위(기업명)	매출액(단위: 10억 달러)
1. Walmart	$485.7
2. Sinopec	$446.8
3. Royal Dutch Shell	$431.3
4. China National Petroleum Corporation	$428.6
5. ExxonMobil	$382.6
6. BP	$358.7
7. State Grid Corporation of China	$339.4
8. Volkswagen	$268.6
9. Toyota	$247.7
10. Glencore	$221.0

자료원: http://fortune.com/global500/

5 Ball(2004), p. 6.
6 박주홍(2009), p. 30.
7 박주홍(2016), p. 21.

표 1-3 ■ 포춘(Fortune)지 선정 세계 500대 글로벌 기업의 국가별 분포(2015년)

국가명	글로벌 기업의 수
미 국	127
중 국	98
일 본	54
프 랑 스	31
영 국	29
독 일	28
한 국	17
네덜란드	13
스 위 스	12
캐 나 다	11

자료원: http://fortune.com/global500/

〈표 1-3〉은 2015년 포춘(Fortune)지 선정 세계 500대 글로벌 기업의 국가별 분포를 보여준다. 이 표에 나타나 있는 바와 같이 미국 기업이 127개로 가장 많았으며, 한국 기업은 17개로 확인되었다.

1.1.3 글로벌 기업의 발전단계와 혁신의 의미

기업의 글로벌화 과정(globalization process)의 관점에서 볼 때, 글로벌 기업의 발전단계는 다음과 같은 4단계로 구분될 수 있다. 혁신의 의미는 글로벌 기업의 발전단계에 따라 서로 다르게 이해될 수 있다.

(1) 국내시장 지향단계: 국내기업

국내시장 지향단계에서는 모든 기업활동이 내수시장(domestic market)만을 대상으로 이루어진다. 즉, 국내기업(domestic company)은 내수시장만을 대상으로 활동하며, 내국인 고객의 욕구충족에 주안점을 두는 기업을 말한다. 국내기업은 자국의 동질적인 환경하에서 기업활동을 수행하기 때문에 기업활동의 복잡성이 대체로 낮은 경향이 있다.

국내시장 지향단계에서는 혁신은 국내의 고객만을 위해 추구된다. 그러므로 이 단계에서의 혁신의 목표는 내수시장에서의 시장점유율을 확대하고, 매출액을 증대시키는 것으로 볼 수 있다.

(2) 수출시장 지향단계: 수출기업

수출시장 지향단계에서 기업은 내수시장에 중점을 두면서 해외시장(foreign market)에 진출하게 된다. 수출(export)은 국내기업이 생산한 제품 및 서비스를 외국에 판매하는 기업활동을 의미하며, 이러한 수출활동을 하는 국내기업을 수출기업(export company)이라고 한다. 점진적 글로벌화의 관점에서 볼 때, 수출은 기업의 글로벌화의 출발점이다.

일반적으로 수출 초기단계에서 수출기업은 수출중간상(종합무역상사, 수출회사, 외국바이어, 외국기업의 구매사무소 및 수출대리점 등)을 통한 간접수출을 수행하며, 해외 수출경험을 점차적으로 축적하면서 수출부서를 통한 직접수출로 전환하는 경향이 있다. 그리고 어떤 해외시장에 대한 수출이 대폭적으로 증대될 경우, 이러한 해외시장에는 판매지점 또는 판매대리점이 설립될 수 있다.

수출시장 지향단계에서는 혁신을 통해 국내고객뿐만 아니라, 해외고객의 욕구를 충족시켜야 하기 때문에 혁신의 글로벌화에 대한 중요성이 대두되기 시작한다. 따라서 이 단계에서의 혁신의 목표는 내수시장과 해외시장에서의 시장점유율을 확대하고, 매출액을 증대시키는 것이다. 또한 이 단계에서 혁신을 추구하기 위해서는 해외고객의 욕구를 파악하기 위한 해외시장조사가 중요한 의미를 갖는다.

(3) 현지시장 지향단계: 다국적 기업

현지시장 지향단계에서는 기업이 해외활동을 통하여 축적한 경험을 바탕으로 현지국에 자회사를 설립한다. 일반적으로 이 단계에서 설립된 자회사는 다국적 기업의 성격을 갖는다. 다국적 기업(multinational company)은 여러 국가에 자회사를 보유하고 있으며, 각 자회사는 각국 시장의 차이점에 근거하여 독자적인 경영전략을 수립한다.[8] 따라서 다국적 기업은 비교적 이질

8 Ball et al.(2006), p. 8.

적인 고객이 존재하는 현지시장(local market)에서 생산 및 판매뿐만 아니라, 연구개발, 재무, 인사 등과 같은 기업의 기능영역 전반에 걸쳐 현지화전략을 추구한다.

현지시장 지향단계에서는 혁신을 통해 해외의 고객욕구를 충족시켜야 하기 때문에 혁신의 현지화가 매우 중요하게 고려된다. 그러므로 이 단계에서의 혁신의 목표는 해외시장에서의 시장점유율을 확대하고, 매출액을 증대시키는 것이다. 아울러, 이 단계에서 혁신을 추구하기 위해서는 해외고객의 욕구를 파악하기 위한 해외시장조사가 중요한 의미를 가질 뿐만 아니라, 혁신을 담당하는 연구개발부문을 현지에 입지시키는 바람직한 대안이 될 수 있다.

(4) 글로벌 시장 지향단계: 글로벌 기업

글로벌 시장 지향단계에서는 전 세계적으로 활동하는 본사와 자회사, 서로 다른 국가 또는 지역에서 활동하는 자회사들 간의 통합적 협력이 중요한 과제로 대두된다. 앞서 언급한 것처럼, 글로벌 기업(global company)은 기업의 모든 기능영역에서 세계적으로 운영을 표준화하려는 성향이 강하기 때문에 본사와 모든 자회사들은 글로벌 네트워크의 관점에서 통합적으로 관리되어야 한다.

특히, 통합적 글로벌 네트워크(global network)를 통하여 다음과 같은 목표가 달성될 수 있다.[9]

- 전 세계적인 시너지의 창출
- 글로벌 효율의 극대화
- 다양한 입지별 조직적 학습효과의 증대
- 현지국의 강점 개발 및 정교화
- 전 세계적 고객욕구의 충족

글로벌 시장 지향단계에서는 혁신을 통해 전 세계 고객의 욕구를 충족시켜야 하기 때문에 혁신의 글로벌화가 이루어져야 한다. 따라서 이 단계에서의 혁신의 목표는 글로벌 시장에서의 시장점유율을 확대하고, 매출액을 증대

9 박주홍(2009), p. 363.

시키는 것이다. 또한 이 단계에서 혁신을 추구하기 위해서는 본사와 해외 자회사, 그리고 해외 자회사들 간의 협력과 혁신의 글로벌화가 중요한 과제로 대두된다.

1.2 혁신의 글로벌화와 글로벌 혁신경영

1.2.1 혁신의 글로벌화

일반적으로 혁신은 연구개발의 결과물로 인식되는 경향이 있기 때문에 혁신의 글로벌화(globalization of innovation)는 연구개발의 글로벌화(globalization of research and development)와 동의어로 사용된다. 기업의 글로벌화의 발전과정에서 볼 때, 일반적으로 판매(sales)와 생산운영(manufacturing operations)의 글로벌화가 먼저 이루어졌으며, 그 이후에 연구개발(research and development)의 글로벌화가 진행되었다.[10] *레디(Reddy)*는 연구개발의 글로벌화를 다음과 같은 다섯 단계로 구분하였다.[11]

- 1단계: 연구개발의 국제화 시작단계인 1단계는 1970년대 이전에 시작되었으며, 1960년대부터 이러한 연구개발의 국제화 과정이 진행되었다. 특히, 1970년대 이전의 대부분의 연구개발의 국제화는 기술이전단위(technology transfer units)의 관점에서 이루어졌다. 기술이전단위는 본사가 해외 자회사에 기술이전을 하거나 현지에 기술 서비스를 제공하는 수준의 연구개발의 국제화를 담당하는 조직을 의미한다. 이러한 기술이전의 사례는 자동차 부품, 기계, 전기 및 엔지니어링 등과 같은 산업에서 발견된다.
- 2단계: 연구개발의 국제화 성장단계인 2단계는 1970년대에 해당된다.

10 von Boehmer(1998), p. 107 이하.
11 Reddy(2011), p. 60 이하.

특히, 이 단계에서는 현지 자회사의 토착기술단위(indigenous technology units)의 관점에서 연구개발의 국제화가 이루어졌다. 토착기술단위는 현지시장을 위한 신제품을 현지국에서 직접 개발하는 연구개발조직을 의미한다. 이러한 연구개발의 사례는 소비재 및 화학 등과 같은 산업에서 발견된다.

- 3단계: 이 단계는 연구개발의 국제화로부터 글로벌화로의 이행단계를 말하며, 1980년대에 해당된다. 특히, 이 단계에서는 기업의 글로벌화에 힘입어 글로벌 기술단위(global technology units), 기업기술단위(corporate technology units) 및 지역기술단위(regional technology units)의 관점에서 연구개발의 글로벌화가 진전되었다. 여기에서 글로벌 기술단위는 글로벌 시장을 위한 신제품을 개발하는 연구개발조직을 의미한다. 또한 기업기술단위는 장기적으로 사용가능한 기초기술을 창출하는 본사의 연구개발조직을 의미하며, 반면에 지역기술단위는 지역시장을 위한 신제품을 개발하는 연구개발조직을 말한다. 이러한 연구개발의 사례는 마이크로 전자, 제약, 바이오 기술 및 신소재 등과 같은 산업에서 발견된다.
- 4단계: 이 단계는 완전한 연구개발의 글로벌화가 나타난 단계이며, 1990년대에 해당된다. 이 단계는 무엇보다도 연구개발의 글로벌화를 실현하기 위하여 숙련된 연구자에 대한 수요가 증가하고, 연구개발비용이 증가하는 특징을 보여주고 있다. 그러므로 이 단계에서 글로벌 기업은 대규모의 과학기술 인력풀을 유지하여야 하는 과제를 안게 되었다. 연구개발의 글로벌화를 추구하는 산업의 예로 마이크로 전자, 바이오 기술, 제약, 화학 및 소프트웨어 등과 같은 산업을 들 수 있다.
- 5단계: 이 단계는 연구개발의 글로벌화가 더욱 진화하는 단계를 말하며, 2000년대 이후 지금까지 지속되고 있다. 특히, 2000년대 이후 신흥시장의 경제와 개인소득이 급속도로 성장하고 있기 때문에 이들 국가의 소비자들은 선진국의 소비자와 마찬가지로 정교한 제품을 요구하고 있다. 이러한 욕구를 충족시키기 위하여 글로벌 기업은 대량생산을 통한 규모의 경제를 실현하고 원가가 낮은 신제품을 개발해야 하는

상황에 직면하고 있다. 또한 이러한 신제품은 신흥시장에 입지한 연구개발단위에서 개발되어 현지시장에 판매될 수도 있지만, 현지시장과 유사한 세분시장이 존재하는 글로벌 시장을 염두에 두고 개발되어야 한다. 이 단계에 해당되는 산업의 예로 자동차, 정보통신기술 및 바이오 제약 등과 같은 산업을 들 수 있다.

1.2.2 글로벌 혁신경영의 학문적 위치

글로벌 혁신경영의 학문적 위치(academic standing of global innovation management)를 파악하기 위해서는 '글로벌 경영' 전공분야에서 제공하고 있는 커리큘럼(curriculum)을 분석할 필요가 있다. 일반적으로 국제경영이라는 용어가 사용되고 있지만, 본서에서는 '국제경영'을 '글로벌 경영'으로 대체하여 글로벌 혁신경영의 학문적 위치를 파악하기로 한다. 우리나라 대학에서 제공하는 글로벌 경영 전공분야와 관련된 커리큘럼은 다음과 같이 글로벌 경영 일반론, 특수론, 기능론, 세미나 및 실습 등으로 요약·분류될 수 있다.[12]

- 글로벌 경영 일반론: 글로벌 경영, 다국적 기업론
- 글로벌 경영 특수론: 글로벌 전략, 글로벌 기업환경, 글로벌 경영특강
- 글로벌 경영 기능론: 글로벌 마케팅, 글로벌 재무, 글로벌 생산, 글로벌 혁신경영(연구개발), 글로벌 조직, 글로벌 회계
- 글로벌 경영 세미나: 글로벌 경영 세미나
- 글로벌 경영 실습: 글로벌 기업 현장실습

글로벌 혁신경영(연구개발)은 글로벌 경영 기능론에 속하지만, 글로벌 경영 특수론의 관점에서도 파악될 수 있다. 즉, 글로벌 경영 특수론에 속하는 글로벌 전략 및 글로벌 기업환경은 글로벌 혁신경영의 전략적이고 환경적인 문제를 파악하는 데 도움이 될 수 있다. 〈그림 1-1〉은 글로벌 경영에서의 글로벌 혁신경영의 학문적 위치를 보여준다.

12 박주홍(2008b), p. 6 수정 재인용.

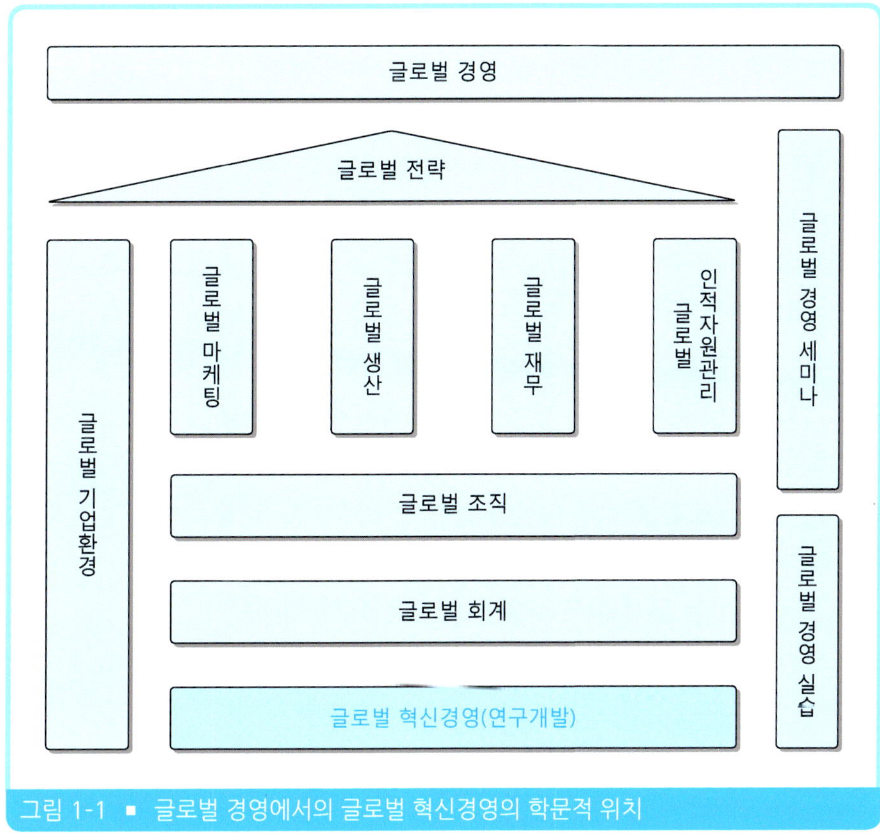

그림 1-1 ■ 글로벌 경영에서의 글로벌 혁신경영의 학문적 위치

자료원: 박주홍(2012b), p. 43 수정 재인용.

1.3 본서의 구성 및 주요 내용

본서는 총 5부 13장으로 구성되어 있으며, 그 주요 내용은 다음과 같다.

'제1부 혁신의 글로벌화, 기술적 환경 및 기업문화'는 본서의 도입 부분으로서 글로벌 기업과 혁신의 글로벌화(제1장), 글로벌 기업의 기술적 환경(제2장) 및 글로벌 기업의 혁신촉진적 기업문화(제3장)에 대하여 설명한다.

'제2부 글로벌 기업의 전사적 혁신경영에 대한 개념적 기초'에서는 글로벌 기업의 혁신과 글로벌 경쟁력(제4장) 및 글로벌 기업의 전사적 혁신경영과 혁신믹스전략(제5장)에 대하여 체계적으로 논의한다.

'제3부 글로벌 기업의 전사적 혁신경영을 위한 전략, 계획 및 조직'에서는 글로벌 기업의 혁신을 위한 전략적 검토(제6장), 글로벌 기업의 혁신을 위한 계획(제7장) 및 글로벌 기업의 혁신을 위한 조직(제8장)에 대하여 검토한다.

'제4부 글로벌 기업의 혁신과정'은 글로벌 기업의 혁신과정의 3단계 및 아이디어창출의 단계(제9장), 글로벌 기업의 아이디어평가의 단계(10장) 및 글로벌 기업의 아이디어실현의 단계(11장)에 대하여 논의한다.

마지막으로, '제5부 글로벌 기업의 혁신에 대한 통제와 혁신네트워크의 관리'에서는 글로벌 기업의 혁신에 대한 통제(제12장) 및 글로벌 기업의 혁신네트워크의 관리(제13장)에 대하여 설명한다.

〈그림 1-2〉는 본서의 구성 및 주요 내용을 제시한다.

제 1 부 혁신의 글로벌화, 기술적 환경 및 기업문화

제 1 장 글로벌 기업과 혁신의 글로벌화
제 2 장 글로벌 기업의 기술적 환경
제 3 장 글로벌 기업의 혁신촉진적 기업문화

↓

제 2 부 글로벌 기업의 전사적 혁신경영에 대한 개념적 기초

제 4 장 글로벌 기업의 혁신과 글로벌 경쟁력
제 5 장 글로벌 기업의 전사적 혁신경영과 혁신믹스전략

↓

제 3 부 글로벌 기업의 전사적 혁신경영을 위한 전략, 계획 및 조직

제 6 장 글로벌 기업의 혁신을 위한 전략적 검토
제 7 장 글로벌 기업의 혁신을 위한 계획
제 8 장 글로벌 기업의 혁신을 위한 조직

↓

제 4 부 글로벌 기업의 혁신과정

제 9 장 글로벌 기업의 혁신과정의 3단계 및 아이디어창출의 단계
제10장 글로벌 기업의 아이디어평가의 단계
제11장 글로벌 기업의 아이디어실현의 단계

↓

제 5 부 글로벌 기업의 혁신에 대한 통제와 혁신네트워크의 관리

제12장 글로벌 기업의 혁신에 대한 통제
제13장 글로벌 기업의 혁신네트워크의 관리

그림 1-2 ▪ 본서의 구성 및 주요 내용

제 2 장

글로벌 기업의 기술적 환경

2.1 글로벌 기업의 기술적 환경의 의의[1]

어떤 국가의 기술적 환경(technological environment)은 먼저 특정제품 및 서비스에 대한 수요-기술-제품수명주기(demand-technology-product life cycle)의 관점에서 평가될 수 있다.[2] 안소프(*Ansoff*)는 기술적 환경을 안정된 기술적 환경, 비옥한 기술적 환경 및 혼란한 기술적 환경 등으로 분류하였다. 이러한 세 가지 기술적 환경에 대하여 살펴보면 다음과 같다.[3]

(1) 안정된 기술적 환경(stable technological environment)

이것은 어떤 수요수명주기(demand life cycle)의 기간 동안 기본적으로 변

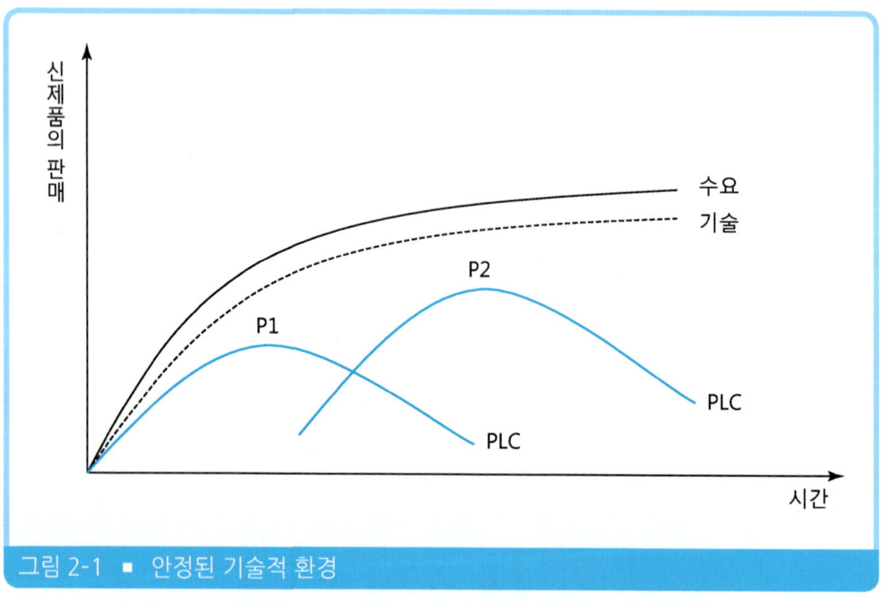

그림 2-1 ■ 안정된 기술적 환경

자료원: Ansoff(1984), p. 103.

1 박주홍(2012b), p. 166 이하 수정 재인용.

2 Ansoff(1984), p. 103 이하.

3 전게서; Roy/Dugal(1999), p. 113; Dugal/Schroeder(1995), p. 32 이하; Dugal/Roy(1994), p. 294 이하.

화되지 않는 수명이 긴 기술을 가진 사업으로 구성되어 있다. 이러한 상황하에서는 일정한 제품수명주기(product life cycle) 곡선들을 가진 제품의 수가 비교적 적으며, 다른 기술적 환경에 비해 안정적이다. 〈그림 2-1〉의 안정된 기술적 환경에 대한 그래프는 수요와 기술이 장기간 뒷받침되고, 또한 수요를 충족시킬 수 있는 소수의 제품이 안정적으로 판매되고 있는 상황을 보여준다.

(2) 비옥한 기술적 환경(fertile technological environment)

이것은 안정된 기술적 환경에서와 마찬가지로 어떤 수요수명주기의 기간 동안 수명이 긴 기술을 가진 사업으로 이루어져 있다. 비옥한 기술적 환경은 안정된 기술적 환경에 비해 일정한 제품수명주기를 가진 제품을 더 많이 보유하고 있다. 이 환경하에서 제품개발은 성공을 위한 결정적 요인이 된다. 기업은 지속적 제품개발의 압박을 받기 때문에 혁신을 해야 하며, 제품수명주기는 비교적 짧다. 〈그림 2-2〉는 비옥한 기술적 환경을 그래프로 제시한다.

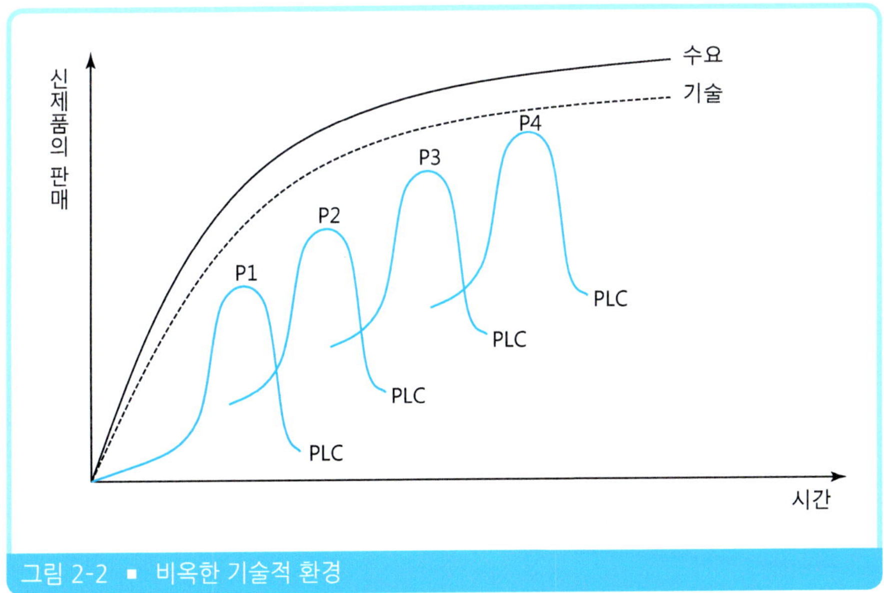

그림 2-2 ■ 비옥한 기술적 환경

자료원: Ansoff(1984), p. 103.

(3) 혼란한 기술적 환경(turbulent technological environment)

이것은 1개 또는 그 이상의 기초기술의 대체가 일정한 수요수명주기 동안에 이루어지는 특징을 보여준다. 이러한 환경에서는 빠르고 짧은 제품수명주기로 인하여 나타나는 제품진부화(product obsolescence)의 위협이 큰 문제가 될 수 있다. 〈그림 2-3〉에 나타나 있는 바와 같이, 일정한 수요수명주기 동안 3개의 기초기술의 대체가 이루어지고 있다. 그러나 이러한 상황에서 중요한 것은 기초기술(basic technology)이 아니라 핵심기술(key technology) 또는 선도기술(leading technology)이다. 이 그림에 제시되어 있는 바와 같이, 기술수명주기의 곡선들은 시간의 경과에 따라 하향하고 있는데, 이것은 기술적으로 진부화된 제품을 의미한다.

또한 어떤 국가의 기술적 환경은 외부적 영향요인 및 어떤 글로벌 기업과 관계하고 있는 이해관계자에 의하여 평가될 수 있다. 즉, 자연적, 기술적, 사회적, 법적 · 정치적 및 경제적 요인 등과 같은 외부적 영향요인은 글로벌 기업의 기술적 환경에 직접 또는 간접적으로 관련되어 있다. 그리고 글로벌 기업의 경쟁적 이해관계자인 경쟁자, 잠재적 진출기업, 공급자, 구매자 및 대

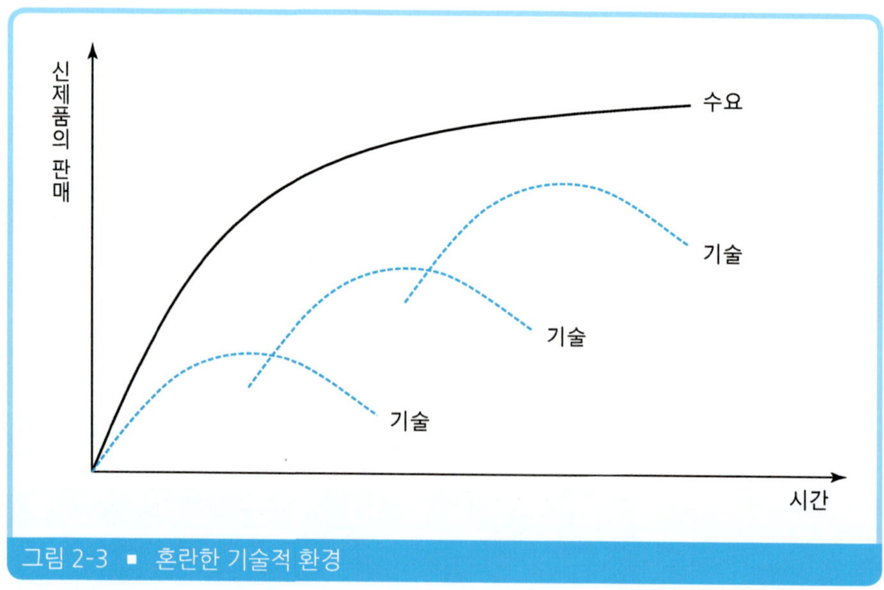

그림 2-3 ■ 혼란한 기술적 환경

자료원: Ansoff(1984), p. 103.

체품 생산자 등도 기술적 환경의 중요한 구성원이다. 아래의 2.2와 2.3에서는 이러한 환경적 요인에 대하여 각각 살펴보기로 한다.

2.2 기술과 관련된 외부적 환경요인의 이해[4]

2.2.1 자연적 환경

자연적 환경(natural environment)은 인간의 모든 거래활동의 기본적 요소를 제공한다. 어떤 제품을 생산하기 위해서 글로벌 기업은 투입요소를 필요로 하며, 이러한 투입요소는 대부분 자연적 산물이다. 그리고 산출요소인 제품은 공해를 유발하지 않거나 쓰레기를 발생시키지 않는 등 환경친화적인가를 고려하여야 한다. 특히, 생대적인 문제는 사회적, 경제적, 법적 및 기술적 환경과 밀접한 관계가 있다. 투입요소와 산출요소가 기술에 영향을 미칠 수 있는 상황은 다음과 같으며, 이러한 상황들은 기술개발과 밀접하게 관련되어 있다.

- 원재료 가격의 폭등으로 인한 대체원료의 개발
- 생산에서의 에너지절감
- 생태적 위험의 회피가능성
- 자원의 재활용잠재성

기업의 혁신 및 기술경영의 관점에서 볼 때, 어떤 제품개발은 기술과 직접적으로 관련되어 있다. 그러나 이러한 제품개발에 덧붙여서, 기업이 중요하게 고려하여야 할 부분은 제품생산을 위한 원재료의 환경친화성, 생산에서의 원가절감을 위한 공정기술의 개발 및 환경보호를 위한 기술개발 등이다. 즉, 기업이 어떤 제품의 생산에 있어서 생태적 부담을 완화하는 것은 기업의 연구개발부문의 중요한 연구과제가 될 수 있으며, 이것은 또한 매우 큰 개선의 잠재성과 혁신의 잠재성을 내포하고 있다.

4 박주홍(2012b), p. 175 이하 수정 재인용.

2.2.2 기술적 환경

기술적 환경(technological environment)은 기술의 발전상태, 관련산업의 기술적 성숙도, 기술개발의 역동성, 새로운 물질 또는 원재료의 이용가능성 및 기술의 경쟁적 잠재성 등과 같은 현지국의 외부적 영향요인을 말한다. 먼저, 기술의 발전상태는 일반적으로 선진국, 개발도상국 및 후진국 등으로 분류하는 기준이 되며, 글로벌 기업은 기술의 발전상태에 따라 현지국에서 기술집약적 제품의 생산을 고려할 수 있다. 관련산업의 기술적 성숙도는 현지국에서 어떤 특정기술이 어느 정도의 글로벌 경쟁력을 보유하고 있는가에 대한 척도를 제시한다. 현지국에서의 기술개발의 역동성은 현지정부의 기술개발의 지원 및 특정산업의 육성(예를 들면, 경제개발계획의 수립을 통한 특정산업의 육성) 등을 통하여 촉진될 수 있다. 새로운 물질 또는 원재료의 이용가능성은 어떤 기술의 개발과 제품생산을 위한 기본적인 요소로 작용할 수 있다. 마지막으로, 기술의 경쟁적 잠재성은 경쟁업체와 비교한 어떤 기업의 기술적 위치를 파악하게 하는 중요한 기준이 된다.

현지국의 기술적 영향요인은 체계적인 기술평가에 의해 파악될 수 있다. 이러한 기술평가는 한편으로는 어떤 글로벌 기업이 현지국에 투입한 기술의 발전상황에 대한 정보수집을 목표로 수행되며, 다른 한편으로는 투입한 기술의 기회와 위험을 조사할 목적으로 이루어진다. 구체적인 기술평가는 전문분야의 문헌분석, 특허분석, 실제적 및 잠재적 경쟁자의 연구개발능력의 분석 등을 통하여 이루어진다.

2.2.3 사회적 환경

사회적 환경(social environment)은 인구통계적인 요인과 사회문화적 요인 등과 같은 현지국의 어떤 기술에 영향을 미치는 외부적 요인으로 구성되어 있다. 총인구, 연령별 및 지역별 인구분포 등과 같은 인구통계적인 요인(demographic factor)은 기술혁신에 있어서 결정적인 영향을 미치지는 않지만 어느 정도의 영향을 미치고 있다. 특히, 지역별 인구분포의 관점에서 볼 때, 어떤 현지국의 인구가 도시지역에 대규모로 집중되어 있다면 어떤 제품에 대한 실제적 및 잠재적 시장규모가 크기 때문에 기업은 제품개발을 위해 많은 자원을 투입할 것이다. 사회문화적 요인은 고객의 가치관, 제품수용가능성, 소비자의 행동 및 취향의 차이와 변화 등을 포함하고 있으며, 이러한 요인은 기술적 환경에 영향을 미치게 된다. 예를 들면, 소비자의 행동 및 취향이 바뀌게 되면 기업은 그들이 판매하는 특정제품의 수정 및 개발과 관련된 의사결정상황에 직면하게 될 것이다.

사회문화적 요인은 다른 어떤 요인보다도 현지국에서의 제품차별화에 결정적인 영향을 미칠 수 있다. 왜냐하면 현지국에서의 사회문화적 요인의 변화는 기술적 환경의 변화를 촉진하는 요인으로 작용하기 때문이다. 일반적으로 사회적 환경 중에서 인구통계적인 요인에 대한 자료는 2차 자료를 통하여 쉽게 획득될 수 있지만, 소비자행동과 관련된 사회문화적 요인은 설문조사 및 인터뷰 등을 통하여 직접 수집하여 분석하여야 한다. 이렇게 수집하여 분석된 자료를 바탕으로 기업은 현지국에서 판매할 제품의 기술적 요구사항을 충족시킬 수 있다.

2.2.4 법적 · 정치적 환경

법적 · 정치적 환경(legal and political environment)은 기술에 대한 법적인 규정, 기술표준, 정부의 경제정책 및 연구개발정책, 지원 및 촉진제도 등과 같은 요인으로 구성되어 있다. 먼저, 기술에 대한 법적인 규정으로는 혁신 및 기술경영에 직접적 또는 간접적 영향을 미치는 특허법, 환경보호법 및 소비자보호법 등이 있다. 이러한 법률규정은 기업이 어떤 제품을 개발 또는 생산할 때 반드시 준수하여야 하는 범위조건을 제시한다. 기술표준(technical standards)은 어떤 제품의 기술적 요인에 관련되는 표준을 의미하며, 기업이 제품관련 기술을 개발할 때 이것을 반드시 지켜야 한다. 국가별로 기술표준이 다르다면, 기업은 국가별로 제품차별화를 해야만 하는데, 이것을 강제적 제품차별화

(mandatory product differentiation)라고 한다. 정부의 경제정책 및 연구개발정책은 어떤 국가에 있어서의 산업의 발전, 기술개발 및 연구개발의 활성화에 기여한다. 마지막으로, 지원 및 촉진제도는 기술개발과 관련하여 정부가 기업에 각종 인센티브, 지원금 및 보조금 지급 등을 지원하는 제도이다.

법적・정치적 환경에 대한 구체적인 자료는 문헌조사, 법률조항의 검토, 정부의 보고서 및 관련된 산업협회 등을 통하여 수집할 수 있다. 특히, 현지국의 특허관련 법률과 다른 기업에 의해 이미 등록된 관련기술에 대한 특허는 명확하게 조사・분석되어야 한다. 이를 통하여 글로벌 기업은 특허 침해적이고 중복적인 연구개발활동을 방지할 수 있고, 아울러 독자적으로 개발된 기술을 법률적으로 보호를 받는 특허로 등록할 수 있다.

2.2.5 경제적 환경

경제적 환경(economic environment)에서는 국민총생산, 1인당 국민소득 및 소득분포 등과 같은 시장규모와 관련된 변수와 경제성장, 인플레이션, 이자율, 환율, 국제수지 및 외채 등과 같은 거시경제지표와 관련된 변수가 기술의 외부적 영향요인을 분석하는 데 있어서 중요한 의미를 갖는다. 어떤 현지국의 시장규모가 크고, 어떤 글로벌 기업이 판매하는 제품의 매출액규모가 크다면, 이에 상응하여 기업이 기술개발을 위해 투자할 수 있는 금액의 규모가 커지게 된다. 즉, 시장규모가 큰 국가는 기업의 매출액증가에 유리한 상황을 제공하며, 이러한 매출액의 일부가 기술개발에 유용하게 사용될 수 있다.

또한 어떤 국가의 거시경제관련 지표는 그 국가의 금융 및 재정상황을 파악하는 데 도움이 된다. 만일 어떤 국가의 금융 및 재정상황이 매우 양호하다면, 이러한 상황은 현지국에서 활동하는 글로벌 기업이 기술개발에 필요한 자금을 조달할 때 매우 유리하게 작용할 수 있다. 예를 들면, 어떤 현지국의 이자율이 다른 국가에 비해 상대적으로 낮다면, 그 국가에서 활동하는 글로벌 기업은 좋은 조건의 기술개발자금을 조달하게 된다.

경제적 환경과 관련된 구체적인 자료는 국제경제관련 통계수치, 각국 정부에서 발간하는 통계연감, 개별기업 및 경영컨설팅회사에서 발간하는 보고서 등을 통하여 획득할 수 있다. 그리고 대출조건이 좋은 기술개발자금을 조달하기 위해서, 글로벌 기업은 각 국가의 이자율, 환율 및 물가상승률 등과 같은 금융 및 시장정보를 면밀히 분석하여야 한다.

2.3 기술적 이해관계자의 분석[5]

*포터*가 산업 내의 경쟁을 분석하기 위하여 제시한 경쟁자, 잠재적 진출기업, 공급자, 구매자 및 대체품 생산자 등은 글로벌 기업의 기술적 이해관계자(technological stakeholder)가 될 수 있다(〈그림 2-4 참고).[6] 아래에서는 이러한 기술적 이해관계자가 글로벌 기업의 기술적 환경에 있어서 어떤 의미를 갖고 있는지에 대하여 살펴보기로 한다.

2.3.1 경쟁자

경쟁자(industry competitors)는 어떤 글로벌 기업이 경쟁관계를 유지하고 있는 기존의 경쟁자를 말한다. 어떤 글로벌 기업이 기술적 환경을 보다 정확하게 파악하기 위해서는 무엇보다도 경쟁자의 제품수명주기, 신제품 개발능력 및 연구개발예산의 규모 등을 분석하여야 한다.

경쟁자의 제품수명주기는 경쟁자가 생산하는 제품별로 평가되어야 하며, 그 평가결과는 경쟁관계를 유지하고 있는 어떤 글로벌 기업의 제품수명주기와 비교 · 분석되어야 한다. 경쟁자의 제품수명주기가 어느 위치에 있는가를 파악하게 된다면, 그 글로벌 기업은 신제품개발 또는 제품수정의 시점

---

5 박주홍(2012b), p. 181 이하 수정 재인용.

6 Porter(1980).

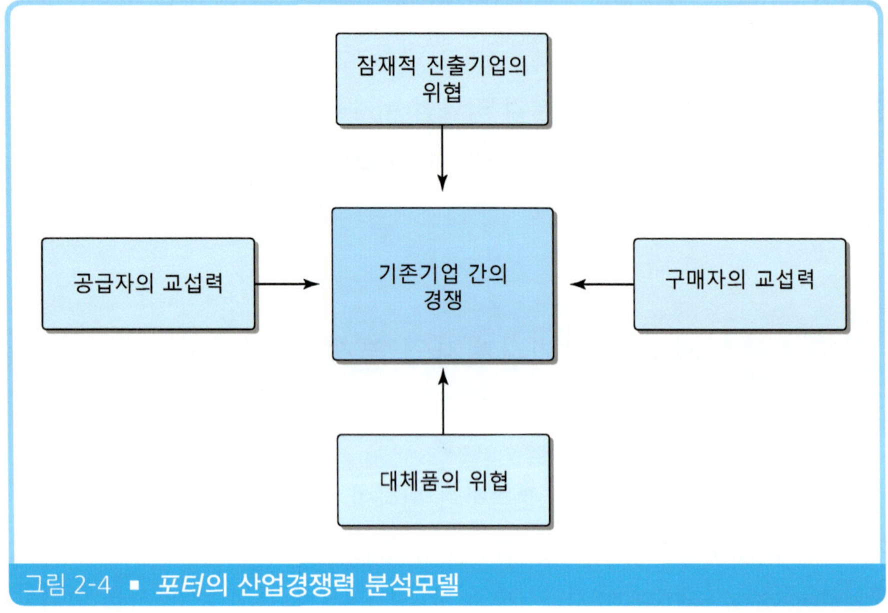

그림 2-4 ■ *포터*의 산업경쟁력 분석모델

자료원: Porter(1980).

을 보다 효과적으로 결정할 수 있다. 그러나 동일한 제품의 수명주기는 각 국가별로 다를 수 있기 때문에 이에 대한 분석도 추가적으로 이루어져야 한다.

글로벌 기업의 가장 중요한 기술적 환경의 분석대상의 하나는 경쟁자의 신제품 개발능력이다. 기업이 글로벌 경쟁에서 생존하고, 장기적으로 발전하기 위해서는 탁월한 신제품 개발능력을 보유하여야 한다. 경쟁자의 신제품 개발능력을 구체적으로 분석하기 위해서는 연구개발인력의 수준, 국내외 보유특허의 수, 연간연구개발비 및 총매출액에서 신제품이 차지하는 비율 등과 같은 자료가 수집되어야 한다. 특히, 최근 2-3년간 총매출액에서 신제품이 차지하는 비율은 경쟁자의 신제품 개발능력 또는 혁신능력을 단적으로 보여주는 중요한 지표가 될 수 있다.

연구개발예산의 규모는 경쟁자의 현재 및 미래의 기술력을 예측할 수 있는 또 하나의 지표이다. 연구개발예산은 "어떤 계획기간에 있어서 연구개발비지출을 위해 이용가능한 기업 전체의 총예산의 일부"이다.[7] 연구개발예산

7 Schanz(1972), p. 80.

을 수립하기 위해서 기업은 연구개발을 통하여 달성될 수 있는 이윤과 성장을 고려해야만 한다. 연구개발예산의 확정은 연구개발프로그램의 중요한 요소 중의 하나이다. 그러므로 이것은 연구개발영역의 진행계획 및 잠정적 계획뿐만 아니라, 나아가 기타계획영역(예를 들면, 연구개발 이외의 기능영역)에 대해서도 간접적으로 영향을 미친다.[8]

2.3.2 잠재적 진출기업

잠재적 진출기업 또는 신규 시장진입자(new entrants)는 기존의 경쟁구도에 직접적으로 영향을 미치게 된다. 잠재적 진출기업이 새로운 시장에 진출하려는 경우에 있어서 어떤 제품의 개발과 생산에 많은 연구개발비를 필요로 한다면, 새로운 시장에 대한 진입장벽이 높아진다. 이와 반대로, 연구개발비 부담이 거의 없는 제품인 경우에는 시장진입장벽이 낮기 때문에 경쟁이 격화될 가능성이 매우 높다. 글로벌 기업은 기존의 글로벌 경쟁에 막대한 영향을 미칠 수 있는, 높은 기술력을 가진 잠재적 진출기업의 시장진입가능성을 항상 염두에 두고 기술경쟁력을 확보하여야 한다.

2.3.3 공급자

공급자(suppliers) 또는 협력업체는 어떤 기업의 제품생산을 위해 원재료 또는 부품을 공급하는 기업이다. 공급자가 납품한 어떤 부품의 품질 및 원가는 최종 조립업체의 제품경쟁력 또는 원가경쟁력에 영향을 미치게 된다. 예를 들면, ABS(anti-lock brake system) 브레이크를 개발한 보쉬(Bosch)가 이 신제품을 벤츠(Benz), BMW, 아우디(Audi) 및 폭스바겐(Volkswagen) 등과 같은 독일의 자동차회사에 납품하여 자동차를 생산하였을 때 소비자들의 반응은 매우 호의적이었다.

8 Schröder(1980), p. 646; 박주홍(2007), p. 123 재인용.

특히, 글로벌 기업은 전 세계적으로 원재료 또는 부품을 조달하는데, 이것을 글로벌 소싱이라고 한다. 글로벌 소싱(global sourcing)은 지리적 입지와 관계없이 필요한 자원 및 산출물을 가장 효과적으로 제공할 수 있는 공급자를 전 세계적으로 활용하는 것을 의미한다.[9] 이러한 기업활동은 원재료 및 부품을 필요한 시점에 유리한 가격으로 전 세계에 있는 공급자들로부터 합리적으로 구매하기 위한 관리활동에 기초를 두고 있다.[10]

글로벌 소싱에 있어서 협력관계는 무엇보다도 제조업체와 공급자의 기술적인 공동협력에 중점을 두어야 한다. 이러한 기술적 공동협력은 일반적으로 제조업체가 원재료 및 부품의 생산에 필요한 기술을 공급자에게 제공함으로써 잘 이루어질 수 있다. 경우에 따라서 제조업체와 공급자가 공동으로 기술을 개발하며, 이를 통하여 최종제품의 기술적 표준을 충족시킬 수 있다. 또한 공급자는 제조업체가 필요로 하는 원재료 및 부품을 독자적으로 개발하여 납품할 수 있으며, 이 경우에는 기술개발에 필요한 인적 및 물적 자원을 공급자가 전적으로 부담하여야 한다.[11]

현지국에서 생산시설을 보유하고 있는 글로벌 기업의 자회사는 생산초기부터 현지국의 공급자와 협력관계를 잘 유지해야만 요구되는 품질 및 납품시기 등과 관련된 문제점들을 극복할 수 있다.[12] 현지국의 공급자는 원재료 및 부품의 생산에 필요한 기술을 제조업체로부터 제공받을 수도 있고, 독자적으로 기술을 개발할 수도 있다. 현지국의 제조업체는 우수한 품질의 원재료 및 부품을 조달받기 위하여 현지국의 공급자에게 기술적인 노하우 및 지식의 제공, 엔지니어 또는 기술인력의 교육, 재정적인 지원을 할 필요가 있다. 이러한 공동협력과 지원을 통하여 제조업체는 품질이 우수한 원재료 및 부품을 안정적으로 조달할 수 있으며, 이를 통하여 최종제품의 글로벌 경쟁력을 향상시킬 수 있다.[13]

9 Hodgetts/Luthans(2000).
10 조동성(1997), p. 685.
11 박주홍(2004), p. 160 이하.
12 Grochla/Fieten(1989), p. 211.
13 박주홍(2004), p. 161.

2.3.4 구매자

구매자(buyers) 또는 고객은 기업이 만든 제품을 최종적으로 취득하는 역할을 담당하며, 이를 통하여 기업의 매출이 발생한다. 기술적 환경의 관점에서 볼 때, 구매자는 제품에 대하여 그들의 욕구를 표현하며, 이러한 요구사항은 신제품개발과 제품수정으로 연결되기도 한다.

글로벌 기업의 관점에서 볼 때, 각 국가별 구매자들의 문화적 배경에 따라 그들이 선호하는 제품이 다를 수 있다. 이러한 경우에는 제품차별화가 전략적으로 중요한 의미를 갖게 된다. 제품차별화가 신제품으로 구체화되어야 한다면, 기업은 신제품개발을 위한 투자를 해야만 한다. 그러나 어떤 기업의 보유자원이 제품차별화를 하는 데 충분치 않다면, 이 기업은 제품표준화를 추구하여야 한다. 제품표준화에서는 원가절감과 품질향상을 위한 공정기술이 제품기술보다 더 중요하게 취급될 수 있다.

2.3.5 대체품 생산자

*포터*가 산업 내의 경쟁분석에서 논의한 대체품(substitutes)은 기존의 경쟁구도를 바꿀 수 있는 역할을 할 수 있다. 대체품은 기존제품의 기능, 사용방법 및 효용 등을 다른 기술이나 방법으로 충족시켜주는 제품이다. 이것은 구매자가 어떤 한 종류의 제품이나 서비스를 다른 종류의 제품이나 서비스로 대체하기 때문에 기존제품이나 서비스의 생산자에게 위협으로 작용할 수 있다.

일반적으로 대체품은 기존제품보다 기술적으로 우수하거나 새로운 기술패러다임(technology paradigm)을 가진 제품이기 때문에 더욱 강한 글로벌 경쟁력을 보유하고 있다. 즉, 대체품은 환경과 기술패러다임의 변화를 반영하여 개발되고 생산되기 때문에 기술집약적인 제품인 경우가 많다. 예를 들면, 기존의 자동차는 휘발유 또는 경유 등과 같은 화석연료를 사용하지만, 대체품은 전기, 태양열 및 수소 등을 연료로 사용하기 때문에 새로운 기술을 개발해야만 한다.

대체품 생산자는 앞서 언급한 것처럼 기술집약적인 제품을 생산할 뿐만 아니라, 경우에 따라서 저렴한 원가의 대체품을 생산하기도 한다. 이 경우에 있어서 대체품 생산자는 원감절감을 위한 공정기술의 개발, 생산성 및 품질 향상 등과 같은 목표를 추구하기도 한다. 예를 들면, 휘발유 또는 경유를 대체할 수 있는 저렴한 자동차 연료로 바이오에탄올 또는 바이오디젤 등을 들 수 있는데, 이러한 대체품들은 식물에서 그 원료를 추출하기 때문에 생산원가가 저렴하지만 정제, 가공 및 생산을 위한 기술개발과 관련하여 많은 연구개발비를 필요로 한다.

제 3 장

글로벌 기업의 혁신촉진적 기업문화

3.1 문화의 의의와 종류[1]

3.1.1 문화의 의의

문화(culture)는 라틴어의 'cultus(경작하다, 재배하다)'에 그 어원을 두고 있으며, 이것은 어떤 지역, 국가 및 집단의 "사회구성원들에 의해 공유되고 학습된 행위의 총체"를 의미한다.[2] *호프슈테데*(*Hofstede*)는 문화를 "어떤 한 집단의 구성원들을 다른 집단의 구성원들과 다르게 만드는 인간사고(人間思考)의 집단적 프로그래밍"으로 정의한다.[3] 폰 *켈러*(*von Keller*)에 의하면, 문화는 다음과 같은 일곱 가지의 특징을 갖고 있다.[4]

- 문화는 인간에 의해 창조된다.
- 문화는 개인을 초월하며, 개인에게 지속적으로 영향을 미치는 하나의 사회현상이다.
- 문화는 학습된다.
- 문화는 규칙, 규범 및 행동방식 등을 통하여 행동을 조정한다.
- 문화는 내부적 일관성과 통합을 추구한다.
- 문화는 적응력을 갖고 있다.
- 문화는 장기간에 걸쳐 변화된다.

문화는 실체의 대부분은 바닷물에 잠겨 있고, 매우 작은 일부분만이 외부에 노출되어 있는 빙산에 비유되기도 한다(〈그림 3-1〉 참고). 외부에 드러나는 문화의 요소들은 심벌, 종교의식, 언어, 의복, 음식 및 예술 등과 같은 인공적 산물이다. 그러나 이러한 요소들은 가치관, 규범, 사고방식 및 태도 등과 같이 눈에 보이지 않는 무의식적이고 내재적인 요소들을 반영하고 있다.[5]

1 박주홍(2012b), 수정 재인용.
2 Hoebel(1970).
3 Hofstede(2000), p. 10.
4 von Keller(1982), p. 114 이하.
5 Perlitz(2004), p. 250 이하; Trompenaars(1993), p. 22 이하.

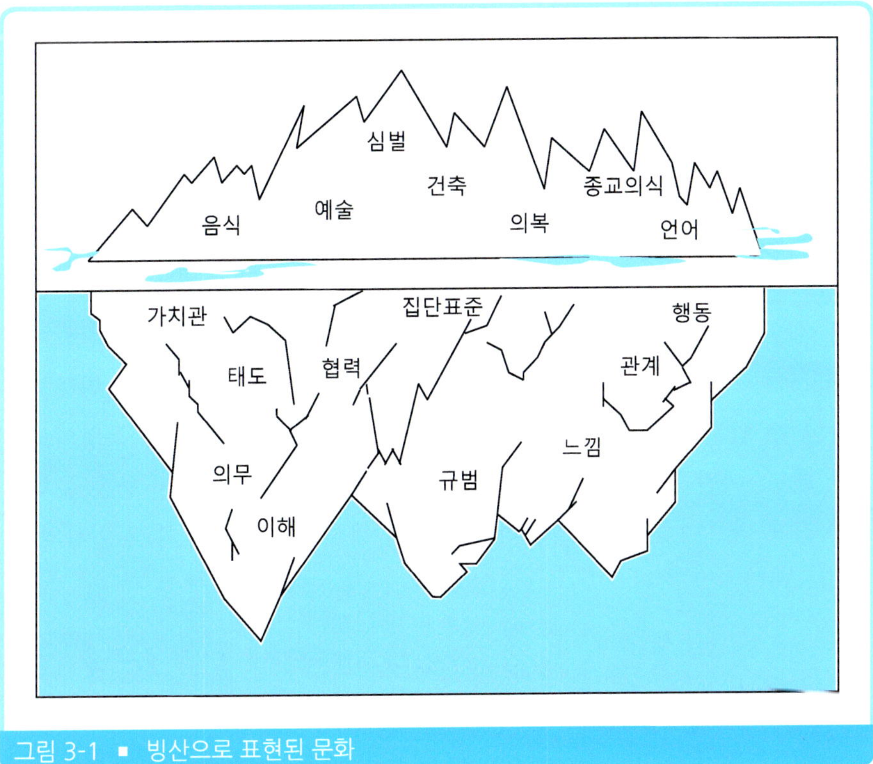

그림 3-1 ■ 빙산으로 표현된 문화

자료원: Perlitz(2004), p. 251.

글로벌 기업은 문화적 전통과 배경이 다른 국가 또는 지역에서 활동하기 때문에 현지국 또는 현지지역의 문화에 대한 다양한 측면들을 분석할 필요가 있다. 사회문화적 환경으로서의 문화는 어떤 기업이 글로벌 기업활동에 관계할 때 가장 먼저 직면하게 되는 요소이다. 글로벌 기업활동의 관점에서 볼 때, 현지국의 문화는 다음과 같은 다양한 측면들과 관련되어 있다.

- 현지종업원의 일에 대한 태도 및 동기부여
- 현지고객의 제품에 대한 욕구 또는 취향(예를 들면, 소비자행동)
- 현지파견인력 및 현지종업원에 대한 교육 및 훈련
- 현지인 또는 현지종업원과의 커뮤니케이션
- 글로벌 마케팅전략의 수립(예를 들면, 제품디자인, 광고전략 및 유통전략 등의 수립)

• 국제적 협상

글로벌 경영자는 현지국과 본국의 문화적 차이 때문에 발생하는 문제를 해결하기 위하여 문화적 지식을 갖출 필요가 있다. 이러한 문화적 지식은 사실적 지식과 해석적 지식으로 구분될 수 있다.[6] 사실적 지식(factual knowledge)은 대체로 명백하며 학습되어야 하는 것이다. 예를 들면, 문화에 따른 색상의 서로 다른 의미, 서로 다른 취향 및 고유한 문화적 특성 등은 글로벌 경영자가 예상, 연구 및 습득할 수 있는 사실적 지식이다. 이에 반해, 해석적 지식(interpretative knowledge)은 서로 다른 문화적 특성과 패턴을 충분히 이해하고 평가할 수 있는 능력이다. 예를 들면, 시간의 의미, 다른 사람과 특정대상에 대한 태도, 어떤 사람의 사회적 역할에 대한 이해 및 삶의 의미 등은 문화에 따라 크게 다르며, 이것을 충분히 이해하기 위해서는 사실적 지식 이상의 것이 필요하다.

3.1.2 문화의 종류

기업의 관점에서 볼 때, 문화는 개인문화, 기업문화, 산업문화 및 사회문화 등과 같은 네 가지로 구분될 수 있다.[7] 〈그림 3-2〉에 나타나 있는 바와 같이, 개인, 기업, 산업 및 사회의 순서로 문화의 관련영역이 넓어진다.

(1) 개인문화

개인문화(individual culture)는 어떤 한 개인의 문화적 표준에 그 기초를 두고 있다. 개인의 문화적 표준은 각 개인의 성장과정, 교육, 인간관계 및 환경 등과 같은 요소에 의해 결정되는 경향이 있다. 특히, 개인문화는 소비자로서의 개인을 이해하는 데 있어서 매우 중요한 의미를 갖는다.

6 Cateora(1993), p. 99 이하.

7 Scheuss(1985).

(2) 기업문화

기업문화(corporate culture)는 어떤 한 기업의 문화적 표준에 근거하고 있다. 기업문화는 어떤 기업의 가치관, 규범, 사고방식 및 행동 등과 같은 문화적 요소들이 오랜 기간에 걸쳐 개인에게 영향을 미쳐 형성되며, 이것은 그 기업에서 일하는 개인(예를 들면, 경영자 및 종업원)의 행동을 통제할 가능성이 매우 높다. 기업문화는 다음과 같은 여러 가지 특징을 갖고 있다.[8]

- 기업문화는 기업의 역사와 환경을 통하여 형성된다.
- 기업문화는 기업구성원들의 장기간에 걸친 상호작용의 산물이다.
- 기업문화는 개별적이다. 즉, 모든 기업은 어떤 전형적이고 특징적인 문화를 갖고 있다.
- 기업문화는 학습이 가능하다.
- 기업문화는 함축적인 특성을 갖고 있다.
- 기업문화는 다양한 표현양식을 갖고 있다.
- 기업문화는 대다수의 기업구성원들의 총체적인 가치관과 규범을 내포한다.
- 기업문화는 정서적인 관계를 구축한다.

(3) 산업문화

산업문화(industrial culture)는 한 산업의 문화적 표준에 그 기반을 두고 있다. 산업문화는 어떤 한 산업에 속해 있는 여러 기업들의 기업문화를 총체적으로 반영한다. 글로벌 기업의 관점에서 볼 때, 어떤 국가의 특정산업문화는 어떤 특정기업의 기업문화를 유추할 수 있는 기회를 제공할 수 있다.

(4) 사회문화

사회문화(social culture)는 전 사회의 문화적 표준에 그 바탕을 두고 있다. 즉, 이것은 국가적 차원의 문화를 의미한다. 사회문화는 어떤 국가의 개인문화, 산업문화 및 기업문화를 모두 포괄하고 있다. 사회문화의 대표적인 예로

8 Macharzina(1993), p. 191 이하.

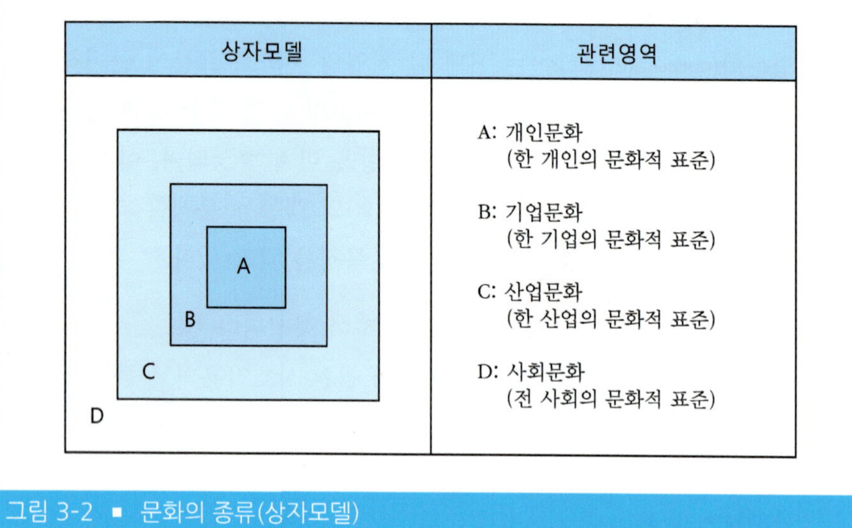

그림 3-2 ■ 문화의 종류(상자모델)

자료원: Scheuss(1985).

국민성을 들 수 있는데, 이것은 한 국가에서 오랜 기간 동안 학습되고 공유된 인성적인 특징을 말한다. 그리고 어떤 국가에서 발견되는 특징적인 관행 또는 습관 등도 사회문화의 주요 구성요소이다.

3.2 혁신촉진적 기업문화

3.2.1 혁신촉진적 기업문화의 기능

혁신촉진의 관점에서 볼 때, 기업문화는 조정, 통합 및 동기부여와 같은 세 가지 기능을 담당한다. 이러한 기능을 살펴보면 다음과 같다.[9]

- 조정 기능(coordination function): 글로벌 기업에서의 조정은 글로벌 경

9 Vahs/Burmester(2005), p. 353 재인용.

영활동을 수행하는 조직 내의 하위 사업단위들의 성과를 확인하고, 서로 다른 사업단위 또는 단위조직 간의 편차를 줄이려는 목적으로 수행되는 활동을 의미한다. 아울러, 조정은 글로벌 기업 전체의 목표를 부분의 목표로 구분하여 조직구성원의 성과가 달성되었는가에 대한 문제 및 기업의 효율적 자원배분에 대한 문제를 다룬다. 이러한 조정 기능은 어떤 기업에서의 전형적이고 특징적인 기업문화에 그 기초를 두고 수행되는 경향이 있다.

- 통합 기능(integration function): 글로벌 기업에서의 통합은 개별적 요소들을 시스템의 전체로 연결하는 역할을 담당한다. 예를 들면, 글로벌 기업이 혁신목표를 달성하기 위하여 요구되는 연구개발, 마케팅 및 생산부문 간의 통합적 협력에 있어서 내부적 일관성과 통합을 추구하는 기업문화가 큰 영향을 미치게 된다.
- 동기부여 기능(motivation function): 글로벌 혁신을 추구하는 연구개발 인력의 동기부여는 글로벌 기업 전체의 혁신목표를 달성하기 위하여 본사와 현지 자회사에 배치된 연구개발인력들이 이러한 목표를 내재적으로 수용하여, 이를 달성하기 위해 열심히 노력하도록 유도하는 것을 의미한다. 이러한 동기부여는 기업구성원들의 행동을 조정하는 특징을 갖는 기업문화에 의해 촉진되는 경향이 있다.

3.2.2 혁신촉진적 기업문화의 조건

모든 기업은 독자적인 기업문화를 보유하고 있지만, 이러한 기업문화는 모든 기업에 적합할 수는 없다. 특히, 혁신촉진적 기업문화는 글로벌 기업의 혁신성과에 직접적인 영향을 미칠 수 있기 때문에 다음과 같은 주요 조건을 갖추어야 한다.[10]

- 신뢰(confidence): 글로벌 기업의 혁신을 추구하는 조직 또는 인력은 상

10 전게서, p. 358 이하.

호 신뢰에 바탕을 두고 혁신활동을 수행하여야 한다. 특히, 규칙, 규범 및 행동방식 등을 통하여 행동을 조정하는 특징이 있는 기업문화는 이러한 신뢰를 형성하는 원천이 될 수 있다. 또한 신뢰에 기초를 둔 혁신 촉진적 기업문화는 혁신을 추구하는 모든 조직과 인력들 간의 상호 협력을 촉진한다.

- 협력(cooperation): 혁신촉진적 기업문화는 혁신을 추구하는 조직 및 인력들의 협력에 의하여 형성된다. 즉, 기업구성원들의 장기간에 걸친 상호작용의 산물로 볼 수 있는 협력은 글로벌 기업의 혁신과정에서 시너지효과를 창출할 수 있다. 혁신성과의 창출이라는 목적을 달성하기 위하여 관련된 조직과 인력들 간의 협력은 혁신촉진적 기업문화의 원천으로서 그 기능을 발휘하여야 한다.
- 책임감(responsibility): 혁신촉진적 기업문화는 혁신활동을 추구하는 인력들의 책임감을 통하여 형성된다. 기업구성원들의 총체적인 가치관과 규범을 내포하는 이러한 책임감은 학습을 통하여 습득되고 공유된다.

3.2.3 혁신촉진적 기업문화의 특징

혁신촉진적 기업문화의 특징은 다음과 같은 여덟 가지로 설명될 수 있다.[11] 즉, 아래와 같은 특징을 보유한 기업은 혁신을 성공적으로 수행할 수 있는 기업문화를 갖추었다고 볼 수 있다.

- 혁신을 저해하는 기업문화의 제거: 혁신촉진적인 기업문화를 구축하기 위하여 기업은 부서 간 및 계층 간 소통의 부재, 불충분한 정보제공, 종업원에 대한 통제와 감시 등과 같은 혁신을 저해하는 기업문화를 제거할 필요가 있다.
- 혁신에 대한 높은 가중치 부여: 기업 내에서 종업원의 창의성(creativity)과 혁신성(innovativeness)을 최고의 가치로 설정하는 혁신적인 기업문화

11 전게서, p. 360 이하.

를 추구함으로써 혁신이 촉진될 수 있다. 특히, 최고경영층의 적극적인 지원이 없이는 이러한 기업문화의 구축은 거의 불가능할 수 있다.

- 종업원의 고용안정 보장: 종업원에 대한 고용안정이 보장되지 않는 경우, 종업원은 혁신을 추구하는 과정에서 나타날 수 있는 쇄신과 변화에 대하여 저항할 수 있다. 혁신을 추구하는 과정에서 종업원은 자신들이 책임져야 하는 실패의 위험에 노출될 수 있는데, 이러한 실패의 위험을 종업원이 아닌 기업이 수용함으로써 혁신촉진적인 기업문화가 형성될 수 있다.
- 적극적 경영참가의 전통: 경영참가(management participation)는 종업원 또는 노동조합이 경영자와 공동으로 기업의 경영에 참여하는 것을 의미한다. 즉, 이것은 종업원 또는 노동조합이 기업의 경영에 참여하여 경영자와 함께 기업 경영상의 권한과 책임을 분담하는 것이다.[12] 이러한 전통이 있는 기업일수록 종업원과 경영자의 협력이 잘 이루어져 혁신촉진적인 기업문화가 원활하게 구축될 수 있다.
- 혁신촉진적 노동, 관리 및 경영참가의 개념 확립: 혁신촉진적인 기업문화는 단기간이 아니라 장기간에 걸쳐 구축된다. 특히, 혁신촉진적 노동, 관리 및 경영참가는 종업원과 경영자 간의 상호 협력과 신뢰를 기초로 하여 이루어져야 한다.
- 종업원을 위한 지속적 교육훈련: 자질이 우수한 종업원은 매우 가치가 있는 생산의 투입요소로 인식될 수 있다. 특히, 생산과정에서의 혁신(예를 들면, 공정혁신, 사회적 혁신 등)을 추구하는 경우, 이러한 혁신과정에 종업원을 참여시키는 것이 바람직하다. 따라서 종업원의 자질을 향상시키고 혁신을 촉진하기 위해서는 지속적인 교육훈련이 요구된다.
- 동기부여가 잘 되어 있고 혁신지향적인 챔피언의 지원: 혁신을 추구하는 데 있어서 동기부여가 잘 되어 있고 혁신지향적인 종업원을 '챔피언(champion)'이라고 한다. 이러한 챔피언을 기업이 강력하게 지원함으로써 혁신이 촉진될 수 있다. 기업은 혁신에 필요한 정보 제공, 직접적이고 시의적절한 커뮤니케이션, 창의적 여건 제공 및 실패에 대한 관

12 박주홍(2016), p. 260.

용 등을 통하여 챔피언을 지원할 수 있다.

- 실패를 통한 학습: 종업원들이 추구한 혁신의 결과가 실패한 것으로 판명된 경우, 기업은 이들에게 책임을 묻지 않는 것이 바람직하다. 만일 이들에게 실패에 대한 책임을 추궁한다면, 그 기업의 혁신활동은 크게 위축될 가능성이 높다. 경우에 따라서 여러 차례의 실패를 통한 학습에 기초하여 혁신이 성공적으로 실현되기도 한다.

3.2.4 혁신촉진적 기업문화의 구축

혁신촉진적 기업문화를 구축하기 위해서는 장기적인 관점에서 접근하여야 한다. 앞서 언급한 바와 같이, 기업문화는 기업구성원들의 장기간에 걸친 상호작용의 산물일 뿐만 아니라, 기업구성원들에 의해 공유되고 학습되기 때문이다(3.1.2 참고). 혁신촉진적인 기업문화를 구축하기 위해서는 다음과 같은 두 가지의 과정을 거쳐야 한다.[13]

(1) 현재상황(current state)의 분석

혁신촉진적 기업문화를 구축하기 위해서는 무엇보다도 먼저 현재상황을 분석할 필요가 있다. 즉, 현재의 기업문화를 분석함으로써 기업은 문화와 관련된 당면 과제를 파악할 수 있다. 즉, 다음과 같은 방법을 사용하여 기업은 현재의 문화적 상황을 파악할 수 있다.

- 상사와 부하 직원 간의 정기적인 평가회의
- 최고경영자와 종업원 대표와의 대화
- 기업 내의 다양한 업무 및 작업집단과의 비공식적 대화
- 최고경영층과 종업원이 참여하는 세미나 개최
- 기업의 강점과 약점을 파악하여 그 결과를 기업경영에 직접적으로 활용하는 작업집단 구성

13 Vahs/Burmester(2005), p. 368 이하.

- 기업 외부의 컨설턴트에 의한 체계적인 종업원 인터뷰
- 기업문화와 관련된 워크숍 개최
- 모든 종업원 또는 관련된 종업원을 대상으로 하는 주기적인 의견조사

(2) 목표상황(target state)의 정의와 문화개조(culture change)의 시도

목표상황의 정의는 현재상황의 기업문화를 앞으로 어떻게 바꿀 것인가를 설정하는 것과 관련되어 있다. 즉, 이러한 목표상황의 설정은 목표 지향적인 문화개조(goal-oriented culture change)를 의미한다. 또한 문화개조는 시간이 오래 걸리는 복잡하고 어려운 과제이기 때문에 문화개조를 시도하려는 경영자는 기업문화의 현재상황과 목표상황을 정확하게 비교·분석하여야 한다. 문화개조를 위해서 경영자는 이러한 개조가 필수적인가, 그리고 실현가능한가를 검토하여야 한다.

목표상황을 효과적으로 정의하기 위해서는 다음과 같은 사항을 고려하여야 한다.

- 기업의 혁신에 부정적인 영향을 미치는 현재의 기업문화가 미래에 어떻게 변화되고 개조되어야 하는가를 구체적으로 제시하여야 함.
- 미래의 기업문화가 혁신창출에 미치는 영향을 현재 시점에서 사전적으로 분석하여야 함.
- 목표상황은 지속적인 혁신창출을 위해 상황변화에 따라 유동적으로 재설정되어야 함.
- 목표상황의 설정을 위해 최고경영층뿐만 아니라, 혁신을 추구하는 모든 종업원들의 적극적인 참여가 요구됨.
- 목표상황은 단기적 관점이 아닌 장기적 관점에서 설정되어야 함.

제 2 부

글로벌 기업의 전사적 혁신경영에 대한 개념적 기초

제2부에서는 글로벌 기업의 전사적 혁신경영에 대한 개념을 살펴본다. 제4장에서는 글로벌 기업의 혁신과 글로벌 경쟁력에 대하여 논의한다. 제5장에서는 전사적 혁신경영과 혁신믹스전략을 검토한다. 특히, 전사적 혁신경영과 관련하여 전사적 혁신경영의 의의, TIM과 개별 기능영역의 역할, TIM의 실행방법 및 혁신전략의 실행 등이 체계적으로 논의된다.

제 1 부 혁신의 글로벌화, 기술적 환경 및 기업문화

제 1 장 글로벌 기업과 혁신의 글로벌화
제 2 장 글로벌 기업의 기술적 환경
제 3 장 글로벌 기업의 혁신촉진적 기업문화

↓

제 2 부 글로벌 기업의 전사적 혁신경영에 대한 개념적 기초

제 4 장 글로벌 기업의 혁신과 글로벌 경쟁력
제 5 장 글로벌 기업의 전사적 혁신경영과 혁신믹스전략

↓

제 3 부 글로벌 기업의 전사적 혁신경영을 위한 전략, 계획 및 조직

제 6 장 글로벌 기업의 혁신을 위한 전략적 검토
제 7 장 글로벌 기업의 혁신을 위한 계획
제 8 장 글로벌 기업의 혁신을 위한 조직

↓

제 4 부 글로벌 기업의 혁신과정

제 9 장 글로벌 기업의 혁신과정의 3단계 및 아이디어창출의 단계
제10장 글로벌 기업의 아이디어평가의 단계
제11장 글로벌 기업의 아이디어실현의 단계

↓

제 5 부 글로벌 기업의 혁신에 대한 통제와 혁신네트워크의 관리

제12장 글로벌 기업의 혁신에 대한 통제
제13장 글로벌 기업의 혁신네트워크의 관리

제 4 장

글로벌 기업의 혁신과 글로벌 경쟁력

4.1 혁신과 글로벌 경쟁의 역동성

오늘날 기업에 있어서 혁신의 의미는 더 이상 논쟁의 대상이 아니다. 혁신능력(innovation ability)은 기업이 글로벌 경쟁에서 성공적으로 대처하고, 또한 위기에 처했을 때보다 확실한 생존권을 확보하기 위한 기업의 가장 중요한 목표의 하나이다.[1] 기업의 경쟁우위는 전략혁신, 사회적 혁신, 제품혁신 및 공정혁신 등과 같은 지속적인 혁신을 통하여 보장될 수 있다.

역동적인 환경변화, 빠른 기술의 변화, 기업환경의 불확실성과 복잡성의 증대 및 시장상황의 불연속적인 전개 등과 같은 현상들로 특징지워지는 오늘날의 증대되는 도전은 이러한 변화되고 있거나 또는 변화된 기업환경에 보다 잘 적응하는 혁신적인 기업을 요구한다.[2] 기업의 미래의 성장 및 발전가능성은 환경변화와 새로운 기업상황에 효과적으로 대처하는 기업의 혁신경영의 능력에 달려 있다.

1997년 11월에 발생한 한국의 외환위기(IMF 구제금융 사태) 이후 한국기업의 위기상황이 발생하였다. 위기의 원인은 여러 가지로 추정되고 있으나, 기업관점에서 볼 때 글로벌 경쟁력의 약화를 그 원인으로 꼽을 수 있다. 외환위기 당시의 한국경제의 성장은 생산성에 근거한 것이 아니라, 노동과 자본의 투입량을 증대시킴으로써 가능하였다.[3] 매일경제신문사에서 발간한 '맥킨지보고서'에 따르면 한국의 총요소생산성(노동생산성과 자본생산성을 가중평균한 값, 1995년 기준)은 미국을 100으로 볼 때 한국은 51에 그쳤으며, 일본은 63이었다. 한국의 생산성이 이처럼 낮은 이유는 한국기업이 그동안 수익성보다는 외형에, 생산성보다는 비용절감에 집착한 '요소투입주도(input-driven)' 성장을 추구하였기 때문이다.[4] 아울러, 이 보고서가 주장하고 있는 충격적인 보

1 Albach(1984), p. 36; Kieser(1985), p. 354; Perlitz(1985), p. 94 이하; Olschowy(1990), p. 1.
2 Brose(1982) p. 2; Herzhoff(1991), p. 1.
3 매일경제신문(1998), p. 21 이하.
4 전게서.

고는 한국의 경제성장은 가치파괴 과정이었으며, 그 예로 한국경제에 투자된 자본에 대한 평균수익률은 지난 15년간(1998년 기준)의 차입금에 대한 금융비용(대출이자)에도 미치지 못한다는 것을 들고 있다.[5] 물론 이러한 결과를 초래한 원인이 여러 가지 있을 수 있지만, 무엇보다도 한국기업이 혁신을 등한시한 결과임을 간과할 수 없다.

혁신은 한국기업이 추구해야 할 중요한 과제 중의 하나이며, 혁신이 없이는 선진국기업과의 경쟁에서 우위를 확보할 수 없다. 지금까지 한국기업이 추구해 온 규모의 경제 및 경험곡선 등의 효과가 경쟁력 향상에 큰 역할을 한 것은 부인할 수 없지만, 이제는 혁신을 통한 기업의 글로벌 경쟁력 확보가 중요한 문제로 대두된다.

〈그림 4-1〉은 국제적 추격라인(international hunting line)을 보여주고 있다. 이 그림에서는 두 가지 방향의 화살표가 제시되어 있다.[6] 이 그림은 혁신의 중요성을 설명하고 있는데, 이 그림에 나타나 있는 두 가지 방향의 화살표를 설명하면 다음과 같다.

전방 화살표는 혁신가능성을 설명하고 있으며, 경쟁열위에 있는 국가들이 경쟁우위에 있는 국가를 추월하기 위해서는 혁신(예를 들면, 전략혁신, 사회적 혁신, 제품혁신 및 공정혁신 등)이 필요하다는 것을 보여준다. 아울러, 전방 화살

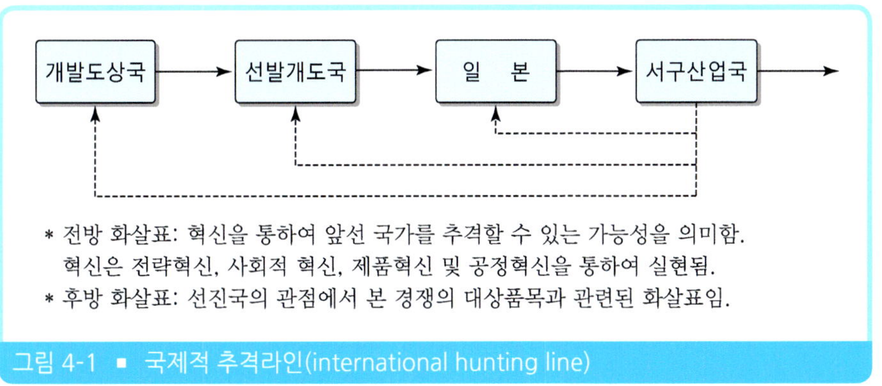

그림 4-1 ■ 국제적 추격라인(international hunting line)

자료원: 박주홍 역(2003), p. 18; Perlitz(2004), p. 2.

5 전게서.

6 박주홍(1997b), p. 337 이하; 박주홍 역(2003), p. 18 이하; Perlitz(2004), p. 2 이하.

표는 경쟁우위에 있는 국가들이 경쟁열위에 있는 국가들의 추격을 물리치기 위해서는 계속적인 혁신을 해야 한다는 것을 나타내고 있다.

후방 화살표는 경쟁의 대상품목(제품)과 관련되어 있다. 개발도상국의 경우(예를 들면, 동남아시아 및 남미 일부국가)에는 소비재 및 단순 가공조립품 등에서 경쟁이 가능하며, 선발개도국의 경우(예를 들면, 한국, 대만, 싱가포르 및 홍콩 등)에는 철강, 선박, 시계, 자동차, 컴퓨터, 오디오, 텔레비전, CD 플레이어 및 컴퓨터칩 등과 같은 제품에서 경쟁이 가능하다는 것을 보여준다. 일본의 경우 거의 모든 산업부문에서 경쟁이 가능하다. 그러나 서구산업국(특히, 독일)과 비교해 볼 때, 일본은 화학 및 기계산업 등의 부문에서 다소 경쟁력이 떨어진다.

후방 화살표에서의 경쟁의 관점에서 볼 때, 제품에 차이가 없다면 비용우위(cost advantage)가 중요한 경쟁우위의 요소로 대두된다. 그러므로 세계적으로 표준화되고, 생산기술이 널리 알려져 있는 제품의 경우, 선진국은 개발도상국과의 경쟁에서 열위에 놓이게 된다. 선진국이 이러한 제품에서 비용우위를 갖더라도 이것은 '일시적 비용우위'이다.[7] 그 이유는 선진국과 개발도상국 간의 인건비에서의 엄청난 차이를 선진국이 계속적으로 감당할 수 없기 때문이다. 이러한 이유에서 선진국은 '비용우위'의 문제를 해결하기 위해 세계적으로 표준화되고, 생산기술이 널리 알려져 있는 제품을 저인건비 국가에서 생산하게 된다.

'국제적 추격라인'의 관점에서 볼 때, 지속적인 혁신은 경쟁열위에 있는 국가가 경쟁우위에 있는 국가를 추월할 수 있을 뿐만 아니라, 경쟁우위에 있는 국가가 경쟁열위에 있는 국가의 추격을 뿌리칠 수 있는 중요한 수단이 된다. 아울러, 기업의 글로벌 경쟁력 강화를 위해서도 지속적인 혁신은 중요한 과제로 대두된다.

---

7 Porter(1993), p. 35.

4.2 혁신의 의의와 혁신을 통한 위기극복

4.2.1 혁신과 혁신경영의 의의

혁신(innovation)의 어원은 라틴어의 'innovatio'인데, 이 단어는 "새롭게 하는 것, 어떤 새로운 것의 창조 및 변화" 등을 의미한다.[8] *캔터*(*Kanter*)는 혁신을 다음과 같이 정의하였다. "혁신은 어떤 새로운 문제해결 또는 기회제공과 관련된 아이디어를 활용할 수 있도록 해 주는 과정을 의미한다(innovation refers to the process of bringing any new, problem-solving or opportunity-addressing idea into use)."[9] 본서에서는 혁신의 개념을 "새로운 아이디어가 전략혁신, 사회적 혁신, 제품혁신 및 공정혁신 등의 형태로 실천 또는 실행되는 것"으로 정의하고자 한다.[10]

슘페터(*Schumpeter*)는 1912년 그의 저서인 『경제발전의 이론』(*Theorie der wirtschaftlichen Entwicklung*)에서 본질적으로 오늘날에도 이론적 가치가 있는 혁신에 대한 사고적 기초를 마련하였다.[11] 즉, 그는 이 저서에서 제품혁신(신제품의 시장도입)과 공정혁신(제조 또는 시장화[市場化]에 있어서의 쇄신)을 분명하게 구분한다. 이것은 혁신과 관련된 이론 중에서 가장 오래된 이론적 고찰로서 오늘날에도 이러한 구분이 이론적 타당성을 갖고 있다.

여러 문헌에서는 혁신을 대상관련 혁신(object related innovation)과 과정관련 혁신(process related innovation)으로 분류한다.[12] 대상관련 혁신은 기업 및 기업의 관리에 새롭게 도입되는 제품, 공정, 원재료 및 시스템을 포함한다. 이에 반해, 과정관련 혁신은 어떤 쇄신의 과정과 관련되어 있으며, 여기에서 이것은 실제기술과 관련된 아이디어가 새로운 재화(제품)로 변환되고, 이러한

8 Perlitz/Löbler(1985), p. 425; Perlitz/Löbler(1989), p. 2; Olschowy(1990), p. 11.

9 Kanter(1984), p. 52.

10 Lorenz(1985), p. 138; Perlitz/Löbler(1985), p. 425; Brockhoff(1987), p. 55; Perlitz/Löbler(1989), p. 2.

11 Schumpeter(1952), p. 101 이하; Häußer(1981), p. 341.

12 Marr(1980), p. 948; Perlitz(1983), p. 24; Hauser(1991), p. 84.

재화가 시장에 도입되는 것을 의미한다.[13]

혁신은 다음과 같은 목표의 달성을 위해 기여한다.[14]

- 이윤목표의 달성
- 보다 강력한 경쟁력의 유지
- 기업의 성장
- 기업의 이미지 개선
- 발명품의 시장도입
- 보다 높은 시장점유율의 달성
- 생산성향상
- 원가 또는 비용의 절감
- 품질의 향상
- 일자리의 확보
- 환경변화에 대한 신속한 적응

〈그림 4-2〉는 기술 푸시(technology push)와 수요 풀(demand pull)에 의한 혁신을 보여주고 있다. 이 그림에 제시되어 있는 것처럼 시장에서 요구하는 고객욕구를 충족시키기 위하여 기업은 기술을 개발하여야 한다. 기술 푸시는 기업 내부적 관점에서 혁신을 추구하는 것으로 볼 수 있는 반면, 수요 풀은 기업 외부적 관점에서 혁신이 강요되는 것으로 볼 수 있다.

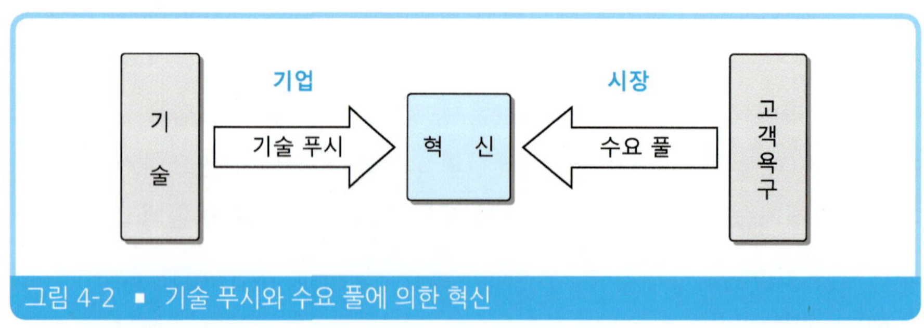

그림 4-2 ▪ 기술 푸시와 수요 풀에 의한 혁신

자료원: Perl(2003), p. 39.

---

13 Perlitz(1983), p. 24.

14 전게논문; Stern/Jaberg(2005), p. 7.

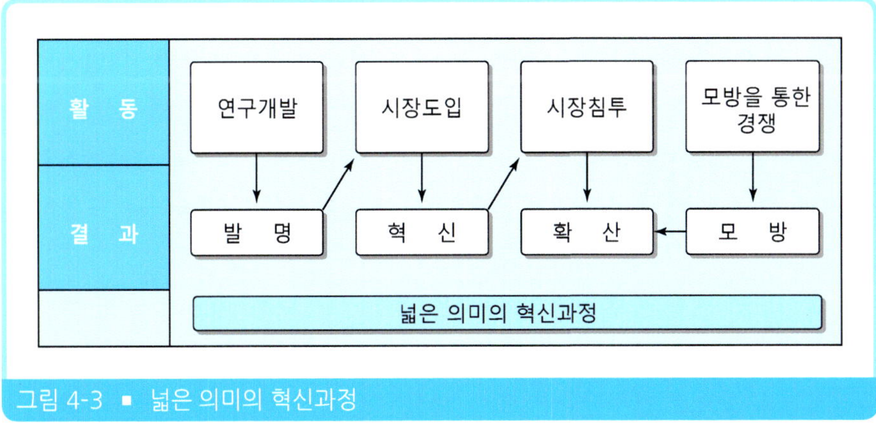

그림 4-3 ■ 넓은 의미의 혁신과정

자료원: Brockhoff(1994), p. 30.

〈그림 4-3〉은 넓은 의미의 혁신과정을 보여준다. 이 그림에 의하면 혁신과정은 활동과 결과로 각각 구분되며, 이러한 혁신과정은 궁극적으로 시장에서의 신제품확산을 목표로 진행되고 있다. 시장에서의 혁신의 확산은 연구개발과 모방에 의하여 이루어질 수 있다. 즉, 기업은 내부적으로 연구개발을 통하여 자체적으로 혁신을 수행하며, 외부적으로 모방(예를 들면, 기술, 특허 및 노하우 도입에 의한 신제품개발 등)을 통하여 신제품을 시장에 도입하여 확산시킨다.

또한 이 그림에서는 혁신(innovation)과 발명(invention)의 차이점을 개념적으로 명확히 구분하고 있다. 혁신은 시장도입을 위한 어떤 아이디어의 실행 또는 실천을 의미하며, 반면에 발명은 연구개발활동의 결과로 창출되는 새로운 지식을 의미한다.[15] 발명이 어떤 구체적인 시점의 결과에 관련된 것임에 반해, 혁신은 보다 오랜 과정의 결과이다.[16] 발명은 창조적 사고를 통하여 가능하게 되는 창조성에 근거를 둔다. 그러나 혁신은 시장성을 중요한 전제조건으로 한다. 즉, 어떤 발명이 경제적으로 그 가치가 평가되어 기업목표의 실현에 기여한다면, 비로소 발명이 혁신으로 바뀌게 된다.[17]

15 Perlitz/Löbler(1985), p. 425; Trommsdorff/Brodde/Schneider(1987), p. 6; Leder(1989), p. 6 이하; Perlitz/Löbler(1989), p. 2.

16 Trommsdorff/Reeb/Riedel(1991), p. 566.

17 Hesse(1990), p. 59.

경영적 관점에서 볼 때, 혁신은 개별기업에 있어서 모든 새로운 것뿐만 아니라, 기존시장에 존재하는 제품 및 공정 등도 포괄한다.[18] 즉, 개별기업의 차원에서 볼 때, 혁신은 동일산업에서 완전히 새로운 것 또는 동일산업에 이미 존재하는 제품 및 공정 모두를 포함한다. 이 경우에 있어서, 다른 기업에서 이미 갖고 있는 제품이나 공정을 어떤 개별기업이 모방하거나 도입하는 것도 넓은 의미의 혁신으로 간주된다.

그러므로 혁신의 본질적인 특징은 혁신의 새로운 정도에 의해 성립된다.[19] 더욱이 지속적인 연구개발활동을 통하여 나타나는 '비일상성'은 혁신의 본질적인 특징으로 간주된다.[20] 또한 혁신은 급진적 혁신(radical innovation)과 점진적 혁신(gradual innovation)으로 구분할 수 있는데, 여기에서 혁신 정도가 결정적인 특징으로 작용한다. 〈그림 4-4〉는 급진적 혁신과 점진적 혁신의 차이점을 보여준다.

〈그림 4-4〉는 급진적 혁신과 점진적 혁신의 전형적인 차이점을 보여주고 있는데, 여기에서 B-C 사이의 선은 급진적 혁신을, A-C 사이의 선은 점진적 혁신을 나타낸다. 먼저 출발시점 t_1에서 점진적 혁신(A점)의 새로운 정도는 g_1로 가정하고, 급진적 혁신(B점)의 새로운 정도는 g_2로 가정하면, 급진적 혁신과 점진적 혁신의 새로운 정도의 차이는 g_2-g_1이다. 또한 혁신의 달성시점 t_2에서 급진적 혁신과 점진적 혁신의 새로운 정도를 g_3으로 동일하다고 가정한다.

그러나 실제에 있어서 급진적 혁신과 점진적 혁신이 반드시 이 그림처럼 된다는 보장은 없다. 다만, 이 그림에서 급진적 혁신과 점진적 혁신을 설명하기 위해 이렇게 가정하였을 뿐이다. 이 그림은 수많은 작은 혁신(그림에서 계단으로 표시된 부분을 말하며, 단계적 개선이 중요함)들이 점진적 혁신에 이바지하는 것을 보여줄 뿐만 아니라, 급진적 혁신이 단번에 이루어지는 것도 보여준다.

〈그림 4-5〉는 전략적 태도에 따른 혁신자와 개척자의 위치를 제시한

18 Trommsdorff/Reeb/Riedel(1991), p. 566.

19 Macharzina(1993), p. 563.

20 전게서.

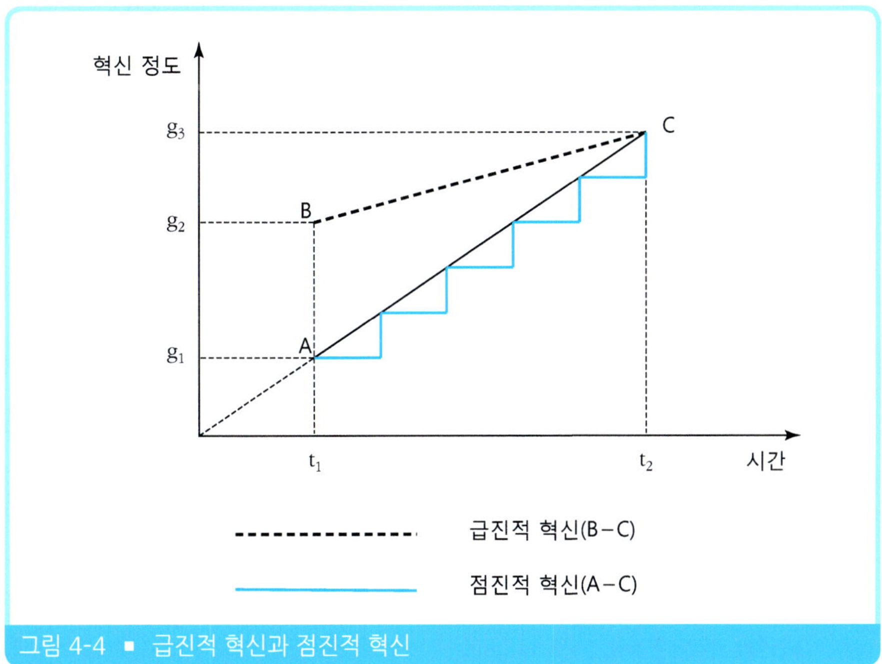

그림 4-4 ■ 급진적 혁신과 점진적 혁신

자료원: Park(1996), p. 8.

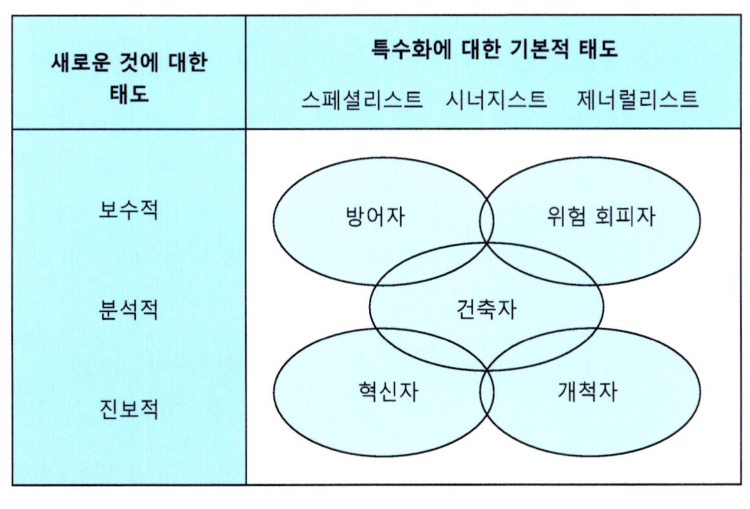

그림 4-5 ■ 전략적 태도에 따른 혁신자와 개척자의 위치

자료원: Kirsch/Trux(1981), p. 300.

다. 이 그림에 의하면 어떤 새로운 것에 대한 태도는 보수적, 분석적 및 진보적으로 구분할 수 있으며, 어떤 특수화에 대한 기본적 태도는 스페셜리스트(specialist), 시너지스트(synergist) 및 제너럴리스트(generalist)로 분류할 수 있다. 이러한 구분을 통하여 방어자, 위험 회피자, 건축자, 혁신자 및 개척자 등과 같은 다섯 가지의 전략적 포지셔닝(strategic positioning)이 가능하다. 무엇보다도 혁신은 진보적 태도를 갖고 있는 혁신자와 개척자에 의해 적극적으로 추구된다. 이러한 전략적 포지셔닝의 특징을 간략히 언급하면 다음과 같다.

- 방어자: 특정사업영역에서의 변화를 추구하지 않고, 변화에 대하여 회의적인 시각을 갖고 있음.
- 위험 회피자: 위험이 예상되는 사업영역에 대한 진입을 시도하지 않고, 기존의 전체 사업영역만을 고수함.
- 건축자: 어떤 사업영역에 대한 시너지효과를 높이기 위하여 분석적으로 접근함.
- 혁신자: 어떤 특정사업영역에서의 변화를 매우 적극적으로 추구함.
- 개척자: 혁신자와 마찬가지로 매우 진보적으로 혁신을 추구하며, 신제품 및 신시장 기회를 적극적으로 찾아내고 이용함.

혁신경영(innovation management)과 관련된 여러 가지 개념들이 학자에 따라 다양하지만, 한 가지 공통적인 견해는 혁신경영을 통하여 혁신이 목표 지향적, 성장 지향적 및 미래 지향적으로 이루어지며, 문제점들이 신속하고 효율적으로 해결된다는 것이다.[21] 혁신경영이 성공적으로 이루어지기 위해서는 기업에 있어서 모든 기능적인 측면들이 고려되어야 하고, 아울러 혁신의 방해요소들이 제거되어야 한다.[22]

혁신경영을 위해서는 다음과 같은 과제들이 중요하다.[23]

---

21 Allesch/Poppenheger(1986), p. 15; Specht(1986), p. 609 이하; Zahn(1986), p. 18 이하; Allesch/Klasmann(1989), p. 5 이하; Häfelfinger(1990), p. 32; Strebel(1990), p. 171; Vrakking(1990), p. 97 이하; Macharzina(1993), p. 570 이하.

22 Nieder/Zimmermann(1992), p. 385.

23 Allesch/Poppenheger(1986), p. 14; Macharzina(1993), p. 572.

- 혁신과정에 있어서 잠재된 기회의 인식과 위험의 감소
- 환경변화에 대한 신속한 적응(기업의 구체적인 관심사항과 강점이 고려되어야 함)
- 혁신과정에 있어서 시장, 기술 및 기업과 관련된 모든 영향요인의 분석
- 구체적 혁신경과에 대한 계획, 실행 및 통제

또한 혁신경영은 혁신을 위하여 개별적 기능영역에 있어서 가능한 한 보다 유리한 환경조건들을 만들고, 각 기능영역 간의 공동협력을 촉진시키려는 최고경영층의 시도이다.[24] 혁신경영의 목표는 필요한 지원을 통하여 개별적 혁신을 성공시키는 원천이 되는 기업의 혁신잠재성을 향상시키고, 경쟁자보다 뛰어난 혁신능력을 갖도록 하는 것이다.

혁신경영을 정의하기 위해서는 경영의 전략적 측면과 운영적 측면이 동시에 고려되어야 한다.[25] 본서에서는 혁신경영을 "미래 지향적이고, 목표 지향적인 쇄신전략에 대한 계획, 실행 및 통제"로 이해하고자 한다.[26] 이러한 정의를 바탕으로 제3부, 제4부, 그리고 제5부에서는 혁신경영의 주요 구성요소인 전략, 계획, 조직, 혁신과정 및 통제 등에 대하여 상세하게 논의한다(〈그림 6-1〉 참고).

여러 문헌에서는 '연구개발관리', '기술경영' 및 '혁신경영' 등이 종종 동의어로 사용되고 있지만,[27] 본서에서는 이들 용어를 명확하게 구분하고자 한다. 연구개발관리(R&D management)는 기초연구, 응용연구, 기초개발 및 개발(신제품 및 신공정개발)과 관련되어 있다.[28] 기술경영(technology management)은 응용연구와 기초개발활동에 국한되어 있다. 여기에서 응용연구는 실제의 문제점에 대한 해결가능성을 제시하며, 기초개발은 응용연구에 기초한 개발원칙의 확립, 제조가능성의 검토 및 제품개념의 설정 등을 포함한다.[29] 혁신경영은 기업에 있어서 가치창출과정과 관련된 지원부문(인사, 조직, 회계 및 재무

---

24 Macharzina(1993), p. 572.
25 Allesch/Klasmann(1989), p. 5; Trommsdorff/Schneider(1990), p. 5.
26 Behrens(1983), p. 47; Zahn(1986), p. 18; Marr(1991), p. 358.
27 Zahn(1986), p. 18 이하; Olschowy(1990), p. 20; Trommsdorff/Schneider(1990), p. 5.
28 Macharzina(1993), p. 572.
29 전게서.

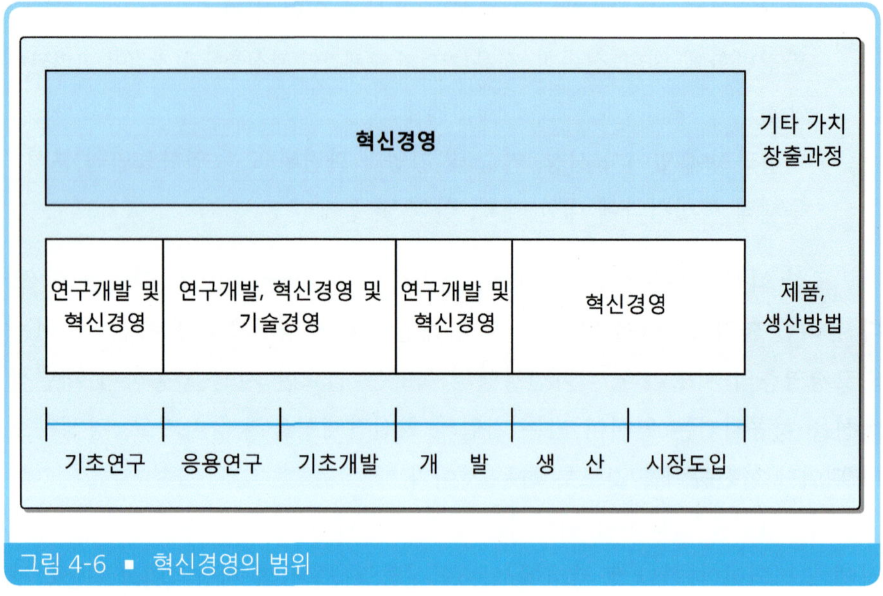

그림 4-6 ■ 혁신경영의 범위

자료원: Macharzina(1993), P. 571.

등)과 핵심부문(생산, 마케팅)을 모두 포괄하는 활동과 관련되어 있다.[30] 〈그림 4-6〉은 혁신경영의 범위를 제시한다. 이 그림에 의하면 혁신경영은 가치창출과정(value creating process)의 모든 분야와 관련되어 있음을 알 수 있다.

4.2.2 혁신의 종류

본절에서는 혁신의 종류를 전략혁신(strategic innovation), 사회적 혁신(social innovation), 제품혁신(product innovation) 및 공정혁신(process innovation) 등으로 나누어 살펴보기로 한다. 본서에서는 이러한 네 가지 혁신을 '4대 혁신'으로 정의하고자 한다.

(1) 전략혁신

전략혁신(strategic innovation)의 의의를 살펴보기에 앞서 전략의 어원과

30 전게서.

경영학에서의 전략의 개념을 검토할 필요가 있다. '전략'이라는 용어는 고대 그리스어의 'strategos'에 그 근원을 찾을 수 있는데, 이것은 '군대'를 의미하는 'stratos'와 '지휘하는 것'을 의미하는 'agein'을 합성한 것이다. 즉, 어원상으로 볼 때 전략의 의미는 군대를 지휘하는 지휘자 또는 장군을 뜻한다.[31] 특히, 경영학에 있어서 전략의 개념은 다음과 같은 네 가지 요소로 구성되어 있다. 이것은 범위(scope: 제품과 시장의 결합 및 지리적 영역의 관점에서 정의되는 범위를 의미함), 자원배분 및 차별적 능력(resource deployment and distinctive competences), 경쟁우위(competitive advantages) 및 시너지(synergy) 등으로 구성되어 있다.[32]

전략혁신은 앞에서 언급한 전략의 네 가지 구성요소와 관련된 기업에서의 혁신적 전략변경을 의미한다. 여기에서 전략혁신은 어떤 기업이 속한 산업의 새로운 전략수립 및 그 기업 자체의 새로운 전략수립 등을 포함한다. 예를 들면, 적시관리(just-in-time), 품질선도, 비용(원가)선도, 개선(kaizen), 린 생산(lean production) 또는 린 경영(lean management) 등과 같은 유행어들은 경영자들에게 "경쟁전략의 개발을 위한 어떤 경로"로 인식되고 있다.[33] 어떤 전략혁신과 관련된 전략적 경쟁우위는 어떤 기업을 최고의 기업으로 만들며, 위기상황에서 보다 나은 생존기회를 보장하고, 경쟁자에 대항하여 차별화할 수 있는 새로운 결정적인 성공요인들을 창출한다.[34]

전략적 경영의 관점에서 볼 때, 전략혁신은 기업으로 하여금 환경변화와 기업상황에 효과적으로 대응하기 위한 성공적인 전략을 개발하도록 하는 데 기여한다. 그러므로 전략혁신은 오늘날 사회적 혁신, 제품혁신 및 공정혁신 등과 마찬가지로 기업이 경쟁에 효과적으로 대응하기 위한 중요한 수단으로 인식되고 있다.[35]

제6장 6.2에서 자세히 설명하게 될 품질선도자전략, 비용(원가)선도자전략 및 시장선도자전략은 전략혁신의 관점에서 볼 때 전략상 중복적인 경향

---

31 Evered(1983), p. 58.
32 Galbraith/Schendel(1983), p. 155.
33 Perlitz(1993), p. 114 이하; Perlitz(2004), p. 243.
34 Perlitz(2004), p. 243 이하.
35 전게서, p. 291.

이 있을 수 있다. 즉, 각각의 전략은 완전독립적일 수 없으며, 어느 정도의 상호작용의 가능성이 존재한다. 예를 들면, 품질선도자전략과 비용(원가)선도자전략은 어떤 기업이 시장선도자의 지위를 확보할 수 있도록 하는 데 긍정적으로 작용할 수 있다. 그러므로 기업의 글로벌 경쟁력의 강화를 위한 전략혁신의 주요 방향은 어떤 기업이 구체적으로 전략수립을 할 때 그 의미를 갖는다. 아울러, 제품의 품질, 비용(원가) 및 시장점유율 중에서 어느 변수에 전략의 중점을 둘 것인가는 일반적으로 그 기업의 상황과 최고경영층의 의사결정에 달려 있다. 그러나 이러한 세 가지 전략혁신의 주요 방향은 기업에서 동시에 추구될 수 있으므로 통합의 가능성이 존재한다.

4대 혁신 중에서 전략혁신이 다른 혁신보다 더욱 중요한 의미를 갖고 있다. 즉, 전략혁신이 어떻게 진행되는가에 따라 다른 세 가지 혁신의 방향이 결정될 수 있기 때문이다. 그러므로 전략혁신은 사회적 혁신, 제품혁신 및 공정혁신의 상위영역에 속한다고 할 수 있다.

(2) 사회적 혁신

사회적 혁신(social innovation)은 기업의 조직과 인적 자원영역에서의 변화 또는 변경, 종업원의 능력개발 및 인적 상호관계의 개선 등과 관련되어 있다.[36] 이러한 사회적 혁신을 통하여 종업원의 업무능력과 업무준비성이 증대된다. 특히, 사회적 혁신을 통하여 기업에 있어서 인사부문에 영향을 미치는 변화가 추구된다.

다음과 같은 목표가 사회적 혁신에서 추구될 수 있다.[37]

- 노동시장에서의 기업의 매력성 증대
- 노동시장 및 외부 교육기관에 대한 독립성 증대
- 기업목표에 대한 종업원의 일치감 증대
- 노동조합 및 사회에 대한 사회적 책임의 인식
- 종업원의 능력향상

36 Thom(1983), p. 6; Hesse(1990), p. 56; Macharzina(1993), p. 564.
37 Thom(1983), p. 6; Trommsdorff/Brodde/Schneider(1987), p. 7.

- 환경에 대한 조직의 의사소통기법의 개선
- 기업조직의 유연성 증대

사회적 혁신의 주요 관련영역으로는 혁신을 위한 조직구조, 연구개발의 글로벌화와 조직구조 및 조직혁신, 혁신조직에서의 조정 및 동기부여 등을 들 수 있다.

조직구조의 혁신에 대한 대표적인 예로는 조직구성원의 증감(인력채용 또는 인력감축)을 통한 새로운 조직구조의 확립을 들 수 있다. 특히, 연구개발부문과 관련된 조직혁신은 기능적 조직, 제품 지향적 조직, 프로젝트 지향적 조직, 매트릭스조직 및 연구형태(기초연구, 응용연구 및 개발 등)에 따른 조직 등을 채택함으로써 이루어질 수 있다. 또한 기업의 목표, 관련된 혁신목표, 기업 전체의 조직구조 또는 특성 등에 따라 기업의 조직혁신이 달라질 수 있다(제8장 8.1 참고).[38]

또한 연구개발의 글로벌화의 관점에서 볼 때, 조직구조와 조직관리는 사회적 혁신의 주요 문제영역에 속한다. 특히, 본사 중심적, 현지 중심적, 지역 중심적 및 글로벌 중심적 조직구조 등은 연구개발의 글로벌화와 관련된 혁신조직의 선택에 있어서 주요 대안이 될 수 있다. 아울러, 본사통제, 현지자치 및 유연적 통합 등은 연구개발의 글로벌화와 관련된 조직관리를 위한 주요 대안에 속한다(제8장 8.2 참고).

조직에서의 조정을 통한 개선은 조직에 있어서의 조정문제(중앙집권적 또는 분권적)와 관련이 있으며, 여기에서 조정은 "상위의 기업 전체의 목표에 대하여 개별 업무시스템에 개별활동을 설정하는 것"을 의미한다.[39] 또한 조정은 인적 명령, 표준규칙 또는 프로그램, 계획, 연구자의 독자결정, 상호결정 및 기업문화 등에 의하여 이루어질 수 있다.[40] 혁신과 관련된 기능영역 간의 조정은 프로젝트의 공동참여, 회의개최 및 비공식적 정보교환 등을 통하여 이루어진다(제8장 8.3 참고).

사회적 혁신에 있어서 동기부여는 기존의 동기부여방법을 개선하거나

38 Park(1996), p. 73 이하.

39 Frese(1984), p. 200.

40 Kieser/Kubicek(1992), p. 103 이하; Schertler(1993), p. 52 이하.

새로운 동기부여방법을 도입하는 것이다. 조직에 있어서 혁신적이고 유능한 종업원을 동기부여시키기 위한 다양한 동기부여방법이 있는데, 예를 들면, 물질적 동기부여(임금인상 및 각종 수당의 지급 등) 및 비물질적 동기부여(승진, 칭찬 및 인정 등의 사회적 지위관련 동기부여; 교육, 세미나 및 박람회 참여 등의 인적 발전 관련 동기부여; 고객방문을 통한 고객관련 동기부여 등이 있음) 등이 있다.[41] 이러한 방법을 통하여 종업원의 혁신에 대한 준비성이 증대되고, 혁신과 관련된 새로운 아이디어들이 창출되어야 한다(제8장 8.4 참고).[42]

기업에 있어서 조직구조의 혁신, 조직에서의 조정을 통한 개선 및 동기부여 등을 통한 사회적 혁신이 동시에 추구될 때 인적 자원 및 조직부문의 성과에 시너지효과가 나타날 수 있다. 그러나 사회적 혁신이 조직구조의 혁신, 조직에서의 조정을 통한 개선 또는 동기부여 등의 어느 한 부분에만 국한되어 실행될 경우, 사회적 혁신의 시너지효과는 매우 저조할 것이다. 아울러, 연구개발의 글로벌화 관점에서 볼 때, 글로벌 기업의 연구개발을 위한 조직구조 및 조직관리는 글로벌 기업의 인적 자원부문의 성과에 큰 영향을 미칠 수 있다.

(3) 제품혁신

제품혁신(product innovation)은 신제품의 창출 또는 기존제품의 개선을 의미하며, 또한 제품의 개념에 서비스를 포함시킬 수 있다.[43] 제품혁신의 목표는 다음과 같다.[44]

- 대체제품, 후속제품 및 개선된 제품에 대한 새로운 시장의 창출
- 기업의 경쟁적 지위의 구축 또는 방어
- 기업의 생존가능성의 확보
- 이윤의 개선
- 시장성장 및 시장점유율의 증대

---

41 Staudt et al.(1990), p. 1187 이하.
42 Herzhoff(1991), p. 334.
43 Perlitz/Löbler(1985), p. 425.
44 Thom(1983), p. 6.

- 고객관리
- 독립성의 확보
- 명성의 제고
- 새로운 일자리의 창출

이러한 제품혁신의 목표들은 국내시장과 글로벌 시장에서 동일하게 추구될 수 있으며, 이러한 목표의 추구는 무엇보다도 기업의 끊임없는 연구개발활동을 전제로 한다.

기업의 글로벌화가 과거 어느 시점보다도 빠르고 광범위하게 진행되고 있는 현시점에 있어서 제품혁신을 위한 연구개발활동의 글로벌화가 중요한 문제로 대두되고 있다. 제품혁신(신제품개발)에 있어서 기능영역 간의 협력은 마케팅, 연구개발 및 생산 등의 세 부문 간에 주로 이루어지고 있기 때문에 제품혁신을 위한 연구개발의 글로벌화는 이러한 세 부문 간의 협력의 바탕 위에 이루어지는 것이 바람직하다.[45] 예를 들면, 마케팅부문은 국제적인 시장조사를 통하여 연구개발부문에 소비자 및 고객의 요구에 대한 정보를 제공하여야 하며, 이를 기초로 연구개발부문은 신제품을 개발하여야 한다. 그리고 개발된 신제품은 생산부문에서 제조가 이루어지는데, 이 경우 원가절감 및 품질향상이 중요한 과제가 된다.

연구개발의 글로벌화는 본사, 현지 연구소 및 현지의 자회사(합작회사 포함)로 하여금 제품혁신의 과제를 국경을 초월하여 파악하고 처리하도록 한다. 연구개발의 글로벌화의 필요성이 제기되는 이유를 보다 구체적으로 살펴보면 다음과 같다.

- 세계화 또는 글로벌화로 인한 사업구조의 변화
- 제품수명주기의 단축으로 인한 국내에서의 신속한 기술개발의 한계
- 보다 신속한 현지 소비자 및 고객욕구의 충족
- 기술력이 우수한 현지국에서의 신기술 및 신제품개발
- 인적 및 물적 연구개발자원의 국제적인 효율적 배분의 필요성
- 생산 및 마케팅 위주의 현지 자회사에 연구개발 기능을 추가함으로써

45 Park(1996), p. 144 이하.

본사로부터 기능적으로 완전히 독립하려는 현지 자회사의 요구
- 현지국 정부의 연구개발에 대한 각종 혜택 또는 지원

(4) 공정혁신

공정혁신(process innovation)은 새로운 생산방식의 창출 또는 개선을 의미한다.[46] 이것은 또한 제품혁신의 성공을 위해서 결정적인 역할을 한다.[47] 공정혁신은 생산기술과 관련된 생산공정뿐만 아니라, 조직, 계획, 자금조달, 자원조달 및 유통 등과 같은 기능영역에서의 경영적 성과의 창출과정 및 요소결합의 새로운 방식 등도 포괄할 수 있다.[48] 이 경우 공정혁신을 넓은 의미로 해석하여 과정혁신이라고 한다.[49] 생산관점에서의 공정혁신의 목표는 다음과 같다.[50]

- 생산공정에서의 성과 및 품질향상
- 원가절감
- 원재료 및 에너지절약
- 수리(보수)비용의 절감
- 생산시간의 단축
- 환경오염의 예방

아울러, 생산 이외의 다른 기능영역의 관점에서의 공정혁신의 목표는 다음과 같다.

- 경영적 성과창출 과정에서의 효율의 극대화
- 비용절감

46 Perlitz/Löbler(1985), p. 425.
47 Pisano/Wheelwright(1995), p. 94.
48 Trommsdorff/Brodde/Schneider(1987), p. 7.
49 Process Innovation을 과정혁신으로 해석함.
50 Hauser(1991), p. 86 이하; Pleschak(1993), p. 38 이하.

4.2.3 혁신을 통한 위기극복의 과정

앞에서 언급한 4대 혁신은 기업이 위기상황(crisis situation)에 처해 있을 때 추구될 수도 있고, 기업이 기회상황(opportunity situation)에 있을 때 추구될 수도 있다. 〈그림 4-7〉은 혁신을 통한 위기극복의 과정을 보여줄 뿐만 아니라, 또한 혁신의 중요성도 강조하고 있다. 이 그림을 통하여 의사결정자는 위기상황과 기회상황에 따라 논리적으로 혁신을 추구할 수 있는 근거를 확보할 수 있다. 어떤 기업이 위기상황과 기회상황을 막론하고 혁신을 지속적으로 추구한다면, 그 기업은 혁신을 지속적으로 추구하지 않거나 회피하는 기업에

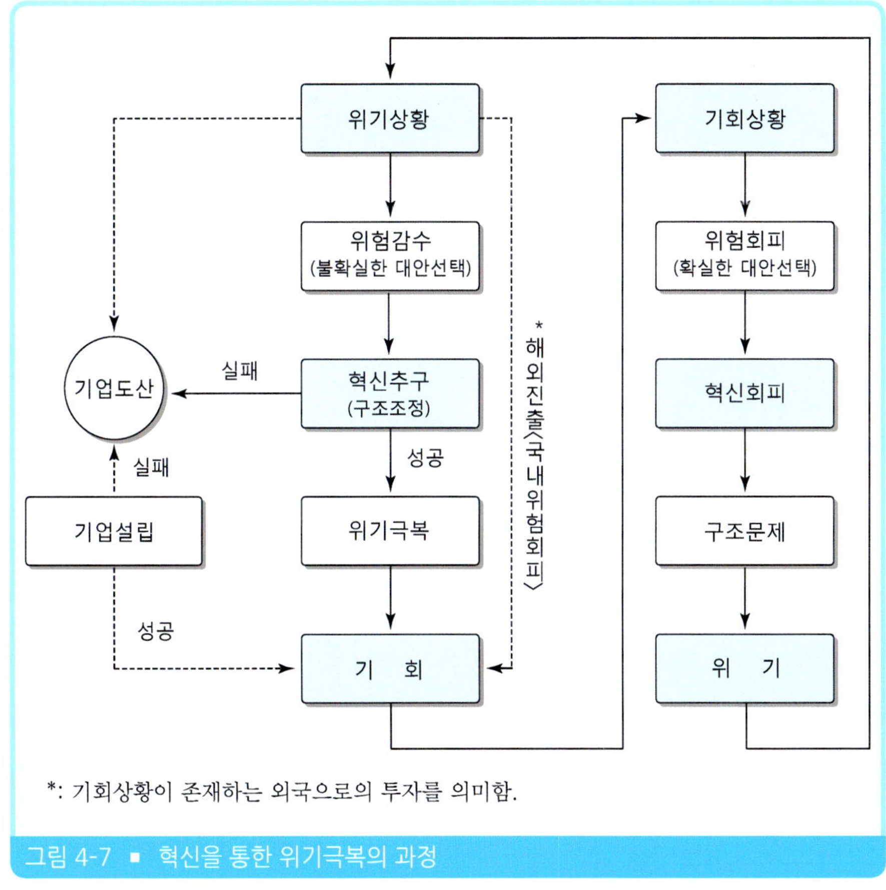

그림 4-7 ▪ 혁신을 통한 위기극복의 과정

자료원: Perlitz/Löbler(1985), p. 444; Perlitz(1985), p. 101; 저자에 의해 일부 수정됨.

비해 더욱 강력한 경쟁우위를 확보할 수 있다.

〈그림 4-7〉에 나타나 있는 바와 같이, 위기상황에서 기업은 다음과 같은 세 가지 상황에 직면하게 된다. 즉, 이러한 세 가지 상황은 위험감수가 요구되는 혁신을 추구하지 않아서 기업이 도산하는 경우, 국내에서의 위기상황을 회피하기 위해 해외로 진출하는 경우(기회상황이 존재하는 외국으로의 투자를 의미함) 및 위험감수가 요구되는 혁신추구를 하는 경우(불확실한 대안선택) 등이다.

이러한 세 가지 상황 중에서 위험감수를 통한 혁신추구에서 성공한 기업은 위기를 극복하여 기회상황을 맞게 된다. 그러나 기회상황에서 위험회피(확실한 대안선택), 즉 혁신회피를 한다면 구조문제가 발생하고 또 다시 위기상황에 처하게 된다. 그러므로 지속적인 혁신을 추구하지 않는 기업은 변화되는 환경과 새로운 기업상황에 효과적으로 대처하지 못하여 글로벌 경쟁력의 약화에 직면하게 될 것이다.

4.3 혁신을 통한 기업의 글로벌 경쟁력의 강화

기업의 글로벌 경쟁력(global competitiveness)을 논의하기 위해서는 먼저 경쟁의 개념을 고찰할 필요가 있다. *슈미트(Schmidt)*에 의하면 경쟁은 적대적인 행동을 취하는 최소한 2개의 공급자 또는 수요자를 갖는 시장의 존재를 전제로 한다.[51] 본서에서는 경쟁(competition)을 "보다 많은 성과 또는 이윤을 획득하기 위하여 동종제품을 생산하는 둘 이상의 기업이 시장에서 서로 겨루는 행동 또는 행위"로 정의하고자 한다.[52] 기업의 글로벌 경쟁(global competition)은 "기업의 국경초월적인 경영활동을 통하여 나타나는 경쟁"을 의미하며, 기업의 글로벌 경쟁력은 "어떤 기업이 경쟁기업과 비교하여 어떤 국가 또는 지역에서의 국경초월적인 경영활동을 통하여 달성할 수 있는 경쟁

51 Schmidt(1981), p. 2.

52 박주홍(1997a), p. 256.

우위의 정도"를 의미한다.[53]

국경초월적인 경영활동을 통하여 어떤 기업이 글로벌 경쟁력을 높이기 위해서는 무엇보다도 그 기업은 생산하는 제품이나 서비스에 대한 품질향상, 비용(원가)절감 및 시장점유율 증대 등을 추구해야만 한다. 기업의 글로벌 경쟁력 강화의 관점에서 볼 때, 4대 혁신은 글로벌 경쟁력 강화를 위한 필수조건이다. 〈그림 4-8〉은 혁신을 통한 글로벌 경쟁력 강화의 개념도를 제시한다. 아울러, 이 그림은 기업의 4대 혁신이 글로벌 경쟁력 강화에 영향을 미친다는 것을 화살표로 보여준다.

앞에서 논의한 기업의 4대 혁신이 글로벌 경쟁력의 강화를 위해 어떤 의미를 갖는가를 살펴보면 다음과 같다.

먼저 전략혁신은 기업의 혁신의 방향설정과 관련되어 있으며, 예를 들면, 품질선도자(quality leader), 비용(원가)선도자(cost leader) 및 시장선도자

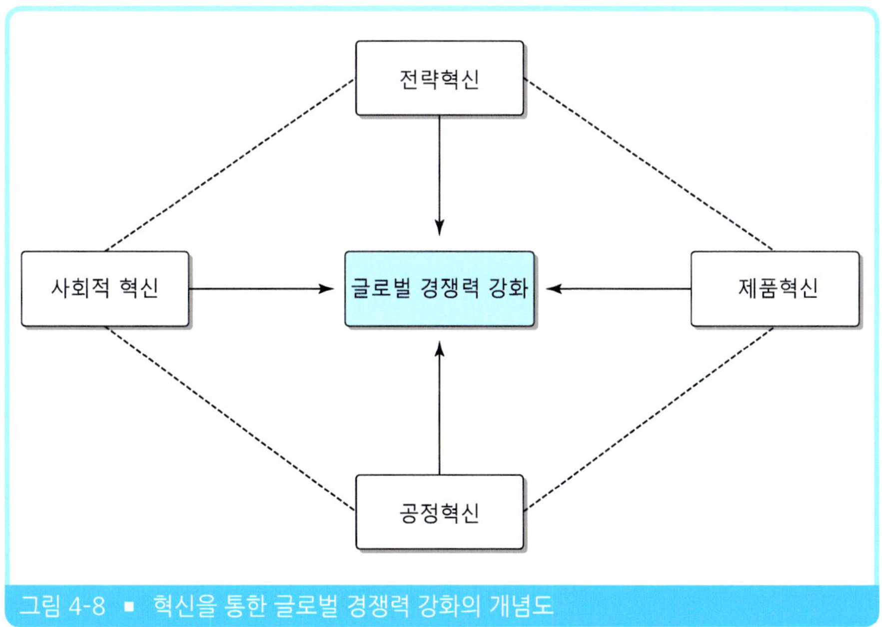

그림 4-8 ■ 혁신을 통한 글로벌 경쟁력 강화의 개념도

자료원: 박주홍(1998), p. 92.

53 전게논문.

(market leader) 등의 전략을 포함한다. 어떤 산업이나 기업에 새롭게 수립(신전략)되거나 변경(기존전략의 변경)되는 전략혁신의 방향은 사회적 혁신, 제품혁신 및 공정혁신 등과 유기적인 관계를 맺고 있을 뿐만 아니라, 이들 혁신의 방향을 제시해 주기도 한다.

사회적 혁신은 인사 및 조직부문에서의 혁신을 통하여 조직구성원의 성과(예를 들면, 인적 자원의 생산성) 및 업무능력의 증대 등을 통하여 글로벌 경쟁력의 강화에 긍정적인 영향을 미친다.

제품혁신은 제품과 서비스 창출에 있어서의 혁신을 통하여 기업특유의 경쟁적 우위를 확보하도록 해 주며, 국내외의 새로운 시장이나 기존시장에서 시장선도자로서의 지위를 구축하도록 해 준다. 글로벌 경쟁력의 강화는 대체로 제품혁신을 통하여 이루어지는데, 이러한 예는 세계적으로 경쟁력을 갖는 제품을 끊임없이 시장에 도입하는 글로벌 기업에서 찾을 수 있다.

마지막으로, 공정혁신을 통한 글로벌 경쟁력의 강화는 비용(원가)절감과 관련되어 있다. 즉, 앞서 살펴본 바와 같이 생산부문에서는 생산성향상을 통한 원가절감 및 품질향상 등이, 생산 이외의 다른 부문에서는 경영적 성과창출 과정에서의 효율극대화 및 비용절감 등이 글로벌 경쟁력 강화에 긍정적인 영향을 미친다.

〈그림 4-9〉는 혁신을 통한 경영적 및 국가경제적 경쟁력의 강화에 대한 개념을 제시한다. 이 그림에서는 연구개발을 통한 혁신이 이루어져야만 기업의 경영적 경쟁력과 국가경제적 경쟁력이 강화될 수 있다는 것을 명확히 하고 있다. 또한 이 그림은 지식 및 교육수준, 경영적 환경조건, 사회적 및 국가적 환경조건 등이 혁신의 성공을 위해 매우 중요한 요인이라는 것을 보여준다.

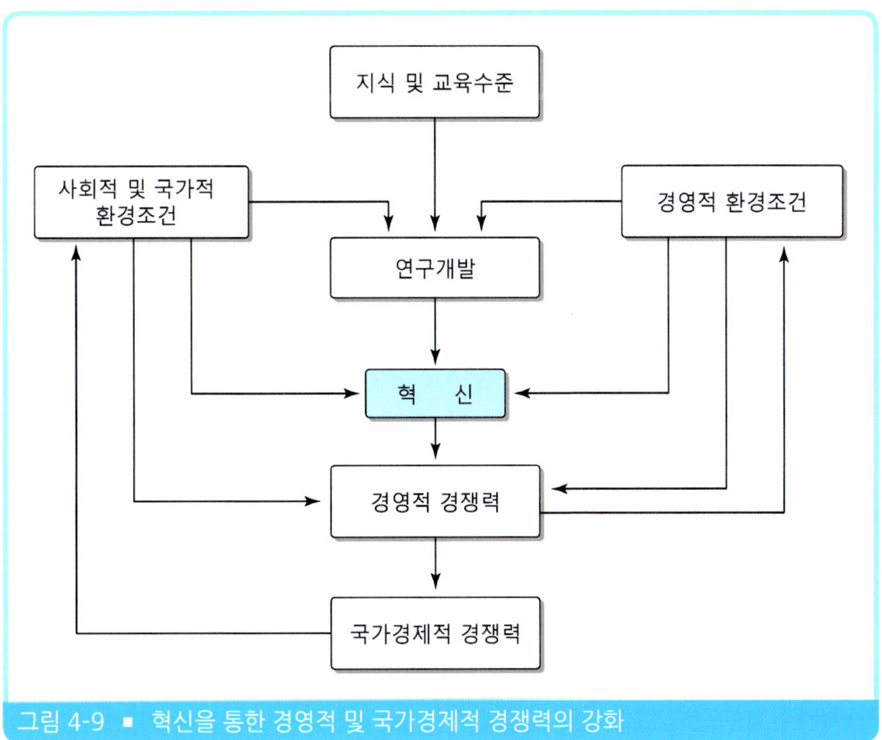

그림 4-9 ▪ 혁신을 통한 경영적 및 국가경제적 경쟁력의 강화

자료원: Brockhoff(1994), p. 21.

4.4 제품혁신과 공정혁신을 통한 글로벌화 전략[54]

4.4.1 글로벌화 전략의 의의와 전략적 대안의 설정

글로벌화 전략을 언급하기에 앞서 글로벌화의 의의 또는 과정을 검토할 필요가 있다(제1장, 1.1.1 참고). 왜냐하면 글로벌화를 통하여 나타나는 여러 가지 글로벌 경영활동들은 글로벌화를 위한 전략적 대안으로서의 성격을 갖고 있기 때문이다.

54 저자의 논문 일부분을 요약하여 제시함; 박주홍(1999), p. 160 이하.

제2차 세계대전 이후의 국제경제환경은 기업의 글로벌화를 급속도로 촉진시켰다. 신기술의 가속적 개발, 대량생산, 국가 간 교역의 증대, 통신 및 수송시스템의 발달 및 국내시장의 구매력의 한계 등으로 인하여 기업활동의 무대는 국제적으로 확대되었다. 기업의 글로벌화는 국경초월적인 기업활동을 전제로 하며, 기업이 '국제적으로 성장・발전하는 것'을 의미한다. 기업이 국제적으로 성장・발전하기 위해서는 대체로 다음과 같은 글로벌화 과정을 거친다.

조핸슨과 발네(*Johanson* & *Vahlne*)는 학습과정(learning process)을 통하여 기업이 글로벌 경영활동을 단계적으로 확대해 나가는 과정으로 기업의 글로벌화를 설명하였다.[55] 즉, 기업의 글로벌화에 있어서 학습과정은 수출, 지점 또는 판매회사 설립 및 자회사 설립 등의 단계로 나타나며, 글로벌 경영활동에 대한 수많은 지식과 노하우가 단계적 또는 누적적으로 축적됨으로써 국내기업은 글로벌 기업으로 성장・발전하게 된다.

또한, *데이비드슨*(*Davidson*)은 기업의 글로벌화 과정을 수출에서 시작하여 해외직접투자로 점진적으로 발전하는 단계로 파악하고 있으며, 제품의 특성, 시장의 특성, 시장진출의 순서 및 시장진출의 시점 등의 네 가지 변수를 기업의 글로벌화의 결정요인으로 제시한다.[56] 여기에서 중요한 개념은 급진적인 글로벌화가 아니라 점진적인 글로벌화이다.

기업의 글로벌화가 점진적으로 이루어진다는 가정하에서 *마이스너*와 *게르버*(*Meissner* & *Gerber*)는 글로벌화의 단계를 수출(export), 라이선스제공(licensing), 프랜차이징(franchising), 합작투자(joint venture), 해외지점 설립, 해외경영 및 자회사 설립 등으로 분류하였다.[57] 이러한 분류는 대체로 기술력이 우수한 선진국의 경우에 해당된다. 그러나 개발도상국과 후진국의 경우에 있어서는 해외활동의 형태에서 라이선스제공과 프랜차이징의 단계가 거의 나타나지 않는다. 즉, 기술력이 부족한 개발도상국과 후진국기업의 글로벌화 과정은 일반적으로 수출, 해외지점 설립(유통망) 및 해외직접투자(합작투자 또

55 Johanson/Vahlne(1977), p. 23 이하.

56 Davidson(1980), p. 9 이하.

57 Meissner/Gerber(1980), p. 224.

는 자회사 설립) 등의 점진적인 글로벌화 단계를 거친다.

기업의 글로벌화가 글로벌 관점에서 진행되고 있는 현시점에서 살펴볼 때, 무엇보다도 해외시장에서의 고객근접의 확보, 세계 각 국가 또는 지역에 진출해 있는 글로벌 기업의 인적 및 물적 자원의 활용에 있어서의 시너지(synergy)의 창출 등은 기업이 간과할 수 없는 중요한 글로벌화의 동기이다.

본서에서는 글로벌화 전략의 대안을 수출, 해외직접투자 및 글로벌 기술협력 등에만 국한하기로 하며,[58] 다음에서는 이러한 전략적 대안을 제품혁신과 공정혁신의 관점에서 비교 · 분석하기로 한다. 이러한 분석은 기존의 글로벌화 이론을 제품혁신과 공정혁신의 관점에서 새롭게 해석함으로써 가능할 것으로 보인다.

4.4.2 제품혁신과 공정혁신을 통한 수출의 비교 · 분석

아래에서는 글로벌 기업의 무역활동(수출 및 수입)과 관련된 주요 이론의 관점에서 제품혁신과 공정혁신의 차이점을 비교하기로 한다. 먼저 제품혁신과 공정혁신의 추구방향 또는 실현결과에 대한 다음과 같은 차이점이 고려되어야 한다. 제품혁신은 신제품개발 및 개선을 통한 해외시장에서의 시장우위(market advantages)와 관련되어 있고, 반면에 공정혁신은 신공정의 개발 및 개선을 통한 해외시장에서의 원가우위(cost advantages)와 관련되어 있다. 다음에서는 공정혁신을 통한 수출(export)을 먼저 살펴본 후, 제품혁신을 통한 수출에 대하여 살펴보기로 한다. 왜냐하면 공정혁신과 관련된 무역이론들이 제품혁신과 관련된 무역이론보다 더 오랜 역사를 갖고 있기 때문이다.

58 글로벌화 전략의 개발과정에 대한 상세한 개념은 Perlitz(1993), p. 118 이하 참고; 글로벌화 전략의 대안을 보다 구체적으로 분류하면 다음과 같다. 수출은 직접수출과 간접수출로 분류되며, 해외직접투자는 100% 단독투자 자회사, 지분참여율에 따른 다수, 동등 및 소수지분참여, 전략적 제휴, 인수 및 합병 등으로 분류된다. 아울러, 글로벌 기술협력은 라이선스 제공, 노하우계약 및 기술적 협력 등으로 분류된다.

(1) 공정혁신을 통한 수출

공정혁신을 통한 수출은 국제무역에 대한 비용우위의 이론, 학습곡선이론 및 규모의 경제이론의 측면에서 설명이 가능하다.

비용우위의 이론

비용우위의 이론은 *리카르도*(*Ricardo*)의 생산성차이의 이론과 *헥셔*(*Heckscher*)와 *올린*(*Ohlin*)의 요소부존(要素賦存)의 이론으로 대별된다.[59]

*리카르도*의 생산성차이의 이론에서는 2개 또는 그 이상의 국가 간의 상대적인 비용의 차이(또는 원가의 차이)가 국가 간의 무역의 흐름을 결정한다는 주장을 하였다.[60] *리카르도*의 이론은 여러 가지 가정을 전제로 하였고, 특히 기술혁신에 대하여 전혀 고려하지 않았기 때문에,[61] 공정혁신의 관점(예를 들면, 원가절감을 통한 수출증대)에서 볼 때 수출에 대한 설명력이 전혀 없는 것으로 평가된다.

*헥셔*와 *올린*의 요소부존의 이론은 노동 및 자본에 대한 요소부존의 차이점으로 국가 간의 무역을 설명하였다.[62] 이 이론에서 국제적인 무역의 흐름은 요소부존의 차이, 즉 어떤 국가의 생산품이 노동집약적인가 또는 자본집약적인가에 따라 결정된다. 요소부존의 이론의 관점에서 볼 때, 미국은 당연히 자본집약적인 생산품을 해외시장에 수출하고 노동집약적인 생산품을 후진국(미국보다 경제발전의 정도가 낮은 국가를 의미함)으로부터 수입하게 된다.

그러나 *레온티프*(*Leontief*)는 1947년부터 1951년 사이의 미국의 수출입을 분석한 결과 미국의 수출제품이 수입제품보다 더 노동집약적이었다는 사실을 발견하였다.[63] 이것을 '*레온티프*의 역설(*Leontief*'s paradox)'이라고 한다. *볼드윈*(*Baldwin*)은 *레온티프*의 역설에 대한 실증적 분석을 하였으며, 다음과 같

59 Perlitz(2004), p. 67 이하.

60 Ricardo(1821).

61 이러한 가정은 불변생산비, 자유무역주의, 생산요소의 완전고용, 생산요소의 동질성, 기술혁신의 무시 및 생산요소의 국제적 이동의 불가능 등이다.

62 Ohlin(1931), p. 161 이하; Heckscher(1966), p. 272 이하.

63 Leontief(1956), p. 386 이하.

은 네 가지 설명변수를 통하여 *레온티프*의 역설에 대하여 반박하였다.[64] 즉, *레온티프*의 연구에서 미국의 수출제품이 수입제품보다 더 노동집약적이었던 이유는 다음과 같다.

- 수출입 통계에서 자원집약적인 생산품의 제거(미국의 자원은 비교적 자본집약적으로 생산됨)
- 미국의 수출에 있어서 자질이 뛰어난 노동력에 대한 수요가 큼
- 미국의 기술적 우월성(자본과는 거의 무관함)
- 미국의 관세규정에 의한 노동집약적 수입품의 규제

공정혁신의 측면에서 볼 때, 요소부존의 이론 자체에서는 노동과 자본만이 고려되었기 때문에 공정혁신과 수출의 관계를 결부시킬 수는 없다. 다만, *볼드윈*이 증명한 앞에서 언급한 세 번째의 설명변수인 '기술적 우월성'이 공정혁신을 통한 수출활동의 증대를 설명할 수 있는 간접적인 근거를 제시한다. 물론 이러한 기술적 우월성은 제품혁신과 공정혁신으로 명확히 양분되지 않고 두 가지 혁신에 대하여 포괄적 개념으로 사용될 수 있는 특징을 갖고 있다.

학습곡선의 이론

학습곡선이론의 관점에서 볼 때, 어떤 국가의 기술(특히, 공정기술)은 그 국가에서 누적된 생산량에 의하여 결정되며, 누적적 생산량이 많으면 많을수록 어떤 국가의 기업은 학습곡선(경험곡선이라고도 함, 제7장, 7.2.2 참고)을 통하여 보다 낮은 비용으로 제품을 생산할 수 있다.[65] 이 이론에서 비로소 공정혁신을 수출과 직접적으로 관련시킬 수 있는 가능성이 나타난다. 즉, 누적적 생산량의 증가의 이면에는 '공정기술의 혁신'이 중요한 역할을 한다. 경우에 따라서 어떤 국가의 기업이 우수한 공정기술을 개발하면, 이것을 가지고 어느 정도 누적적 생산량을 가진 다른 국가의 기업보다 더 나은 수출기회를 갖게 된다.[66]

---

64 Baldwin(1971), p. 126 이하.

65 Posner(1961), p. 323 이하; Arrow(1962), p. 155 이하.

66 Perlitz(2004), p. 77.

규모의 경제이론

규모의 경제이론에서는 대규모 국내시장을 가진 글로벌 기업이 대량생산을 통하여 어떤 제품의 원가를 큰 폭으로 절감시켜 다른 글로벌 기업보다 유리한 위치에서 수출을 한다고 주장한다.[67] 이 이론에 의하면 글로벌 기업은 대량생산을 통하여 고정비 감소효과를 달성할 수 있고, 이러한 고정비 감소는 수출원가의 하락에 직접적으로 영향을 미친다. 즉, 수출원가의 하락은 해외시장에서의 글로벌 기업의 원가우위의 유지 및 확보를 위해 결정적인 역할을 한다. 아울러, 생산원가의 감소와 품질의 향상이 병행되는 성공적인 대량생산을 위해서는 부단한 공정혁신이 요구된다.

(2) 제품혁신을 통한 수출

제품혁신을 통한 수출은 국제무역에 대한 기술적 격차의 이론과 제품수명주기이론으로 설명할 수 있다.

기술적 격차의 이론

포스너(*Posner*)는 어떤 제품의 수출은 국내와 외국 간의 어떤 기술적 격차의 보유를 통하여 성립된다는 기술적 격차의 이론을 주장하였다.[68] 아울러, *후프바우어*(*Hufbauer*)는 "어떤 현격한 제품차별화나 신제품의 출현은 그것을 개발한 기업에 비교우위를 발생케 하고, 이를 다른 국가의 기업이 모방할 때까지 그 기업은 선도적 위치를 지킨다"라고 하였다.[69] 기술적 격차의 이론에서는 수출을 위해 제품차별화 또는 신제품개발, 즉 제품혁신이 중요한 설명변수이다. 어떤 국가 A(선진국)의 글로벌 기업이 어떤 국가 B(후진국)로 어떤 신제품을 수출한다면, 국가 A의 입장에서는 수요의 격차가 짧고, 모방의 격차가 길수록 유리하다.[70] 그러나 이러한 모방의 격차는 국가 B의 독자적 기술

67 전게서, p. 101; Perlitz(1978), 82 이하.

68 Posner(1961), p. 233 이하.

69 Hufbauer(1966), p. 23 이하.

70 수요의 격차는 신제품을 수출하는 어떤 국가 A의 최초 소비시점과 신제품을 수입하는 어떤 국가 B의 최초 소비시점과의 시간적 격차를 말하며, 반면에 모방의 격차는 신제품을 수출

개발 또는 기술도입 등을 통하여 해소될 수 있다. 모방의 격차가 해소된 이후 일정시간이 지나면, 선진국은 지금까지 수출하던 제품을 후진국의 기업으로부터 수입하게 되는데, 이러한 시간적 차이를 무역의 역전이라고 한다.[71]

기술적 격차의 이론에서는 제품혁신(선진국은 최초의 제품혁신, 후진국은 독자적 기술개발 또는 기술도입을 통한 후속적 제품혁신을 의미함)을 통하여 선진국 및 후진국의 글로벌 기업이 수출을 어느 시점까지 주도할 수 있는가를 명확히 보여주며, 또한 제품혁신을 통하여 해외시장에서 시장우위를 확보할 수 있다는 것을 보여준다.

제품수명주기이론

제품혁신을 통한 수출을 설명한 대표적인 이론은 *버논(Vernon)*이 주장한 제품수명주기이론이다.[72] 그는 제품수명주기를 도입기, 성장기 및 성숙기 등 3단계로 분류하여 제품수명주기의 개념을 수출과 수입활동에 관련시켰다. 제품혁신의 관점에서 볼 때, 신제품을 최초로 도입한 국가(대체로 선진국)의 기업이 가장 먼저 해외에 이 제품을 수출한다. 신제품을 시장에 도입시키기 위해서는 제품기술의 개발이 중요한 역할을 한다. 그러나 신제품이 대량생산되고, 제품이 표준화되기 시작하면 무역의 역전이 나타난다. 왜냐하면 선진국과 후진국의 인건비의 차이가 기술의 차이보다 더욱 중요하게 되므로, 제품의 해외생산(선진국기업의 해외이전)이 나타나게 된다. 경우에 따라서는 후진국의 기업이 제품기술을 독자적으로 개발하거나, 또는 기술도입을 통하여 선진국기업보다 낮은 비용으로 제품을 생산하게 된다. 제품수명주기이론은 제품의 도입기에 있어서 기술적 격차를 이론적 기초로 삼고 있으므로 앞서 언급한 기술적 격차이론과 비교해 볼 때 큰 차이는 없는 것으로 평가된다. 다만, 수출의 흐름을 제품수명주기와 결부시켜 설명한 것이 이 이론의 가장 큰 특징이다.

하는 어떤 국가 A의 최초 생산시점과 신제품을 수입하는 어떤 국가 B의 최초 생산시점과의 시간적 격차를 말한다.

71 무역의 역전은 후진국의 저임금 및 대량생산을 통하여 촉진될 수 있다.

72 Vernon(1966), p. 190 이하.

4.4.3 제품혁신과 공정혁신을 통한 해외직접투자의 비교 · 분석

앞서 살펴본 글로벌화의 대안으로서 수출은 생산거점이 본국임을 전제로 하고 있는 반면, 해외직접투자(foreign direct investment)는 해외 자회사의 설립, 지분참여, 전략적 제휴, 인수 및 합병 등과 같이 자본을 국제적으로 이동시켜 해외(현지국)에서 생산하는 것을 의미한다.[73] 아래에서는 공정혁신을 통한 해외직접투자 및 제품혁신을 통한 해외직접투자를 이론적 관점에서 살펴보기로 한다.

(1) 제품혁신을 통한 해외직접투자

지금까지 개발된 해외직접투자와 관련된 이론 중에서 제품혁신의 중요성이 설명될 수 있는 이론은 독점적 우위이론, 제품수명주기이론 및 절충적 이론 등이다.

독점적 우위이론

*하이머(Hymer)*는 해외직접투자의 동기를 설명하기 위하여 기업의 독점적 우위를 주요 설명변수로 삼았다.[74] 즉, 해외직접투자에 있어서 외국기업은 현지국기업과 비교하여 필연적으로 불리한 입장에 처하기 때문에 현지에 진출하는 외국기업은 현지국기업이 갖지 못하는 기업특유의 독점적 우위를 보유해야만 한다. *킨들버거(Kindleberger)*는 이러한 독점적 우위의 상황이 발생하는 이유를 불완전한 제품시장, 불완전한 요소시장, 규모의 경제 및 정부의 규제 등으로 세분하였으며, 시장에서의 완전경쟁은 이루질 수 없다는 점을 강조한다.[75]

기업의 독점적 우위는 제품혁신을 통한 제품차별화 및 규모의 경제효과

73 해외에서의 주식투자인 포트폴리오투자와 해외직접투자의 본질적인 차이점은 다음과 같다. 포트폴리오투자는 자본이전이 금전적인 측면에만 국한되어 있는 반면, 해외직접투자는 자본이전이 금전적인 측면과 관련되어 있을 뿐만 아니라, 인적 및 물적 자원의 해외이전과 해외생산을 통한 이윤증대 또는 자산축적의 형태도 갖는다.

74 Hymer(1960).

75 Kindleberger(1969), p. 1 이하.

등을 통하여 확보될 수 있다. 여기에서 제품차별화는 제품기술뿐만 아니라, 공정기술의 혁신을 통하여 달성될 수도 있다. 아울러, 수출 또는 라이선스제공(예를 들면, 제품 및 공정기술의 수출)의 이익보다 해외직접투자를 통한 기업의 이익이 많을 때 규모의 경제효과가 의미를 갖는다. 혁신의 관점에서 볼 때, 이 이론에서는 제품차별화를 위한 제품혁신과 공정혁신의 명확한 구분이 이루어지지 않은 단점을 갖고 있다.

제품수명주기이론

*버논(Vernon)*의 제품수명주기이론은 앞의(4.4.2) 제품혁신을 통한 수출에 대한 이론에서 살펴보았다. 그러나 해외직접투자에 대한 제품수명주기의 이론은 설명의 관점이 수출의 그것과는 약간 다르다. 이 이론에서는 기업의 투자행동에 대한 제품수명주기의 영향에 대하여 연구하였다. 제품혁신의 관점에서 볼 때, 신제품의 도입기에는 투자대상국으로 자국을 선정하는 경향이 높다. 왜냐하면 자국에서 제품차별화를 통한 경쟁적 우위를 갖기 때문에 원가 또는 비용상의 이유로 해외직접투자를 적극적으로 시도하지 않는다. 성장기 또는 성숙기의 단계에서는 대량생산이 시작되고, 규모의 경제효과를 누릴 수 있다. 이 단계에서는 원가 또는 비용의 문제가 중요하게 고려되고, 수출을 통한 원가 또는 비용보다 해외직접투자를 통한 해외생산에서의 원가 또는 비용이 더 낮으면 해외직접투자를 하게 된다. 포화기에 이르면 제품기술이 표준화되고 전 세계적으로 널리 알려지기 때문에 현지국가(후진국)의 기업이 생산을 하게 되고 역수출량이 증대하며, 입지의 비용우위가 중요하게 고려된다. 마지막으로 쇠퇴기에서는 신제품에 대한 준비가 필요하다.

이 이론을 요약하면, 먼저 제품혁신을 한 기업은 대체로 국내에서 생산을 시작하고, 제품수명주기상으로 성장기 또는 성숙기에 해외직접투자를 시도하게 된다. 그러므로 제품혁신은 해외직접투자를 위한 필수조건의 성격을 갖고 있다. 왜냐하면 제품혁신을 통하여 신제품을 개발한 기업은 일반적으로 수출을 통하여 국내에서 자본을 축적하게 되고 이 자본을 해외에 투자하기 때문이다.

절충적 이론

던닝(*Dunning*)의 절충적 이론은 기업특유의 우위, 입지우위 및 내부화우위 등으로 글로벌화 전략의 대안을 선택할 수 있는 이론적 근거를 제시한다.[76] 제품혁신은 여러 가지 기업특유의 우위 중의 하나에 불과하다. 이 이론의 특징은 앞에서 언급한 세 가지 우위의 보유 여부에 따라 〈표 4-1〉과 같은 시장진출전략의 대안을 제시할 수 있다는 것이다.

〈표 4-1〉에서 보는 바와 같이 어떤 기업이 기업특유의 우위만을 갖고 있으면 계약에 의한 자원이전(예를 들면, 라이선스제공 또는 기술수출)이 최상의 대안이 된다. 그러나 독점적 우위이론과 제품수명주기이론에서는 기업특유의 우위(제품혁신)만으로도 수출과 해외직접투자를 할 수 있는 것으로 주장하기 때문에 *던닝*의 이론은 앞서 언급한 이론과 정면으로 배치된다. 즉, 어떤 기업의 해외직접투자는 기업특유의 우위, 입지우위 및 내부화우위가 있어야 가능한 것으로 나타나 있는데, 실제에 있어서 제품수명주기의 도입기에 채택될 수 있는 신제품개발(제품혁신)을 통하여 독점적 우위를 갖는다면 수출과 해외직접투자를 글로벌화 전략의 대안으로서 선택할 수 있는 여지가 존재한다.

표 4-1 ▪ *던닝*의 세 가지 우위와 시장진출전략

		우 위		
		기업특유	내부화	입 지
해외관계의 형태	해외직접투자	예	예	예
	수 출	예	예	아니오
	계약에 의한 자원이전	예	아니오	아니오

자료원: Perlitz(2004), p. 110.

(2) 공정혁신을 통한 해외직접투자

공정혁신을 통한 해외직접투자는 앞서 언급한 독점적 우위이론과 절충적 이론의 관점에서 설명될 수 있다.

---

76 Dunning(1980), p. 9 이하.

독점적 우위이론

독점적 우위이론에서 해외직접투자에 대한 중요한 설명요인인 제품차별화는 제품기술뿐만 아니라, 공정기술의 혁신을 통하여 달성될 수도 있으므로, 제품혁신과 공정혁신의 구분 자체가 큰 의미가 없는 것으로 평가된다. 다만, 제품차별화를 위해 제품혁신과 공정혁신에 투자할 수 있는 또는 투자된 인적 및 물적 자원이 기업에 따라서 차이가 있는 것을 감안하여 해외직접투자에 대한 의사결정을 할 필요가 있다.

절충적 이론

절충적 이론에서는 기업특유의 우위를 확보하기 위해 제품혁신과 공정혁신이 동시에 중요하기 때문에, 앞에서 언급한 제품혁신을 통한 해외직접투자에 대한 이론적인 검토가 공정혁신을 통한 해외직접투자의 설명에도 그대로 적용될 수 있다.

4.4.4 제품혁신과 공정혁신을 통한 글로벌 기술협력의 비교 · 분석

제품혁신과 공정혁신의 결과(예를 들면, 연구개발의 성과)가 수출의 대상이 되는 제품의 성격을 갖기 때문에 잉여기술의 이론과 기술수명주기이론의 관점에서 글로벌 기술협력(보다 구체적으로 말하면 선진국 기업의 후진국 기업에 대한 기술제공을 의미함)에 대하여 살펴보기로 한다. 여기에서는 라이선스제공, 노하우제공 및 기술적 협력 등을 글로벌 기술협력(global technology cooperation)의 대안으로 정의하고자 하며, 제품혁신과 공정혁신을 구분하지 않고 이론적인 검토를 하기로 한다.

잉여기술의 이론

어떤 기업이 잉여기술(surplus technology)을 갖게 되면 기술의 수출을 시도하는데, 이러한 기술의 수출활동은 잉여기술의 이론으로 설명될 수 있다.[77] 이때 잉여기술은 연구개발비의 확보를 위해 판매가 되며, 잉여기술은 상품의 가치를 갖는다. 잉여기술은 대체로 자사에서 사용불가능한 기술, 자사에서 사용하지 않으려는 기술 및 판매될 수 있는 기술의 개발 등으로 분류될 수 있다.[78] 어떤 글로벌 기업이 신기술(공정 및 제품기술)을 수출하게 되면 해외시장에서 기술적 선도자로서의 명성을 갖게 된다. 또한 기술의 판매를 통하여 해외시장에 대한 정보수집이 가능하다. 즉, 기술제공 또는 기술판매의 대가로 로열티(royalty)를 받게 되는데, 로열티의 계산이 매출액 기준으로 이루어질 때 기술을 수입한 국가에서 기술 제공기업의 기술로 만든 제품의 판매량을 정확히 알 수 있기 때문이다.

기술수명주기이론

기술수명주기이론(theory of technology life cycle)은 기술 자체는 제품의 수명주기와 마찬가지로 일정한 주기를 갖고 있다는 이론이다(제7장 7.2.3에서 자세히 논의됨). *포드*와 *라이언*(*Ford* & *Ryan*)은 기술수명주기를 다음과 같이 6단계로 분류하였다.[79]

- 기술개발의 단계
- 응용가능한 기술개발의 단계
- 응용기술 초기의 단계
- 응용기술 성장의 단계
- 기술성숙단계
- 기술쇠퇴단계

기술수명주기와 기술의 수출은 앞에서 살펴본 바와 같이 기술의 각 수명주기의 단계에 따라 서로 다른 전략적 의미를 갖는다. 중요한 것은 기술제공기업의 입장에서 기술수명주기상 자사의 어떤 기술이 어느 단계에 있는가를

77 Perlitz(1978), p. 112 이하; Perlitz(2004), p. 102 이하.

78 전게서.

79 Ford/Ryan(1983), p. 157; Park(1996), p. 51 이하.

파악하는 것이다.

지금까지 제품혁신과 공정혁신을 통한 글로벌화 전략이 수출, 해외직접투자 및 글로벌 기술협력 등의 관점에서 검토되었다. 〈표 4-2〉는 제품혁신과 공정혁신을 통한 글로벌화 전략의 비교·분석의 결과에 대한 요약표이다. 이 표에서 보는 바와 같이, 본서에서는 글로벌화 전략의 대안(수출, 해외직접투자 및 글로벌 기술협력)과 각 대안에 관련된 기존의 글로벌화 이론을 제품혁신과 공정혁신의 측면에서 재해석하였다. 또한 이 표에 의하면, 기업이 어떤 글로벌화 전략의 대안을 선택할지라도 제품혁신의 추구, 공정혁신의 추구 및 공정혁신과 제품혁신의 동시추구 등이 기업의 글로벌화를 위해 중요한 역할을 하는 것을 알 수 있다.

혁신(즉, 제품혁신과 공정혁신)이 기업의 글로벌화를 위해 중요한 역할을 한

표 4-2 ▪ 제품혁신과 공정혁신을 통한 글로벌화 전략의 비교·분석의 요약

글로벌화 전략	글로벌화 이론	이론의 주창자 (연도)	제품혁신과 공정혁신의 중점
수출	비용우위의 이론 (생산성차이의 이론)	Ricardo(1821)	혁신을 고려하지 않음
	비용우위의 이론 (요소부존의 이론)	Ohlin(1931), Heckscher(1966)	제품혁신, 공정혁신
	학습곡선이론	Posner(1961), Arrow(1962)	공정혁신
	규모의 경제이론	Perlitz(1978)	공정혁신
	기술적 격차이론	Posner(1961), Hufbauer(1966)	제품혁신
	제품수명주기이론	Vernon(1966)	제품혁신
해외 직접투자	독점적 우위이론	Hymer(1960), Kindleberger(1969)	제품혁신, 공정혁신
	제품수명주기이론	Vernon(1966)	제품혁신
	절충적 이론	Dunning(1980)	제품혁신, 공정혁신
글로벌 기술협력	잉여기술의 이론	Perlitz(1978)	제품혁신, 공정혁신
	기술수명주기이론	Ford & Ryan(1983)	제품혁신, 공정혁신

자료원: 박주홍(1999), p. 171.

다는 것을 구명(究明)한 것이 이러한 이론적 검토의 핵심적인 결과이다. 또한 수출, 해외직접투자 및 글로벌 기술협력의 관점에서 개발된 기존의 여러 가지 글로벌화 이론에 있어서 혁신이 중요한 설명변수였다는 것을 이러한 이론적 논의를 통하여 처음으로 발견하였다. 따라서 지금까지의 주된 논의는 혁신, 글로벌화 전략 및 글로벌화 이론을 총체적으로 결합시켜 이론적으로 살펴본 것에 그 의의가 있다.

제 5 장

글로벌 기업의 전사적 혁신경영과 혁신믹스전략

5.1 전사적 혁신경영(TIM)의 의의[1]

본서에서 제시되는 전사적 혁신경영(Total Innovation Management: 약자 TIM은 영어단어의 'team'과 발음이 같으며 의미상으로 통합과 협력의 성격을 갖는 용어이며, 1997년 저자에 의해 처음으로 발표되었음[2])은 "기업 전체의 관점에서 미래 지향적이고, 목표 지향적인 혁신(앞에서 언급한 4대 혁신)을 계획, 실행 및 통제하는 것"으로 정의하고자 한다.

여기에서 기업 전체의 관점 또는 전사적 관점은 기업의 모든 기능영역이 혁신을 위해 참여하고 협력하는 것을 전제로 한다. TIM의 관점에서 볼 때, 4대 혁신 중에서 전략혁신이 다른 혁신(사회적 혁신, 제품혁신, 공정혁신)보다 중요한 의미를 갖는데, 이것은 전략혁신이 어떻게 설정되고 실행되는가에 따라 다른 세 가지의 혁신의 방향이 결정될 수 있기 때문이다.

다음에서는 TIM과 기업의 개별 기능영역의 역할에 대하여 살펴보기로 한다. 즉, 혁신의 창출을 위해 기업의 개별 기능영역들이 어떤 의미를 갖고 있으며, 아울러 어떤 결합된 기능영역(예를 들면, 마케팅, 생산, 연구개발부문의 협력)들이 TIM을 위해서 어떤 의미를 갖는가에 대하여 논의하기로 한다.

5.2 TIM과 개별 기능영역의 역할

TIM의 실행을 위해서는 기업의 개별 기능영역 모두가 참여하는 것이 필수적일 뿐만 아니라, 경우에 따라서 어떤 혁신을 위해 관련된 기능영역 간의

1 저자의 논문 일부분을 요약하여 제시함; 박주홍(1998), p. 160 이하; 박주홍(2001), p. 84 이하.
2 박주홍(1997a), p. 261; 박주홍(1998), p. 93; 혁신의 관점에서 볼 때, TIM은 전사적 품질관리(Total Quality Management), 리엔지니어링(Reengineering) 및 리스트럭처링(Restructuring) 등을 포괄하는 상위의 개념이다.

협력도 필요하다. 먼저 혁신의 창출을 위해 기업의 개별 기능영역이 어떤 과제를 갖는가를 살펴보면 다음과 같다.[3]

- 최고경영층 및 기획부문(스태프): 전략적 계획의 수립, 기업의 총괄관리(전략혁신이 중요한 과제임)
- 기초연구(연구개발): 신제품 및 신공정의 개발(제품혁신과 공정혁신이 중요한 과제임)
- 마케팅: 시장조사를 통한 고객요구의 확인(제품혁신을 위해 중요한 정보를 제공함)
- 생산: 생산공정의 개선, 생산성향상, 생산원가의 절감 및 제품품질의 개선(공정혁신이 중요한 과제임)
- 자원조달: 원재료조달, 품질 및 자원조달 시장에서의 지위의 확보, 자원조달 비용의 최적화, 협력업체의 확보, 위험회피(혁신지원이 중요한 과제임)
- 인사: 혁신을 위한 인력조달, 인력개발 및 인력투입, 인적 자원의 생산성 및 업무능력의 향상, 조직구조의 개선(사회적 혁신이 중요한 과제임)
- 재무: 혁신을 위한 자금조달, 내부적 및 외부적 자금조달, 자금조달 방법의 개선(혁신지원이 중요한 과제임)

혁신창출의 관점에서 볼 때, 개별 기능영역이 단독으로 어떤 혁신을 추구하는 것보다 관련된 기능영역들이 협력하여 혁신을 추구할 때 보다 높은 시너지효과(synergy effect)가 나타난다. 예를 들면, 제품혁신을 연구개발부문이 단독으로 추구하는 것보다, 이것을 마케팅 및 생산부문과 협력하여 추구할 때 보다 높은 성과를 거둘 수 있다. 제품혁신을 위해 연구개발, 마케팅 및 생산부문이 협력하는 것은 TIM의 기본취지와 맥락을 같이 한다.

〈표 5-1〉은 혁신창출의 종류와 추진영역을 보여준다. 이 표는 제품개선, 신제품, 새로운 생산방법, 새로운 판매시장, 새로운 자원조달 시장 및 사회적 혁신 등과 관련된 혁신을 위하여 기업의 인사, 조직부문(종업원과 관련됨) 및 각 기능영역의 협력이 어느 정도 중요한가를 제시한다. 이 표에 나타나 있는

3 전게논문.

표 5-1 ■ 혁신창출의 종류와 추진영역

추진영역 / 종류	인사 및 조직 (종업원)	유통 및 구매	마케팅	연구개발	생 산
제품개선	*	**	**	*	*
신제품	*	*	**	**	*
새로운 생산방법	*	*	*	**	**
새로운 판매시장	*	**	**	*	*
새로운 자원조달 시장	*	**	**	*	**
사회적 혁신	**	*	*	*	**

* 중요함; ** 매우 중요함.
자료원: Böhny(1989), p. 33; 저자에 의해 일부 수정됨.

바와 같이 혁신창출의 종류와 추진영역의 중요성의 정도에 따라 어떤 혁신창출이 어떤 기능영역에서 '매우 중요함'으로 나타날 경우, 관련된 기능영역들은 혁신창출의 초기부터 반드시 협력하는 것이 바람직하다.

5.3 TIM의 실행방법

TIM의 실행을 위해서는 기업의 모든 기능영역이 참여하는 것이 바람직하며, 아울러 혁신의 종류에 따라 반드시 참여해야만 하는 기능영역이 결정된다(〈표 5-1〉 참고). 전략혁신의 경우 기업의 최고경영층과 기획부문에서 참여하는 것이 바람직하며, 사회적 혁신의 경우 인사 및 조직부문에서의 참여가 요구된다. 제품혁신을 위해서는 연구개발과 마케팅부문이 참여해야만 하며, 반면에 공정혁신을 위해서는 연구개발과 생산부문의 참여가 필요하다. TIM을 성공적으로 실행하기 위해서는 기업의 최고경영자와 모든 기능영역의 대표자가 참여하는 '혁신위원회(committee for innovation)'를 구성할 수 있으며, 4대 혁신을 위해서는 개별 혁신과 관련된 소위원회(小委員會)를 구성하여 혁

신을 구체적으로 실현시킬 수 있다.[4]

5.3.1 혁신위원회의 운영방법과 혁신과제

〈그림 5-1〉은 혁신위원회의 구성을 보여준다. 이 그림에 나타나 있는 것처럼 혁신위원회 산하에 전략혁신, 사회적 혁신, 제품혁신 및 공정혁신 등의 소위원회가 구성되어 있으며, 혁신위원회는 4개의 혁신 소위원회를 총괄하는 성격을 갖는다. TIM의 관점에서 볼 때, 기업 전체의 혁신능력과 혁신성과를 높이기 위해서는 〈그림 5-1〉과 같이 혁신위원회와 4개의 혁신 소위원회를 함께 구성하는 것이 바람직하다. 혁신위원회와 각 소위원회의 운영방법과 혁신과제는 아래의 5.3.2에서 자세히 논의하기로 한다.

혁신위원회는 기업의 혁신관련 의사결정을 담당하는 위원회로서 최고경영자 및 기업의 모든 기능영역의 대표자 등으로 구성된다. 또한 혁신위원회는 기업 전체에 걸친 혁신의 방향과 실행방법을 토론하고 결정하는 기구로서, 혁신에 대한 전략수립(혁신의 전략적 방향설정), 계획(혁신창출 계획 및 혁신예산 수립), 조직(혁신관련 조직정비, 혁신의 부문별 조정 및 혁신인력에 대한 동기부여), 실행(혁신과정에 대한 관리) 및 통제(계획과 성과의 비교를 통한 혁신활동의 재검토 및

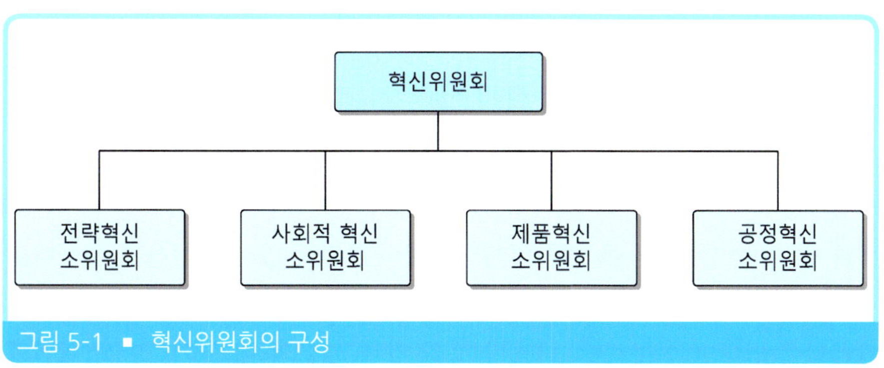

그림 5-1 ■ 혁신위원회의 구성

자료원: 박주홍(1998), p. 99.

---

4 박주홍(1997a), p. 262 이하.

재평가) 등을 담당한다. 혁신위원회의 또 하나의 중요한 기능은 4대 혁신과 관련된 각 소위원회의 활동을 조정 또는 통제하여 전사적 관점에서 혁신의 성과를 증대시키는 것이다.

5.3.2 소위원회의 운영방법과 혁신과제

4대 혁신과 관련된 각 소위원회의 운영방법과 혁신과제는 다음과 같다.

(1) 전략혁신 소위원회(subcommittee for strategic innovation)

이 소위원회는 기업전략에서의 혁신을 추구하며, 최고경영층, 기획, 생산, 마케팅, 연구개발 및 인사부문의 대표자로 구성되는 것이 바람직하다. 앞에서 살펴본 바와 같이 전략혁신은 기업에 있어서 어떤 혁신적인 전략변경을 의미하며, 전략의 구성요소인 범위(제품과 시장 결합 및 지리적 영역의 관점에서 정의되는 범위를 의미함), 자원배분 및 차별적 능력, 경쟁우위 및 시너지 등을 재구성 또는 재결합함으로써 이루어진다. 전략혁신의 중요한 방향으로서 품질선도자전략, 비용(원가)선도자전략 및 시장선도자전략 등을 들 수 있는데, 이러한 전략혁신의 방향은 사회적 혁신, 제품혁신 및 공정혁신과 밀접한 관계가 있기 때문에 전략혁신 소위원회의 활동은 나머지 3개의 소위원회의 활동을 지원하는 성격을 갖는다.

(2) 사회적 혁신 소위원회(subcommittee for social innovation)

이 소위원회는 기업의 인사 및 조직부문에서의 혁신을 추구하기 위해서 구성되기 때문에 인사 및 조직부문의 대표자가 반드시 참여해야만 한다. 그뿐만 아니라, 생산조직에서의 혁신추구가 계획되어 있다면 생산부문의 대표자도 참여해야 한다. 혁신인력의 채용, 교육훈련, 보상관리 및 동기부여 등이 관계되어 있다면 연구개발, 마케팅 등과 같은 부문의 대표자도 이 소위원회에서 활동할 수 있다. 이 소위원회의 혁신과제는 기업구성원(사무직 및 근로직 모두를 포함함)의 성과와 업무능력 및 업무의 준비성 등을 향상시키는 것이다.

(3) 제품혁신 소위원회(subcommittee for product innovation)

이 소위원회는 신제품개발 및 기존제품의 개선 등의 혁신목표를 달성하기 위하여 구성되기 때문에 연구개발과 마케팅부문의 대표자가 반드시 참여하여야 한다. 기존제품의 개선이 혁신의 목표가 될 경우, 생산부문에서도 혁신이 창출될 가능성이 있기 때문에 이 소위원회에 생산부문의 대표자가 참여할 수 있다. 신제품개발 초기부터 연구개발, 마케팅 및 생산부문의 협력이 이루어진다면, 신제품의 시장도입과 관련된 기업의 전략적 약점이 신제품개발 초기부터 보완될 수 있다.

(4) 공정혁신 소위원회(subcommittee for process innovation)

이 소위원회는 두 가지 관점에서 구성된다. 첫째, 공정혁신이 새로운 생산방식의 창출 또는 개선을 의미한다면, 연구개발과 생산부문의 대표자가 이 소위원회에 반드시 참여해야만 한다. 이 경우 생산기술과 관련된 생산공정이 혁신의 주요 대상이 된다. 둘째, 공정혁신이 과정혁신의 의미를 갖고 있다면, 자금조달(재무), 원재료조달, 유통 및 서비스부문 등의 대표자가 이 소위원회에 참여하게 된다. 그러므로 공정혁신 소위원회의 혁신과제는 공정혁신의 관점에서는 제품 또는 서비스의 원가절감 및 품질향상 등이고, 과정혁신의 관점에서는 경영적 성과창출 과정에서의 효율의 극대화 및 비용절감 등이다.

5.3.3 TIM의 실행을 위한 명제설정

앞에서 언급한 것처럼 TIM은 "기업 전체의 관점에서 미래 지향적이고, 목표 지향적인 혁신을 계획, 실행, 통제하는 것"으로서 기업의 위기상황의 극복과 글로벌 경쟁력 강화에 큰 도움이 될 수 있다. 여기에서는 TIM과 관련된 논의를 토대로 다음과 같은 명제(preposition)를 설정하고자 한다.

[명제 1] 위기상황에서의 혁신추구는 기회를 제공하며, 기회상황에서의 혁신회피는 위기를 초래한다.

이 명제는 기업이 위기상황과 기회상황에 구애되지 않고 항상 혁신을 추구해야만 글로벌 무한경쟁 속에서 생존, 성장 및 발전을 계속할 수 있다는 의미를 함축적으로 내포하고 있다. 한국의 위기상황, 즉 1997년의 IMF 사태는 정치적, 경제적 및 사회적 요인 등과 같은 복합적인 국내외적 환경변화에 의해 초래되었지만, 과거의 한국경제의 발전기간 동안 기업이 혁신추구를 등한시한 것에도 그 원인이 있다. IMF 사태 이후에도 글로벌 경쟁력을 갖는 기업은 대부분 끊임없이 혁신추구를 해 온 기업이라는 것을 인식할 필요가 있다. 그 대표적인 예로 2005년 세계 최초로 16기가 낸드 플래시 메모리 개발에 성공한 삼성전자를 들 수 있다.

독일기업의 경우 1970년대 석유파동 이후 위기상황을 제품혁신을 통하여 극복하였으며, 이를 통하여 강력한 글로벌 경쟁력을 확보할 수 있었다. 또한 1980년대 이후의 비교적 경제가 안정된 시기에는 공정혁신을 통하여 위기상황을 사전에 극복할 수 있었다. 1990년대 이후부터 현재까지는 제품혁신과 공정혁신뿐만 아니라, 전략혁신과 사회적 혁신을 통하여 위기를 극복하고 있다.

[명제 2] 기업에 있어서 혁신이 단독적으로 추구(예를 들면, 제품혁신 또는 공정혁신)되는 것보다 기업 전체의 관점에서 다양하게 추구(4대 혁신의 동시 추구)될 때, 글로벌 경쟁력 향상을 위한 시너지효과가 발생한다.

*박주홍(Park)*의 실증적 연구결과에 의하면, 서구선진국들의 기업은 제품혁신에 중점을 두고 있고, 일본의 기업은 공정혁신에 중점을 두고 있는 것으로 밝혀졌다.[5] 아울러, 한국기업의 경우 일본기업과 마찬가지로 공정혁신에 중점을 두고 있는 것으로 나타났다.[6] 제품혁신은 빠른 신제품도입을 통한 시장지위에서의 경쟁우위를 추구할 수 있는 반면에, 공정혁신은 원가절감을 통한 비용(원가)측면에서의 경쟁우위를 추구할 수 있다. 제품 또는 공정에서의 한 가지 혁신 그 자체만으로도 기업이 세계시장에서 글로벌 경쟁력을 확보할 수 있는 근거가 될 수 있지만, 기업이 4대 혁신을 동시에 다양하게 추구할 경

5 Gilbert/Strebel(1987), p. 28 이하; Park(1996), p. 44 이하; Perlitz(2004), p. 56 이하.
6 Park(1996), p. 44 이하.

우 글로벌 경쟁력 향상을 위한 시너지효과가 나타난다. 이러한 관점에서 TIM은 4대 혁신을 동시에 추구할 수 있는 개념적인 준거를 제공한다.

[명제 3] 4대 혁신 중에서 전략혁신은 사회적 혁신, 제품혁신 및 공정혁신 등의 방향을 제시할 뿐만 아니라, 기업의 인적 및 물적 자원의 배분과 관련되어 있으므로 최우선적으로 추구되어야 한다.

전략혁신은 기업이 추구해 온 기존전략을 완전히 새롭게 바꾸거나 부분적으로 변경하는 것을 의미하며, 또한 이것은 기업활동의 방향제시, 인적 및 물적 자원의 배분, 사회적 혁신, 제품혁신 및 공정혁신 등과 같은 방향을 설정해 주는 역할을 한다. 1990년대 이후부터 독일의 많은 기업들이 도입하고 있는 '린 경영(lean management)'은 일본기업의 입장에서 볼 때는 공정혁신으로 분류될 수 있지만, 독일기업의 입장에서는 새로운 전략적 대안으로서 전략혁신의 의미를 강하게 내포하고 있다. 지금까지 독일기업의 경쟁우위의 근거인 제품혁신이 계속적으로 추구되면서, '린 경영'이라는 전략혁신으로 사회적 혁신(예를 들면, 집단작업의 도입)과 공정혁신이 동시에 시도되기 때문에 독일기업의 글로벌 경쟁력 향상에 긍정적인 영향을 미치는 것으로 평가된다. 이러한 '린 경영'을 통하여 성공을 거둔 대표적인 독일기업으로 GM의 독일 자회사인 Opel을 들 수 있다.

전략혁신의 대명사로 간주될 수 있는 서구기업에 도입된 리엔지니어링(reengineering), 리스트럭처링(restructuring), 린 생산(lean production) 및 성과평가체계(performance measurement) 등과 같은 기업혁신의 기법들은 기업 내부의 혁신의 방향과 혁신의 결합을 유도하는 방향타의 역할을 하였으며, 이를 통하여 기업에 있어서의 사회적 혁신, 제품혁신 및 공정혁신 등이 효율적이고 효과적으로 추구될 수 있었다.

5.4 혁신믹스전략의 실행

5.4.1 혁신믹스전략의 대안적 설계

제4장 4.3에서 논의한 혁신을 통한 기업의 글로벌 경쟁력의 강화에 대한 이론적 기초를 바탕으로, 5.4에서는 글로벌 경쟁력 강화를 위한 혁신믹스전략(innovation mix strategy)을 도출하고, 이와 관련된 명제를 제시하고자 한다. 전략혁신의 관점에서 시장선도자전략, 품질선도자전략 및 비용(원가)선도자전략 등을 중심으로 혁신믹스전략의 대안적 설계를 하기로 한다. 그 이유는 혁신믹스전략의 설계에 있어서 우선적으로 전략혁신의 방향이 설정되어야만 기업의 혁신과 관련된 전체적인 인적 및 물적 자원의 투입이 가능하기 때문이다. 기존전략의 수정 및 새로운 전략의 도입은 전략혁신의 주된 대상으로서 기업의 입장에서 혁신의 방향타 역할을 한다. 다음의 그림들(〈그림 5-2〉부터 〈그림 5-5〉까지)에서는 시장우위, 품질우위 및 비용(원가)우위 등을 전략혁신의 축으로 삼아 2P2S 믹스전략의 설계를 하기로 한다. '2P2S 믹스전략'은 2001년 저자가 처음으로 도입한 용어이며, 제품혁신(product innovation)과 공정혁신(process innovation)의 영문 이니셜(initial)에서 2P를 따고, 전략혁신(strategic innovation)과 사회적 혁신(social innovation)의 영문 이니셜에서 2S를 따서 '2P2S'로 명명하였다.[7]

(1) 시장선도자와 2P2S 믹스전략

전략혁신으로서의 시장선도자전략(market leader strategy)은 어떤 시장에서의 높은 시장점유율에 기초하며, 시장선도자는 신제품에 있어서 다른 경쟁자에 비해 탁월한 우위를 갖는다. 시장선도자전략은 주로 제품혁신에 의하여 강력하게 추구될 수 있으며, 공정혁신과 사회적 혁신은 시장선도자전략 추구에 큰 영향을 미치지 못한다. 〈그림 5-2〉는 시장선도자와 2P2S 믹스전략을

7 박주홍(2001), p. 84.

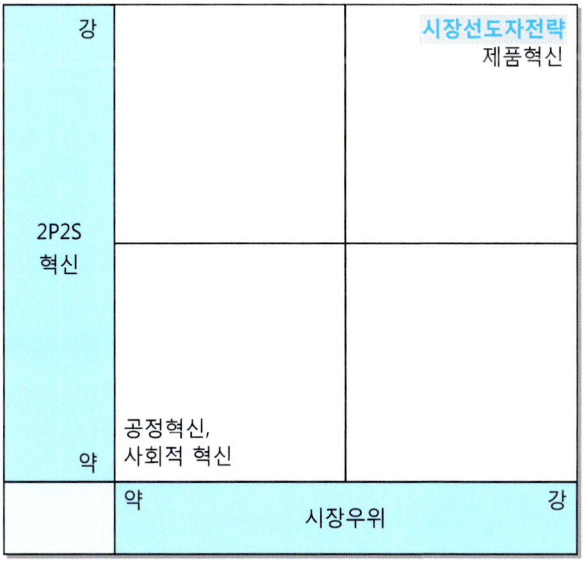

2P2S 혁신		
강		시장선도자전략 제품혁신
약	공정혁신, 사회적 혁신	
	약	강
	시장우위	

그림 5-2 ▪ 시장선도자와 2P2S 믹스전략

자료원: 박주홍(2001), p. 85.

보여준다. 이 전략을 추구하기 위해서 제품혁신이 단독으로만 이루어지지 않고, 공정혁신과 사회적 혁신도 병행하여 약하게 이루어진다. 기존의 시장선도자전략에서는 공정혁신과 사회적 혁신이 전혀 고려되지 않은 단점이 있기 때문에, 〈그림 5-2〉의 대안에서는 공정혁신과 사회적 혁신의 강도는 약하지만 동시에 시장선도자전략을 위해 실행될 수 있는 여지를 보여준다.

(2) 품질선도자와 2P2S 믹스전략

전략혁신으로서의 품질선도자전략(quality leader strategy)은 제품의 품질에 기초한 기업의 전략을 의미하며, 이 전략을 통하여 기업은 다른 경쟁자에 비해 탁월한 품질의 제품을 생산할 수 있다. 〈그림 5-3〉은 품질선도자와 2P2S 믹스전략을 보여준다. 품질우위를 확보하기 위해서 기업은 우선적으로 공정혁신을 강력하게 실행하여야 하며, 아울러 품질관리 분임조와 같은 품질향상 기법을 실행하기 위하여 인적 자원부문, 즉 생산 또는 제조분야의 인적 자원

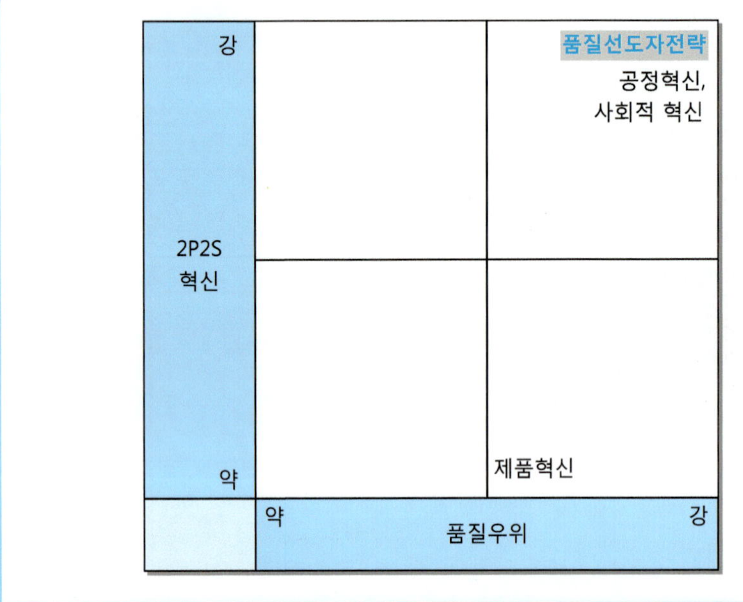

그림 5-3 ■ 품질선도자와 2P2S 믹스전략

자료원: 박주홍(2001), p. 86.

의 효과적이고 혁신적인 활용을 위한 사회적 혁신을 수행하여야 한다. 그리고 품질과 관련된 제품혁신이 품질우위를 확보하는 중요한 수단이 될 수 있다.

(3) 비용(원가)선도자와 2P2S 믹스전략

전략혁신으로서의 비용(원가)선도자전략(cost leader strategy)은 경쟁자들에 비해 더욱 절감된 원가를 목표로 하는 혁신전략이다. 이러한 전략은 해당 산업부문에서 가장 저렴한 원가를 목표로 추구되며, 무엇보다도 기업이 생산하는 제품의 원가절감에 초점을 둔다. 〈그림 5-4〉는 비용(원가)선도자와 2P2S 믹스전략을 제시한다. 무엇보다도 비용(원가)우위를 실현하기 위하여 공정혁신이 강력하게 추구되어야 하며, 생산 또는 제조부문에서의 사회적 혁신도 추구되어야 한다. 품질선도자전략과 대체로 병행하여 실행할 수 있으나, 제품혁신은 품질선도자전략에 있어서 보다 비용(원가)선도자전략에서 비교적

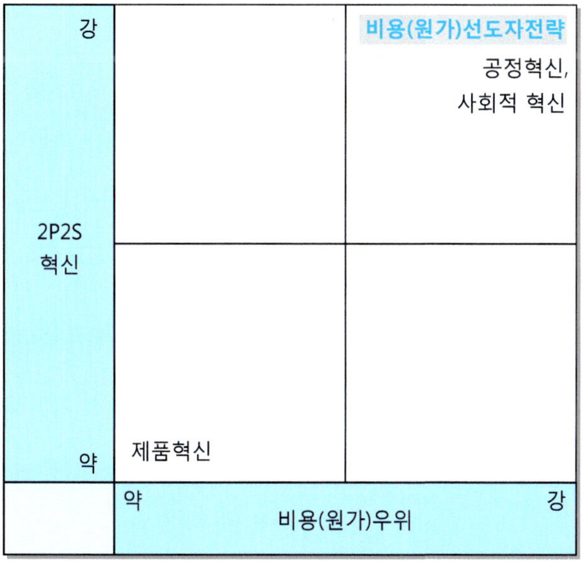

2P2S 혁신	약 — 비용(원가)우위 — 강	
강		비용(원가)선도자전략 공정혁신, 사회적 혁신
약	제품혁신	
	약	강
	비용(원가)우위	

그림 5-4 ■ 비용(원가)선도자와 2P2S 믹스전략

자료원: 박주홍(2001), p. 87.

약하게 추구된다. 물론 제품혁신을 통하여 비용(원가)절감을 위한 여지가 존재하지만, 일반적으로 제품혁신을 통한 신제품개발 및 신제품의 시장도입은 많은 초기 비용(원가)이 소요되므로 신제품이 대량생산되기 이전에는 규모의 경제효과를 통한 원가절감의 목표를 달성하기는 어렵다. 그러나 신제품이 제품수명주기의 성장기 단계에 접어들면 기존제품의 변경과 같은 제품혁신을 통하여 더욱 더 낮은 비용(원가)을 달성할 수 있으나, 시장에서 완전히 새로운 제품을 생산하는 제품혁신이 추구될 가능성은 매우 희박하다.

(4) 전사적 혁신전략과 2P2S 믹스전략

전략혁신의 관점에서 전사적 혁신전략(total innovation strategy)은 기업 전체의 관점에서 미래 지향적이고 목표 지향적인 혁신을 추구하는 전략으로서 2P2S 믹스전략이 동시에 강력하게 추구된다. 전사적 혁신전략의 실행에 있어서 기업의 모든 기능영역이 관련된 2P2S의 효과적이고, 효율적인 실행을 위

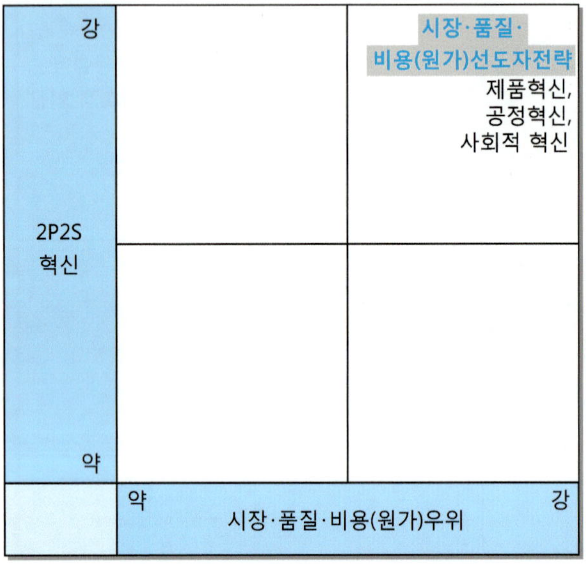

2P2S 혁신 (강 ↑ 약)		
강		시장·품질·비용(원가)선도자전략 제품혁신, 공정혁신, 사회적 혁신
약		
	약	강
	시장·품질·비용(원가)우위	

그림 5-5 ■ 전사적 혁신전략과 2P2S 믹스전략

자료원: 박주홍(2001), p. 88.

하여 참여하게 된다. 〈그림 5-5〉는 전사적 혁신전략의 실현을 위해 시장, 품질 및 비용(원가)우위들이 동시에 추구될 수 있음을 나타내고 있으며, 각 기능영역은 관련된 혁신의 달성을 위해 전사적인 관점에서 협력해야만 한다. 그러나 전사적 혁신전략의 추구는 인적 및 물적 자원이 많이 배분되고 소요되어야 하기 때문에 경제성 분석과 비용-효용분석(cost-benefit analysis)이 이루어져야 한다. 경제성 분석과 비용-효용분석의 결과 경제성이나 효용측면에서의 장점이 없다면 기업은 앞에서 제시한 시장, 품질 및 비용(원가)선도자전략에서 혁신전략의 대안을 찾을 필요가 있다.

5.4.2 혁신믹스전략의 실행과 통제

앞에서 제시한 혁신믹스전략의 대안들은 관련된 혁신과정을 거치면서

표 5-2 ■ 2P2S 믹스전략의 실행과 주요 기능영역의 참여도

기능영역의 참여도 / 2P2S 믹스전략의 대안	강 함	중 간	약 함
시장선도자	최고경영층, 연구개발, 마케팅	생산	인사
품질선도자	최고경영층, 연구개발, 생산	인사	마케팅
비용(원가)선도자	최고경영층, 생산	연구개발, 인사	마케팅
전사적 혁신전략	최고경영층, 연구개발, 생산, 인사, 마케팅		

자료원: 박주홍(2001), p. 90.

더욱 더 구체화되고 기업의 혁신성과를 창출 또는 향상시킨다. 덧붙여서 시장선도자, 품질선도자, 비용(원가)선도자 및 전사적 혁신전략 등 네 가지 대안과 관련하여 2P2S 믹스전략의 실행을 위해서는 서로 다른 기능영역의 참여, 협력 및 조정이 필요하다. 〈표 5-2〉는 2P2S 믹스전략의 실행과 주요 기능영역의 참여도에 대한 일례를 제시한다. 이 표에서는 2P2S 믹스전략의 실행을 위해서 각각의 전략적 대안에 따라 주요 기능영역의 참여도가 차이가 있음을 보여준다. 아울러, 이러한 차이는 구체적으로 관련된 기능영역의 인적 및 물적 자원이 각각의 혁신믹스전략의 실행을 위해 차별적으로 배분되어야 함을 의미한다. 특히, 네 가지 2P2S 믹스전략은 전략혁신의 관점에서 추구되기 때문에 최고경영층의 참여가 필수적으로 수반되어야 한다. 또한 혁신전략의 수행을 위해 재정적인 지원을 하는 재무부문은 각 대안의 상황에 따라 그 역할이 축소되거나 확대될 여지가 있고, 참여도를 명확하게 구분하기 어렵기 때문에 이 표에서는 제시되지 않았다. 이 표는 일반적인 기업의 상황에 따라 각 전략과 기능영역의 참여도를 제시하였다. 그러나 기업의 상황에 따라 이러한 결과는 변화될 수 있는 여지를 갖는다.

혁신믹스전략이 실행되면 그 과정과 결과에 대한 통제가 필요하다. 혁신믹스전략의 과정과 결과에 대한 통제는 혁신과정에서의 실현가능성의 지속적 통제(전제조건통제), 혁신실행의 통제(실행통제) 및 혁신결과의 통제(결과

표 5-3 ■ 2P2S 믹스전략의 과정과 결과에 대한 통제의 대상

혁신과정과 성과의 통제 / 2P2S 믹스전략	통제의 대상
전략혁신	신제품의 시장점유율, 품질향상수준, 비용(원가) 절감수준
사회적 혁신	인적 자원부문의 생산성향상수준, 업무효율의 향상수준, 원활한 커뮤니케이션의 정도, 업무준비성 증대의 정도
제품혁신	제품기술적 개발목표의 달성 정도, 일정계획의 달성 정도, 신제품도입비율, 신제품의 시장점유율, 환경보호
공정혁신	공정기술적 개발목표의 달성 정도, 일정계획의 달성 정도, 비용(원가)절감수준, 품질향상수준, 환경보호

자료원: 박주홍(2001), p. 91.

통제) 등이 있다.[8] 이러한 혁신믹스전략의 실행에 대한 과정과 결과의 통제는 혁신성과의 향상을 위해 매우 중요하며, 일반적으로 〈표 5-3〉과 같이 통제의 대상을 혁신믹스전략의 4대 요소인 전략혁신, 사회적 혁신, 제품혁신 및 공정혁신 등으로 분류하여 제시할 수 있다. 이렇게 분류한 이유는 2P2S 믹스전략의 각 구성부분인 4대 혁신에 대한 통제가 이루어지면 혁신믹스전략에 대한 과정 및 결과의 통제가 자연적으로 이루어질 수 있다는 점 때문이다. 아울러, 통제의 대상은 혁신과정과 성과에 대한 평가기준으로서 중요한 의미를 갖는다.

5.4.3 혁신믹스전략의 실행을 위한 명제설정

앞에서 논의한 2P2S 믹스전략을 바탕으로 기업의 글로벌 경쟁력 강화를 위한 핵심적 요소인 시장우위, 품질우위 및 비용(원가)우위의 목표를 달성하기 위하여 다음과 같은 명제를 제시하고자 한다. 즉, 5.4.1에서 논의한 내용

8 Macharzina(1993), p. 777; Bea/Dichtl/Schweitzer(1994a), p. 96; Brockhoff(1994), p. 340 이하.

을 바탕으로 명제(preposition)를 제시하고자 한다.

[명제 1] 시장우위, 품질우위 및 비용(원가)우위의 목표를 동시에 달성하기 위한 전사적 혁신전략의 실행은 기업의 혁신성과를 높이며, 기업 전체의 관점에서 동시에 추구될 때 글로벌 경쟁력 강화를 위한 강력한 시너지효과가 나타날 수 있다.

기업의 인적 및 물적 자원이 충분하다면 전사적 혁신전략의 실행은 글로벌 경쟁력 강화를 위하여 가장 바람직한 대안이 될 수 있다. 시장우위, 품질우위 및 비용(원가)우위를 동시에 추구한다는 것은 글로벌 경쟁력향상의 측면에서 볼 때 가장 이상적인 대안(ideal alternative)이다. 하지만 전사적 혁신전략의 실행을 위해서는 최고경영층의 강력한 지원과 관련된 모든 기능영역의 전사적 참여가 요구된다. 2P2S 믹스전략을 모두 포괄하기 때문에 치밀한 계획, 실행 및 통제의 절차를 밟아 전사적 혁신전략을 추구하여야 한다. 아울러, 2P2S 믹스전략의 실행은 기업의 관련된 모든 기능영역 간의 협력을 기초로 하기 때문에 글로벌 경쟁력 강화를 위한 강력한 시너지효과가 나타날 수 있다.

[명제 2] 시장우위를 달성하기 위한 시장선도자전략은 제품혁신을 통하여 강력하게 추구될 수 있으며, 약한 수준의 공정혁신과 사회적 혁신의 동시적 실행은 기업의 제품혁신에 긍정적인 영향을 미칠 수 있다.

시장우위는 제품혁신을 통하여 추구되며, 선진국기업들 중에서 특히, 독일기업들은 글로벌 경쟁에서 제품혁신을 통하여 이러한 시장우위를 강력하게 확보하고 있다. 어떤 기업이 제품혁신을 통하여 제품수명주기의 도입기를 선점하게 되면, 다른 국가의 경쟁자들에 비해 보다 신속하게 글로벌 시장에 신제품을 공급하게 되고, 이에 따르는 독점적 지위는 후발 기업들이 독자적 개발 또는 기술도입 및 모방을 통하여 동일한 제품을 글로벌 시장에 출시할 때까지 시장에서 우위를 지킬 수 있다. 또한 신제품은 제품 그 자체로 수출이

가능할 뿐만 아니라, 기술제공을 통한 기술수출도 가능하게 되어 신제품개발 비용을 신속히 회수할 수 있는 추가적인 장점이 존재한다. 시장선도자전략의 성공적인 실행을 위해 약한 수준의 공정혁신과 사회적 혁신이 추구되면 전사적 혁신전략의 혁신성과의 수준에는 도달할 수 없지만, 어느 정도의 제품혁신 성과향상의 시너지효과를 기대할 수 있다. 전사적 혁신전략의 실행을 위한 기업의 인적 및 물적 자원이 부족한 경우, 시장선도자전략은 시장우위의 확보를 위한 최적적인 대안(optimal alternative)이 될 수 있다.

[명제 3] 품질우위를 달성하기 위한 품질선도자전략은 공정혁신과 사회적 혁신을 통하여 강력하게 추구될 수 있으며, 품질향상을 목표로 한 높은 수준의 제품혁신을 통하여 품질우위의 목표를 보다 효과적이고 효율적으로 달성할 수 있다.

품질우위는 신공정개발과 기존공정의 개선과 같은 공정혁신 및 품질관리 분임조 등의 활동과 같은 생산 또는 제조부문의 효과적이고 효율적인 인적 자원의 활용을 통한 사회적 혁신으로 달성된다. 특히, 공정혁신을 통한 품질선도자전략은 일본기업의 전유물처럼 취급되지만, 최근에는 거의 모든 선진국 및 개발도상국 등에서 품질우위를 확보하기 위하여 제품혁신보다 비교적 비용이 적게 드는 것으로 여겨지는 공정혁신을 추구한다. 그러나 예를 들면, 화학산업의 경우 공정혁신은 제품혁신과 직결되어 연구개발비가 많이 들 수 있기 때문에 산업에 따라 품질우위를 위한 혁신전략에 대한 접근방법이 달라질 수 있다. 또한 기업이 제품혁신(예를 들면, 기존제품의 품질개선에 대한 연구)을 동시에 추구하면 공정혁신과 사회적 혁신만을 실행하는 것보다 더욱 강력한 품질우위의 목표가 달성될 수 있다. 그러나 기업의 인적 및 물적 자원의 측면에서 품질향상을 위한 제품혁신을 동시에 추구하는 데 어려움이 있다면, 혁신믹스전략에서 제품혁신을 약한 수준으로 추구할 수도 있다.

[명제 4] 비용(원가)우위를 달성하기 위한 비용(원가)선도자전략은 공정혁신과 사회적 혁신을 통하여 강력하게 추구될 수 있으며, 약한 수준의 제품혁

신의 동시적 실행은 비용(원가)우위의 달성에 긍정적인 영향을 미칠 수 있다.

비용(원가)우위는 비용(원가)절감을 목표로 한 생산성향상과 관련되어 있다. 품질선도자 혁신믹스전략과 마찬가지로 공정혁신과 사회적 혁신을 통하여 글로벌 시장에서 강력한 비용(원가)우위를 확보할 수 있다. 아울러, 약한 수준의 제품혁신의 동시적 실행도 비용(원가)우위달성에 긍정적인 영향을 미칠 수 있는데, 이것은 새로운 제품개선이 생산성향상에 영향을 미칠 수 있기 때문이다. 일반적으로 품질선도자와 비용(원가)선도자 믹스전략은 병행하여 추구될 수 있다.

[명제 5] 혁신믹스전략의 과정과 결과는 2P2S 믹스전략의 실행에 따라 체계적으로 통제되어야만 혁신성과를 향상시킬 수 있으며, 그 과정과 결과는 통제의 대상에 따라 구체적으로 평가되고 분석되어야 한다.

혁신믹스전략의 과정과 결과는 보다 향상된 혁신결과를 얻기 위하여 계획, 실행 및 통제의 단계를 밟아 체계적으로 평가되고, 분석되어야 한다. 앞의 〈표 5-3〉에 제시한 통제의 대상에 따라 통제가 이루어져야 한다. 아울러, 최근 들어 환경보호와 같은 요인이 중요한 통제의 대상이 되고 있다. 혁신과정과 결과에 대한 통제에 있어서 '어느 기능영역에서 평가와 분석을 할 것인가', 그리고 '누가 이 통제업무를 담당할 것인가'에 대하여 명확히 할 필요가 있다. 또한 전사적 차원의 혁신관련 조직관리를 전담할 담당부문 또는 스태프를 운영하는 것도 혁신성과의 통제를 위해 바람직할 수 있다.

제 3 부

글로벌 기업의 전사적 혁신경영을 위한 전략, 계획 및 조직

제3부에서는 글로벌 기업의 전사적 혁신경영을 위한 전략, 계획 및 조직에 대하여 설명한다. 제6장에서는 글로벌 기업의 혁신을 위한 전략적 검토를 통하여 전략적 혁신경영 및 혁신전략의 종류에 대하여 명확히 정의한다. 제7장에서는 글로벌 기업의 혁신을 위한 계획에 대하여 논의하며, 여기에서는 혁신창출을 위한 개별 기능영역의 의미, 전략적 혁신계획의 방법 및 혁신을 위한 연구개발예산의 설정 등에 대하여 체계적으로 살펴본다. 제8장에서는 글로벌 기업의 혁신을 위한 조직에 대하여 논의한다. 여기에서는 혁신을 위한 연구개발부문의 조직구조, 연구개발의 글로벌화와 조직구조 및 조직관리, 혁신을 위한 연구개발부문의 조정 및 혁신을 위한 연구개발자에 대한 동기부여방법 등에 대하여 살펴본다.

제 1 부 혁신의 글로벌화, 기술적 환경 및 기업문화

제 1 장 글로벌 기업과 혁신의 글로벌화
제 2 장 글로벌 기업의 기술적 환경
제 3 장 글로벌 기업의 혁신촉진적 기업문화

↓

제 2 부 글로벌 기업의 전사적 혁신경영에 대한 개념적 기초

제 4 장 글로벌 기업의 혁신과 글로벌 경쟁력
제 5 장 글로벌 기업의 전사적 혁신경영과 혁신믹스전략

↓

제 3 부 글로벌 기업의 전사적 혁신경영을 위한 전략, 계획 및 조직

제 6 장 글로벌 기업의 혁신을 위한 전략적 검토
제 7 장 글로벌 기업의 혁신을 위한 계획
제 8 장 글로벌 기업의 혁신을 위한 조직

↓

제 4 부 글로벌 기업의 혁신과정

제 9 장 글로벌 기업의 혁신과정의 3단계 및 아이디어창출의 단계
제10장 글로벌 기업의 아이디어평가의 단계
제11장 글로벌 기업의 아이디어실현의 단계

↓

제 5 부 글로벌 기업의 혁신에 대한 통제와 혁신네트워크의 관리

제12장 글로벌 기업의 혁신에 대한 통제
제13장 글로벌 기업의 혁신네트워크의 관리

제 6 장

글로벌 기업의 혁신을 위한 전략적 검토

6.1 전략적 혁신경영

6.1.1 전략적 혁신경영의 개념

〈그림 6-1〉은 제3부, 제4부, 그리고 제5부에서 논의할 전사적 혁신경영의 분석을 위한 개념적 틀을 제시한다.

전략적 혁신경영(strategic innovation management)은 '기업이 혁신을 어떻게 전략적 전체개념 속에 결합시킬 것인가',[1] 또한 '기업이 경쟁력을 어떻게 유지하고 개선할 것인가'에 대한 질문과 관련되어 있다. 전략적 혁신경영의 개념은 전략적 계획이론과 기술적 변화에 대한 연구와 관련된 결과의 종합명제(synthesis)에 그 근거를 두고 있다.[2]

앞서 언급한 두 가지 연구방향, 즉 전략적 계획이론과 기술적 변화에 대

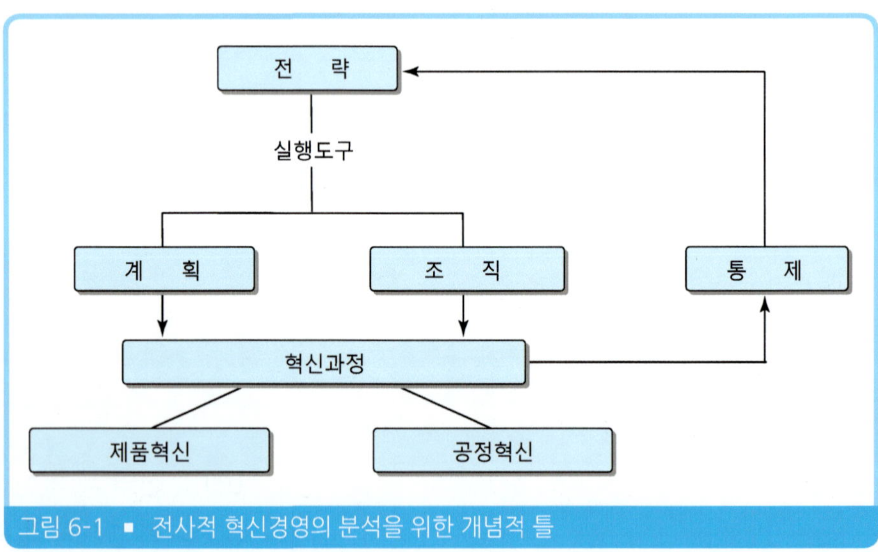

그림 6-1 ■ 전사적 혁신경영의 분석을 위한 개념적 틀

자료원: Park(1996), p. 3.

1 Perlitz(1983), p. 24.

2 Olschowy(1990), p. 16.

한 연구는 과거에는 전략적 혁신경영의 관점에서 많이 검토되지 않았지만, 이러한 두 가지 연구방향은 어떤 기업의 혁신전략을 적시에 개발하고 수립하기 위하여, 또한 경쟁우위를 확보하기 위하여 통합되어야 한다. 특히, 이러한 관점에서 전략적 혁신의 계획방법이 중요한 역할을 한다. 전략적 혁신의 계획방법은 제7장 7.2에서 자세히 논의하기로 한다.

6.1.2 기술의 전략적 의미

기술(technology)은 신제품 및 신공정의 본질적인 구성요소일 뿐만 아니라, 경쟁잠재성과 관련된 중요한 요인이다. 경쟁전략적 의미에서 기술은 기초기술, 핵심기술 및 선도기술 등으로 구분된다.[3]

기초기술(basic technology)은 대다수의 경쟁자들이 사용하고 있는 기술을 말한다. 기초기술의 용이한 이용가능성에도 불구하고, 이러한 기술을 통하여 기업은 어떤 구체적인 경쟁우위를 거의 달성할 수 없다. 반면에, 어떤 산업부문에 있어서 아직 많이 알려지지 않은 핵심기술(key technology)은 기업의 경쟁력에 비교적 큰 영향을 미친다. 선도기술(leading technology)은 대체로 기술수명주기의 초기단계에 해당되는 기술이다. 그러나 모든 선도기술이 미래에 있어서 핵심기술이 되는 것은 아니다. 〈그림 6-2〉는 기술의 통합과 경쟁력의 관계를 보여준다. 이 그림에 나타나 있는 것처럼 기술을 통한 경쟁력의 확보 및 제품과 공정에서의 기술의 통합의 관점에서 기술은 기초기술, 핵심기술 및 선도기술 등으로 구분될 수 있다.

서로 다른 기술과 전략 간에는 어떤 관련성이 존재하기 때문에, 다음과 같은 질문이 기업에 있어서 매우 중요한 의미를 갖는다.[4]

- 기술과 전략 간의 관련성이 근본적으로 개별 기업에 대하여 어떤 의미를 갖는가?
- 기술과 전략 간의 관련성이 나타나지 않는다면, 어떤 문제점이 발생하

3 Sommerlatte/Deschamps(1985), p. 49 이하; Bleicher(1990), p. 8 이하.

4 Sommerlatte/Deschamps(1985), p. 41; Zahn(1986), p. 30.

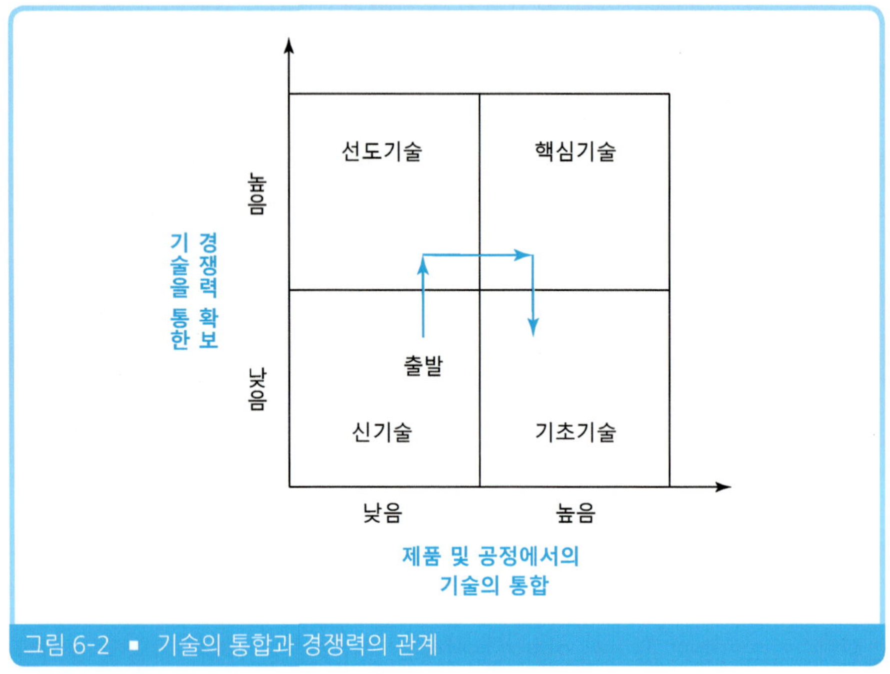

그림 6-2 ▪ 기술의 통합과 경쟁력의 관계

자료원: Servatius(1985), p. 117.

는가?

- 무엇으로 기술과 전략 간의 관련성을 만들 수 있는가?
- 특정산업에 있어서 전략적 도구로서의 기술이 어떤 역할을 하는가?
- 경쟁자와 비교하여 기업이 기술을 어떻게 효과적으로 사용하는가?
- 기업의 기술적 목표와 전략은 어디에 있는가?
- 기술적 목표와 전략이 기업의 전략에 잘 일치하는가?
- 기술개발을 위한 자원투입이 기업의 전략과 일관성이 있는가?
- 기업의 전략적 사업영역의 기술포트폴리오에 의한 시너지가 활용되는가?

이러한 질문에 기업이 동시에 모두 대답하는 것은 불가능하다. 왜냐하면 이러한 각각의 질문은 수많은 변수 또는 요인과 관련되어 있기 때문이다. 그러므로 기업이 이러한 변수 또는 요인을 어떻게 고찰할 것인가에 대한 문제점이 발생하게 된다. 이러한 문제점을 해결하기 위해서 다양한 해결방법들이 개발되었는데, 이러한 것들은 제7장 7.2에서 자세히 논의될 것이다. 각각의 해결방법들이 본질적으로 갖고 있는 한계에도 불구하고, 이러한 방법들은 기술의 전략적 의미뿐만 아니라, 기업을 위한 최적적 문제해결책을 아울러 제시할 수 있다.

6.2 혁신전략의 종류

본절에서는 혁신전략(innovation strategy)의 종류를 품질선도자전략, 비용(원가)선도자전략 및 시장선도자전략 등으로 나누어 살펴보기로 한다.[5]

6.2.1 품질선도자전략

품질선도자전략(quality leader strategy)은 제품의 품질을 가장 중요한 전략적 성공요인의 하나로 설정하는 전략을 의미한다.[6] 즉, 품질선도자전략은 제품의 품질에 기초한 어떤 기업의 전략을 의미하며, 이러한 전략을 통하여 이 기업은 다른 경쟁자들에 비하여 품질에 대한 고객의 요구를 보다 잘 충족시킬 수 있다.

104개의 독일 대기업을 대상으로 설문조사를 실시한 *딜러*와 *뤽킹*(*Diller & Lücking*)의 실증적 연구에서는 제품의 품질이 기업성공의 가장 중요한 핵심요인으로 밝혀졌다.[7] 즉, 이 연구에서는 제품의 품질, 원가관리, 시장점유율, 혁신 및 근로자의 질 등의 순서로 기업성공의 핵심요인들이 확인되었다.

---

5 Park(1996), p. 37 이하.

6 Diller/Lücking(1993), p. 1235 이하.

7 전게논문.

제품의 품질을 개선하기 위해서 기업은 제안제도, 품질관리 분임조, 전사적 품질관리(total quality management) 및 개선(kaizen) 등의 방법을 활용할 수 있다. 이러한 방법의 활용을 통하여 기업은 제품의 품질을 개선할 수 있을 뿐만 아니라, 생산원가도 절감할 수 있다. 본절에서는 전사적 품질관리와 개선에 대하여 간략히 살펴보기로 한다. 제안제도와 품질관리 분임조에 대해서는 제9장 9.3.1과 9.3.2에서 논의하기로 한다.

전사적 품질관리와 *데밍*의 사이클

전사적 품질관리는 1950년대 미국의 *데밍*과 *주란*(*Deming* & *Juran*)에 의해 기본적인 아이디어가 제시되었다. 비록 이러한 아이디어가 제시된 지 반세기가 넘었지만 아직도 중요한 의미를 갖고 있다. 특히, *데밍*(*Deming*)은 1950년 '열네 가지 품질철학'을 요약하여 제시하였는데, 이것을 살펴보면 다음과 같다.[8]

- '지속적인 개선의 원칙'을 기업목표로 설정하라.
- 새로운 사고방식을 채택하라.
- 일상적인 검사를 감소시켜라.
- 오직 가격과 관련된 어떤 사업만을 중요시하는 관행에서 벗어나라.
- 문제점을 찾아라.
- '직장 내 교육훈련(training on the job)'을 위해 현대적인 방법을 도입하라.
- 제조에 대한 통제를 위해 현대적인 방법을 도입하라.
- 기업에서 발생하는 고민사항을 제거하라.
- 부문 간의 장벽을 허물어라.
- 별다른 해결방안이 없다면, 생산성향상을 추구하기 위하여 수치로 표시된 목표, 플래카드 및 표어를 없애라.
- 수치로 표시된 조건이 붙는 작업규범 및 규정을 없애라.
- 자신의 작업에 긍지를 갖도록 하기 위하여 성과제(performance base) 작업과 권한 사이의 장벽을 제거하라.

8 Schneider(1994), p. 23.

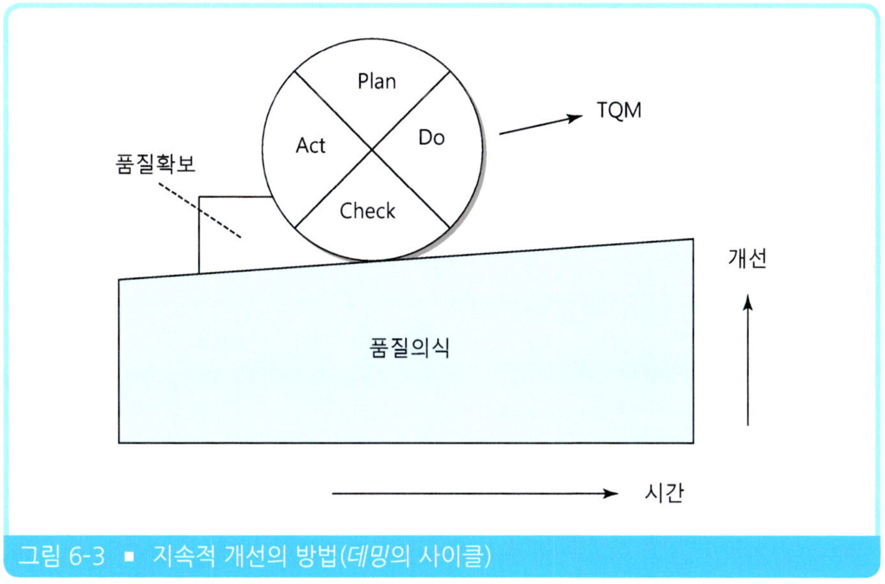

그림 6-3 ■ 지속적 개선의 방법(*데밍*의 사이클)

자료원: Augustin(1992), p. 167; Timischl(1995), p. 4.

- 계속적인 교육훈련을 위한 엄선된 프로그램을 기구화하라.
- 앞서 언급한 점들을 매일 실천할 수 있는 분위기를 조성하라.

*데밍*의 '열네 가지 품질철학(quality philosophy)'에 나타나 있는 것처럼, 이러한 품질철학은 품질에 대한 최고경영층의 지속적인 책임 및 어떤 공정의 지속적인 개선에 대한 요구에 그 기초를 두고 있다.[9] 아울러, 이것은 〈그림 6-3〉에 나타나 있는 '*데밍*의 사이클(*Deming*'s cycle)'에 대한 요구를 반영하고 있다. 즉, 이 사이클에서는 어떤 공정의 개선 또는 제품의 품질개선을 위해서 지속적이고 단계적인 계획-실행-검토-행동 사이클(plan-do-check-act cycle)에 근거를 둔 연속적인 개선이 이루어진다. 그러나 지속적인 개선을 통하여 품질향상을 추구할 수 있는 이러한 훌륭한 아이디어는 미국기업에서는 관심의 대상에서 벗어나 있었던 반면, 일본기업은 이러한 아이디어를 '개선(改善; kaizen)'이라는 독특한 방법으로 발전시켰다. 개선을 통하여 일본기업들은 다른 국가의 기업에 비해 제품의 품질 및 공정의 개선과 관련된 목표 및 생산성

9 Timischl(1995), p. 3 이하.

향상의 목표를 더욱 잘 달성할 수 있었다. 품질선도자전략의 관점에서 볼 때 '개선'은 품질향상을 위한 성공적인 방법으로 평가되고 있다. 그러므로 현시점에서 선진국의 기업뿐만 아니라, 개발도상국의 기업에서도 이 방법을 도입하여 품질에서의 경쟁우위를 확보하기 위해 노력하고 있다.

6.2.2 비용(원가)선도자전략

비용(원가)선도자전략(cost leader strategy)은 경쟁자보다 더욱 낮은 비용(원가)에 기초하여 비용우위를 추구하는 전략이다.[10] 이러한 전략을 통하여 기업은 자사가 속한 산업부문 내에서 비용을 가장 저렴하게 생산하려고 한다. *핵스와 마지러프*(*Hax & Majluf*)에 의하면 이러한 전략의 실행을 위한 전제조건들은 다음과 같다.[11]

- 세계적 규모의 생산시설의 공격적 구축
- 공정합리화를 위한 계속적인 공정혁신의 추구
- 공동비용-가치분석(common cost-value analysis)의 실시
- 공정의 표준화
- 고도의 분업화
- 제품의 단순화
- 대규모 고객에 대한 집중 또는 한계적 고객의 회피

목표원가법

비용(원가)을 절감시키기 위하여 기업은 앞 절에서 언급한 제안제도, 품질관리 분임조, 전사적 품질관리 및 개선 등의 방법을 활용할 수 있다. 앞 절에서 이러한 방법에 대하여 이미 설명하였기 때문에 본절에서는 논의하지 않기로 한다. 최근에는 비용(원가)을 절감시키기 위한 방법으로서 목표원가법

10 Porter(1986), p. 32 이하.

11 Hax/Majluf(1988), p. 50; Macharzina(1993), p. 212.

(target costing)이 각국 기업의 관심의 대상이 되고 있다. 특히, 이 방법은 1965년 토요타(Toyota)사에 의해 개발되었고 1970년대 이후부터 지금까지 많은 일본기업들이 원가절감을 위해 사용하고 있는 방법이다.[12]

사쿠라이(*Sakurai*)는 목표원가법을 "어떤 제품의 총원가를 제품수명주기 전체에 걸쳐 생산, 조립, 연구개발, 마케팅 및 컨트롤링 등의 기능영역에 관련시킴으로써 원가절감을 하려는 원가관리의 도구"로 정의하였다.[13] 목표원가법의 주요 목표를 살펴보면 다음과 같다.[14]

- 기업 전체 및 원가관리의 시장지향
- 시장 및 목표 지향적인 연구개발을 통한 전략지향
- 초기 개발단계에 있어서의 원가관리의 도입
- 원가목표의 지속적인 시장관련성의 검토를 통한 원가관리의 역동화
- 동기부여의 강화(행동의 조정이 추상적인 기업목표를 통하여 이루어지는 것이 아니라 구체적인 시장요구를 통하여 이루어짐)

일반적으로 목표원가법은 다음과 같은 절차로 구성되어 있다.[15]

- 먼저 시장요구가 확인되어야 한다. 특히, 어떤 신제품에 대하여 요구되는 기능들이 정의되어야 한다.
- 미래에 생산되어야 하는 어떤 신제품의 가격을 확정한 후 목표원가를 확인하기 위해 요구되는 이윤의 폭을 뺀다(목표원가 = 신제품의 가격 − 이윤의 폭).
- 모든 원가그룹(예를 들면, 디자인, 개발, 조립 및 판매 등)은 각 요소의 분할을 통하여 원가절감의 잠재성을 찾는다.
- 마지막으로 목표원가를 통하여 주어진 범위 내에서 계획원가(plan cost)가 제시된다.

목표원가법의 성공적인 실행을 통하여 기업은 더욱 저렴한 비용(원가)으

12 Horváth/Niemand/Wolbold(1993), p. 3.
13 Sakurai(1989), p. 41.
14 Horváth/Niemand/Wolbold(1993), p. 4.
15 Kotler/Bliemel(1992), p. 759.

로 생산할 수 있으며, 경쟁자에 대항하여 시장에서 가격경쟁우위를 확보할 수 있는 가능성을 갖게 된다. 원가절감은 기업 전체에 걸친 과제이기 때문에 원가절감을 위해서 기업의 모든 기능영역들이 협력하여야 한다.

6.2.3 시장선도자전략

시장선도자전략(market leader strategy)은 기업이 어떤 제품시장에서 높은 시장점유율을 추구하는 전략이다. 어떤 기업의 시장선도는 경쟁자에 비해 보다 높은 시장점유율의 유지, 가격변경에 있어서의 선도적 지위, 신제품, 탁월한 유통구조 및 판매촉진 등에 기초한다.[16] 혁신의 관점에서 이 전략은 제품혁신을 통한 전체 시장의 확대 및/또는 원가절감적인 생산을 통한 시장점유율의 확대 및 경쟁자보다 우수한 제품의 품질유지 등을 통하여 추구될 수 있다.[17]

시장선도자전략을 성공적으로 실행하기 위해서 기업은 어떤 혁신적이고 원가가 저렴한 제품을 생산해야만 한다. 경쟁자에 대항하여 어떤 지속적인 경쟁우위를 확보하고 유지하기 위해서는 품질선도자전략과 비용(원가)선도자전략을 시장선도자전략과 병행하여 실행할 수도 있다. 품질선도자전략과 비용(원가)선도자전략은 시장선도자전략의 한 구성요소로 파악될 수 있기 때문에 제품의 품질을 개선하고 원가를 절감하기 위하여 기업의 모든 기능영역(예를 들면, 핵심적 기능영역으로 연구개발, 마케팅 및 생산)은 협력하는 것이 바람직하다. 나아가 이러한 협력과 병행하여 마케팅부서는 시장선도자의 지위를 확보하기 위해 어떤 적절한 마케팅 믹스전략(marketing mix strategy)을 개발해야만 한다.

---

16 전게서, p. 598.

17 전게서, p. 598 이하.

제 7 장

글로벌 기업의 혁신을 위한 계획

7.1 혁신창출을 위한 개별 기능영역의 의미

혁신창출(innovation generation)을 위한 개별 기능영역의 의미는 제5장 5.2에서 이미 설명하였기 때문에 본절에서는 더 이상 논의하지 않고, 다만 이것에 대한 *박주홍*(*Park*)의 한국, 일본 및 독일의 화학산업에 대한 실증적 연구의 결과를 사례로 제시하고자 한다.[1]

〈표 7-1〉은 혁신창출을 위한 개별 기능영역의 의미를 보여준다. 여러 항목에서 조사대상국 간의 유의한 차이가 발견되었다. 혁신창출을 위한 각 기능영역의 의미는 조사대상국별로 다음과 같은 항목의 순위로 나타났는데, 네 가지 중요한 기능영역을 살펴보면 다음과 같다.

- 한국: 마케팅(4.33), 생산(4.03), 기초연구(3.72), 인사(3.28)
- 일본: 마케팅(4.46), 생산(4.00), 기초연구(3.97), 인사(3.89)
- 독일: 마케팅(3.78), 기초연구(3.46), 인사(3.04), 생산(2.90)

이들 국가 모두에 있어서 혁신창출을 위하여 가장 중요한 기능영역은 마케팅으로 나타났다. 한국과 일본의 화학기업은 생산, 독일의 화학기업은 기초연구를 두 번째 중요한 기능영역으로 응답하였다. 이 결과에 근거하여 한국과 일본의 화학기업은 공정 지향적(생산부문의 개선을 통한 점진적 혁신)이라고 할 수 있으며, 독일의 화학기업은 제품 지향적(기초연구를 통한 급진적 혁신)이라고 할 수 있다. 이것은 *길버트*와 *스트레벨*(*Gilbert & Strebel*)의 연구결과와 일치한다. 이들의 연구와 *박주홍*(*Park*)의 연구의 차이점을 살펴보면, 이들의 연구에서는 서구기업과 일본기업을 비교한 반면, *박주홍*의 연구에서는 한국, 일본 및 독일기업을 비교한 것에 있다.[2]

1 Park(1996), p. 43 이하.

2 Gilbert/Strebel(1987), p. 28 이하.

표 7-1 ■ 혁신창출을 위한 개별 기능영역의 의미

항 목	독 일 (n=50) 평 균 (표준편차) [순위]	일 본 (n=35) 평 균 (표준편차) [순위]	한 국 (n=36) 평 균 (표준편차) [순위]	t값 (독일/일본)	t값 (한국/독일)	t값 (한국/일본)
기초연구	3.46 (1.28) [2]	3.97 (1.15) [3]	3.72 (1.03) [3]	−1.89	−0.01	0.96
마 케 팅	3.78 (1.06) [1]	4.46 (0.66) [1]	4.33 (0.79) [1]	−3.46**	−2.72**	0.72
생 산	2.90 (1.04) [4]	4.00 (0.97) [2]	4.03 (0.85) [2]	−4.95**	−5.37**	−0.13
자원조달	2.52 (1.09) [6]	3.46 (1.07) [6]	3.11 (0.92) [5]	−3.93**	−2.64**	1.47
인 사	3.04 (1.40) [3]	3.89 (1.05) [4]	3.28 (0.91) [4]	−3.03**	−2.40*	2.60*
재 무	2.48 (1.27) [7]	3.40 (1.01) [7]	3.08 (0.97) [6]	−3.58**	−2.40*	1.35
구성조립/엔지니어 영역	2.64 (1.41) [5]	3.86 (0.85) [5]	2.72 (1.06) [7]	−4.56**	−0.29	4.98**

척도: 높은 값일수록 혁신의 창출을 위한 개별 기능영역의 의미가 큼(최소 1−최고 5).
* $p<0.05$; ** $p<0.01$
자료원: Park(1996), p. 44.

7.2 전략적 혁신계획의 방법

7.2.1 기술 S곡선

기술 S곡선(technology S curve)의 개념은 모든 기술이 어떤 한계점을 갖고 있다는 것에서 출발한다. 〈그림 7-1〉은 기술 S곡선을 제시한다. 이 그림은 기술 S곡선이 누적적 연구개발비와 관련하여 기술의 효율 또는 기술의 한계점을 보여준다.[3]

이 그림에서는 시간이 경과함에 따라 누적적 연구개발비가 증대되고, 어떤 기술의 효율이 감소한다는 것을 전제로 하고 있다. 그러므로 기업은 보다 나은 미래의 경쟁우위를 창출하기 위하여 매우 큰 기술적 잠재성을 갖는 어떤 새로운 기술을 어떤 적절한 시점에서 개발해야만 한다.[4]

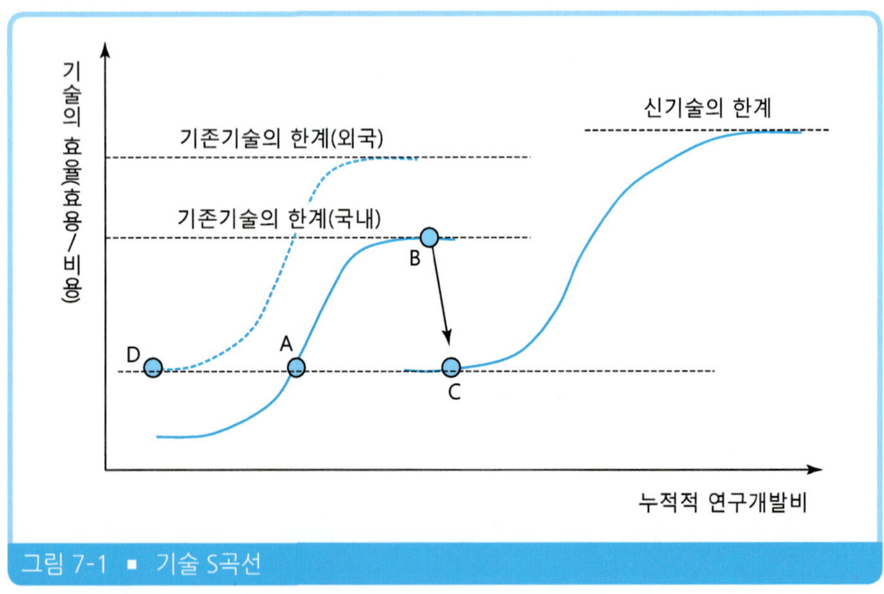

그림 7-1 ■ 기술 S곡선

자료원: Krubasik(1982), p. 29; Perlitz(2004), p. 438.

3 Krubasik(1982), p. 29; Perlitz(1988), p. 49; Wolfrum(1992), p. 26 이하.
4 Perlitz(1988), p. 49; Wolfrum(1992), p. 27.

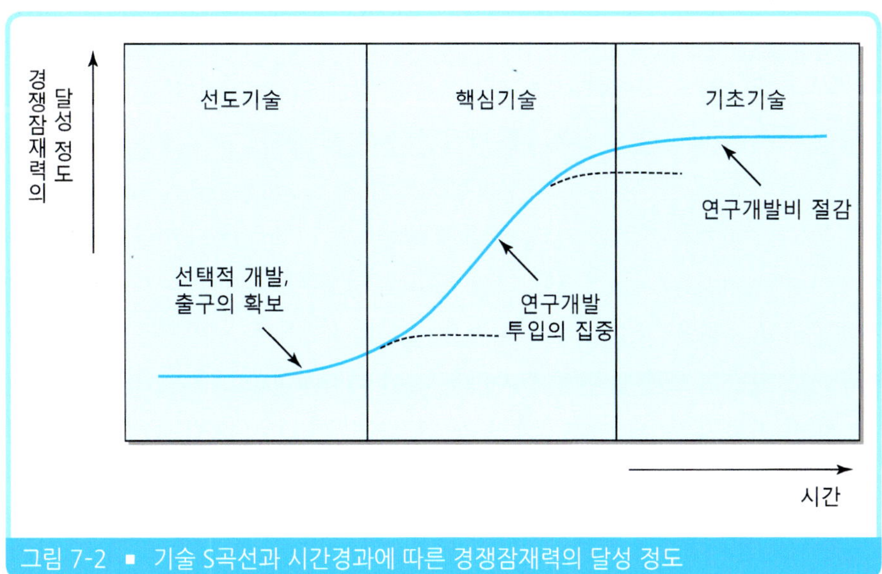

그림 7-2 ■ 기술 S곡선과 시간경과에 따른 경쟁잠재력의 달성 정도

자료원: Perlitz(1988), p. 50.

시간이 경과함에 따라 경쟁잠재력의 달성 정도와 관련된 어떤 기술 S곡선을 살펴본다면, 〈그림 7-2〉와 같은 결과를 얻을 수 있다. 이 그림에서는 시간이 경과함에 따라 어떤 기술 S곡선은 선도기술, 핵심기술 및 기초기술 등 세 가지의 기술로 구성되어 있음을 알 수 있다.[5]

〈그림 7-2〉에서는 연구개발비의 지출강도와 관련하여 다음과 같은 세 가지의 전략적 대안을 추론할 수 있다.[6]

(1) 선택적 개발 및 출구의 확보

이 대안은 어떤 기술의 초기개발단계, 즉 선도기술의 단계에 존재한다. 이러한 선도기술은 장기적으로 어떤 산업의 경쟁력에 큰 영향을 미칠 수 있다.

---

5 선도기술, 핵심기술 및 기초기술에 대한 개념은 제6장 6.1.2 참고.

6 Perlitz(1988), p. 50.

(2) 연구개발투입의 집중

이 대안에서는 기업이 어떤 핵심기술을 갖게 되며, 또한 연구개발투입의 집중을 통하여 다양한 경쟁우위를 달성할 수 있게 한다.

(3) 연구개발비 절감

이 대안에서는 기초기술에 의한 제한적 경쟁우위가 나타나기 때문에 연구개발비의 지출을 감소시키고, 이것을 통하여 확보되는 여유자원을 어떤 새로운 선도기술의 개발을 위해 투자하는 것이 바람직하다.

또한 기술 S곡선을 연구개발의 글로벌화의 관점으로 확대시키면, 앞에서 살펴본 바와 같은 원리에 기초하여 기술 S곡선이 이동된다. 즉, 각 대안에 따라 누적적 연구개발비에 종속적으로 제품기술 또는 공정기술의 효율이 서로 다르게 나타난다.[7] 〈그림 7-1〉에 제시된 기술 S곡선의 이동은 기술개발을 위한 입지(국내 또는 외국)를 결정하고, 기술패러다임(technology paradigm)의 변화 시점을 파악하는 데 활용된다. 〈그림 7-1〉에 제시된 각 점들의 위치에 따라 기업은 다음과 같은 전략적 고려를 할 수 있다.[8]

기업이 기술 S곡선의 A점에 있다면, 국내에서 연구개발투자를 통하여 관련기술의 효율을 증대시킬 수 있다. 즉, 이러한 상황하에서 기업은 국내에서 기술개발을 위한 여지를 충분히 갖고 있기 때문에 외국에서 연구개발활동을 수행하려는 필요성을 크게 느끼지 않게 된다. 물론 A점에서 기업은 기존기술의 효율을 증대시키기 위해 D점(외국에서의 기존기술의 연구개발)으로, 신기술 개발을 위해 C점(국내 또는 외국에서의 신기술의 개발)으로 옮겨갈 수도 있다.

기업이 기술 S곡선의 B점에 있다면, 다음과 같은 네 가지 대안을 제시할 수 있다.

첫째 대안은 B점에서 연구개발투자를 계속하는 것이다. 이 대안에서는 연구개발비가 지속적으로 증가하나, 기존기술에 대한 개선의 여지가 매우 적다. 또한 투입된 연구개발비를 시장에서 제품판매를 통해 회수하는 것이 더욱 어려워지게 된다. 왜냐하면 한계에 도달한 기술로 만든 제품이 높은 시장

7 Brockhoff(1994), p. 133 이하.

8 Perlitz(2004), p. 437 이하.

점유율을 달성하는 것은 거의 불가능하기 때문이다.

둘째 대안은 더 이상의 연구개발활동을 중지하고 마케팅과 같은 다른 기능영역으로 중점활동을 옮기는 것이다. 이 경우 기업은 마케팅활동을 강화함으로써 계속적으로 자사의 제품시장에서 시장점유율을 어느 정도 유지 또는 확대시킬 수 있으나, 기술개발에 많은 투자를 하는 혁신적인 경쟁자들에 의해 시장경쟁력을 상실할 수 있는 위험을 갖게 된다.

셋째 대안은 B점에서 C점(국내 또는 외국에서의 신기술의 개발)으로 옮겨가는 것이다. 이것을 '기술패러다임의 변화'라고 말한다. 즉, 이것은 국내에서 기존기술의 한계에 도달한 기업이 신기술의 개발을 위해 국내 또는 외국에 투자하는 것이다. 기업이 신기술의 개발에 성공하는 경우에는 기술경쟁력에서 경쟁기업에 비해 보다 강력한 경쟁우위를 갖게 된다. 만일 신기술이 외국에서 성공적으로 개발되었다면, 기업은 이 기술을 국내에 도입할 수도 있다.

넷째 대안은 기존기술의 한계점이 국내보다 높은 외국에서 기존기술의 효율을 증내시키려는 연구개발투자를 계속하는 것이다. 이 경우 기존기술의 한계점이 국내보다 높은 장점이 있으나, 신기술의 한계점보다 낮은 수준의 기술이 개발될 수 있는 단점이 있다.

연구개발의 글로벌화에 대한 입지선택과 관련하여 기업은 무엇보다도 외국으로 연구개발활동을 이동시킴으로써 나타날 수 있는 기술 S곡선에서의 변화의 가능성을 검토하여야 한다. 아울러, 의사결정자는 기술패러다임의 변화를 통하여 특정국가에서 어느 정도 수준의 신기술개발이 가능한가를 평가하여 연구개발의 글로벌화와 관련된 의사결정에 반영시켜야 한다.[9]

기술 S곡선은 전략적 혁신의 계획과 연구개발의 글로벌화에 대한 의사결정을 위해 매우 간편하게 사용할 수 있는 장점을 갖고 있는 반면, 기술 S곡선의 어느 부분이 자사의 위치인가를 사전에 파악하기 힘든 단점을 갖고 있다.

9 Perlitz(2004), p. 439.

7.2.2 경험곡선

경험곡선(experience curve)의 개념은 1960년대 *보스턴 컨설팅 그룹(Boston Consulting Group)*에 의해 개발되었다. 이 개념을 개발하기 위해서 미국기업의 가격 및 원가의 변동추이에 대한 광범위한 실증적 연구가 실시되었다.[10] 이러한 실증적 연구에서 누적적 생산량이 두 배로 증가할 때, 어떤 제품의 가치창출과정에서 일정비율의 원가가 감소된다는 사실을 발견하였다.[11] 구체적인 경험곡선의 형태는 다음과 같은 요인에 의해 결정된다.[12]

- 생산과정의 복잡성
- 생산의 시작단계에서 이용가능한 경험의 정도
- 작업조직의 규모(소량 또는 대량생산)
- 제품생산의 성숙도

〈그림 7-3〉은 선형 및 로그로 구분된 경험곡선을 보여준다. 먼저 위의 그림은 선형(linear)으로 표시된 전형적인 경험곡선의 경과를 제시한다(누적적 생산량과 단위당 비용 또는 가격의 관계가 곡선으로 나타남). 또한 아래의 그림은 로그(log)로 표시된 누적적 생산량과 단위당 비용 또는 가격 사이에 나타나는 어떤 선형의 관계를 보여준다(누적적 생산량과 단위당 비용 또는 가격의 관계가 직선으로 나타남).

혁신계획을 위한 경험곡선의 개념은 상대적 시장점유율, 미래의 시장성장 및 원가계획과의 관계를 유추함으로써 어떤 본질적인 전략적 의미를 갖게 된다.[13]

(1) 상대적 시장점유율

단위당 비용이 누적적 생산량에 달려 있다면, 시장점유율(market share)이 특별한 의미를 갖게 된다. 누적적 생산량과 판매량이 병행하여 전개된다는

---

10 Dunst(1979), p. 69; Welge/Al-Laham(1992), p. 73.

11 Perlitz(1983), p. 26; Henderson(1984), p. 19; Kreilkamp(1987), p. 335.

12 Perlitz(1983), p. 26.

13 Dunst(1979), p. 75 이하; Kreilkamp(1987), p. 337 이하; Pfeiffer et al.(1991), p. 39 이하.

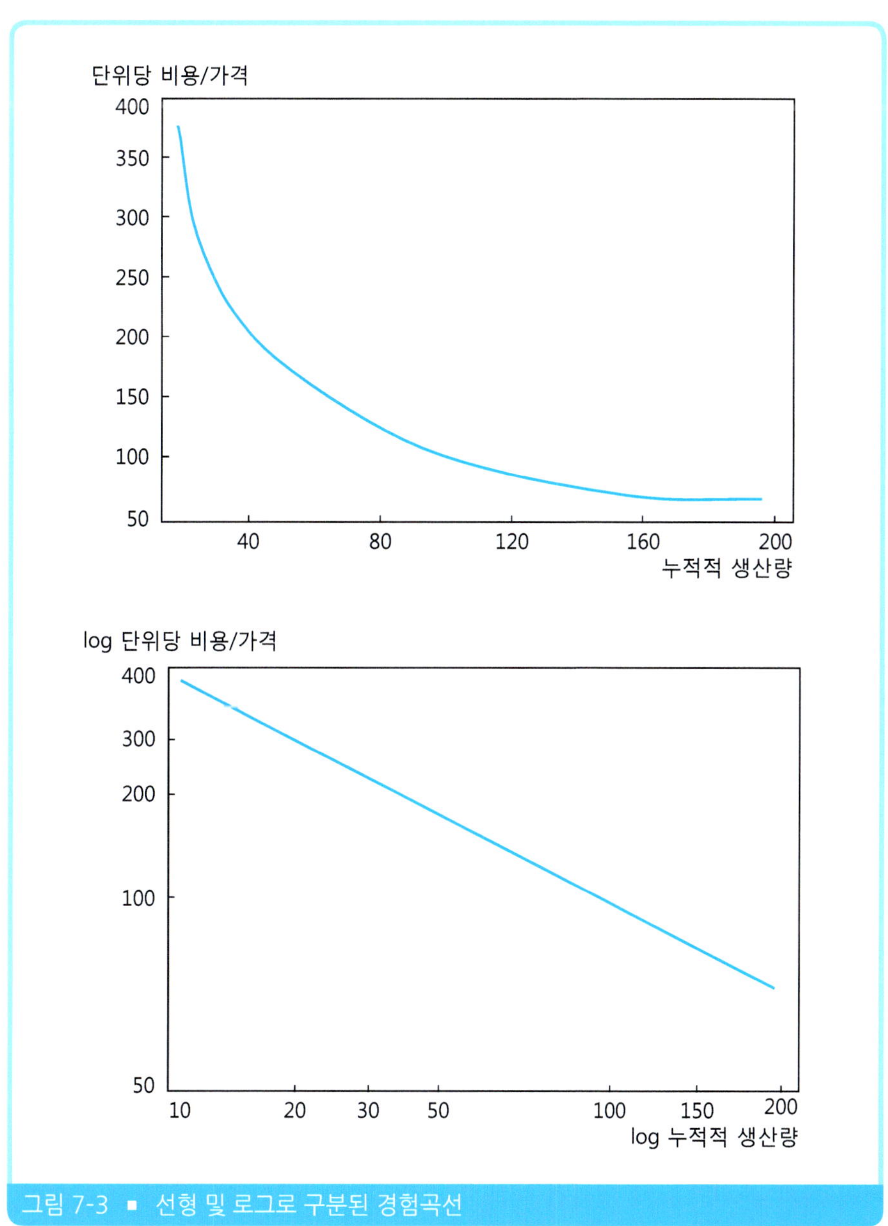

그림 7-3 ■ 선형 및 로그로 구분된 경험곡선

자료원: Henderson(1984), p. 21; Welge/Al-Laham(1992), p. 74.

가정하에서 시장점유율은 어떤 기업의 상대적 원가를 결정한다.[14] 일련의 실증적 연구들은 어떤 제품의 수익잠재성은 상대적 시장점유율의 크기에 달려 있다는 것을 확인하였다.[15] 또한 상대적 시장점유율을 사용하여 어떤 기업의 경쟁력에 대한 언급이 가능하다.[16]

(2) 시장성장

시장성장(market growth)과 관련하여 다음과 같은 두 가지 측면이 본질적으로 중요하다.[17]

- 시장성장이 높은 경우에는 일정한 시장점유율이 유지되더라도 누적적 생산량이 급속도로 배가될 수 있다. 그러므로 시장성장에 상응하여 짧은 시간 내에 원가절감이 실현된다.
- 성장하는 시장에 있어서 추가적인 시장점유율의 증대를 위해 필요한 비용은 경험곡선효과를 통하여 급속도로 감소된다. 그러므로 시장점유율의 증대를 위한 비용은 특별히 높은 성장률을 갖는 시장에서 수익과 연결될 수 있다.

(3) 원가계획

*겔바일러(Gälweiler)*는 경험곡선을 통하여 연간 원가절감의 잠재성을 계산할 수 있다는 주장을 한다.[18] 반면에, *헨더슨(Henderson)*은 단기적 관점에서 경험곡선의 활용을 주장하며, 다음과 같은 언급을 하였다. "경험곡선은 경쟁자의 모든 활동, 행동가능성 및 경제적인 여건을 포함하는 수많은 요인의 상호관계에 대한 결과를 규범적으로 설명한다. 이러한 결과는 일반적으로 현재의 추세로 볼 때 인식가능한 주장이다. 실제적인 목적을 위하여 경험곡선은 여러 가지 관계의 보다 명확한 이해를 위한 수단 이상의 의미를 갖고 있으며,

---

14 Welge/Al-Laham(1992), p. 76.

15 Dunst(1979), p. 77.

16 Welge/Al-Laham(1992), p. 77; 상대적 시장점유율은 어떤 한 기업의 시장점유율과 그 기업의 가장 큰 3개의 경쟁기업과의 시장점유율을 비교한 값으로 결정된다.

17 Kreilkamp(1987), p. 344 이하.

18 Gälweiler(1977), p. 67 이하.

어떤 직접적 측정도구로서의 의미는 거의 없다."[19]

경험곡선의 장점은 전략적 혁신계획을 위해 매우 유용하게 사용할 수 있고, 상대적 시장점유율, 시장성장 및 원가계획과 같은 중요한 측면들이 고려될 수 있다. 경험곡선은 제품, 제품집단 또는 전략적 사업영역뿐만 아니라, 복잡한 제품의 부품 또는 부분활동을 위해서도 폭넓은 활용가능성을 갖고 있다.[20] 이러한 장점과는 반대로 경험곡선은 다음과 같은 문제점을 갖고 있다.[21]

- 독립변수와 종속변수에 대한 가설이 매우 광범위하고 애매모호하기 때문에 경험곡선효과에 대한 인과관계가 거의 밝혀지지 않았다.
- 동일한 양의 제품생산이 가능한 어떤 완전히 새로운 생산방법의 혁신이 이루어지는 경우, 경험곡선의 개념은 '경험'의 초기로 기업을 원위치시킨다는 사실을 간과하고 있다.

7.2.3 기술수명주기

기술수명주기(technology life cycle)의 이론은 제품수명주기와 마찬가지로 어떤 기술이 일정한 수명주기를 갖고 있다는 이론이다. *포드*와 *라이언*(*Ford & Ryan*)은 기술수명주기를 다음과 같이 6단계로 분류하였다.[22] 기술수명주기의 관점에서 볼 때, 기술수명주기의 모든 단계에서 기술이 시장에서 판매됨으로써 기업은 기술투자의 수익을 증대시킬 수 있다.

〈그림 7-4〉는 기술수명주기의 단계에 따라 어떤 기술에 대한 시장침투의 경과를 보여준다. 기술판매의 관점에서 기술수명주기의 6단계를 설명하면 다음과 같다.[23]

---

19 Henderson(1984), p. 99.

20 Henderson(1984), p. 99 이하; Kreilkamp(1987), p. 351.

21 Pfeiffer(1991), p. 41 이하.

22 Ford/Ryan(1983), p. 157; Lang(1990), p. 46 이하.

23 Ford/Ryan(1983), p. 157.

(1) 기술개발의 단계

이 단계에서 기업은 '어떤 기술을 더 개발해야만 하는가' 또는 '기술개발을 위해 다른 기업과 협력이 가능한가'에 대한 의사결정문제에 직면한다.

(2) 응용가능한 기술개발의 단계

이 단계에서는 응용가능한 기술이 개발된다. 기술의 시장화 관점에서 기업은 독자적 사용, 라이선스제공 및 기술의 판매 등과 같은 대안을 갖게 된다. 기업의 글로벌화의 관점에서 볼 때, 이 단계에서 해외에 있는 기업에 라이선스제공과 기술의 판매가 이루어지면 기술을 제공하거나 판매한 기업은 '제품으로서의 기술(technology as a product)'을 해외시장에 판매하는 것이다.

(3) 응용기술 초기의 단계

이 단계에서 기술은 기술 그 자체의 목적을 위해 사용된다. 아울러, 이 단계에서 기업은 제품수정을 통하여, 그리고 수정된 제품을 서로 다른 또는 광범위한 제품영역에 투입함으로써 기술을 더욱 발전시킬 수 있다. 이 단계에서 어떤 기술의 판매는 어떤 해당국가의 정부 및 경제정책에 의해 규제될 수 있다. 예를 들면, 미국의 기술이전금지와 관련된 법률이 여기에 해당된다.

(4) 응용기술 성장의 단계

기술의 수요가 증대되는 단계로서, 기술이 표준화되고 기술의 계속적 개발가능성이 줄어든다. 이 단계에서 기업은 '어떤 기술을 독자적으로 이용할 것인가' 또는 '이것을 다른 기업에 판매할 것인가'에 대한 대안에 직면하게 된다. 기업의 글로벌화의 관점에서 볼 때, 이 단계에서 기술을 수입한 기업은 이 기술을 바탕으로 새로운 기술의 개발가능성을 갖게 된다.

(5) 기술성숙단계

이 단계에서는 기술의 응용이 거의 모두 이루어지는 단계로서, 기술을 제공한 기업(판매 또는 수출한 기업)보다 기술을 제공받은 기업(구매 또는 수입한

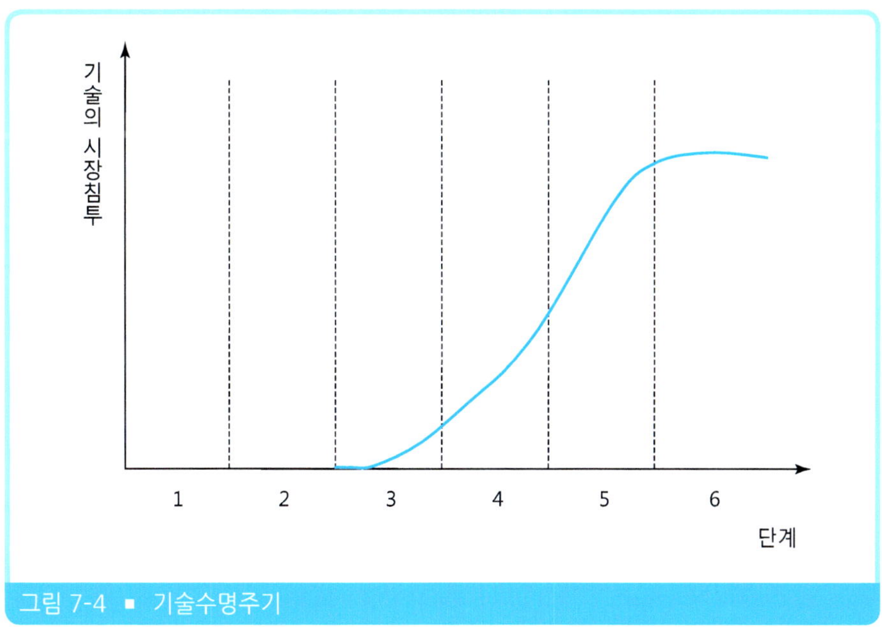

그림 7-4 ■ 기술수명주기

자료원: Lang(1990), p. 46.

기업)에 의해 제3의 사용기업에 기술이전이 더욱 저렴하게 이루어진다. 아울러, 기술제공기업의 입장에서 볼 때, 기술을 제공받은 기업이 기술을 제공한 기업보다 더욱 저렴하게 생산을 하는 위험이 존재한다. 그러므로 기술제공기업은 자사의 생산계획에 기술이전이 장기적으로 어떤 영향을 미칠 것인가에 대하여 검토해야만 한다.

(6) 기술쇠퇴단계

이 단계에서는 거의 모든 활용영역에서 기술이 사용되었기 때문에 이 기술의 사용가치가 급속도로 감소되기 시작하고, 시장에서 쇠퇴가 시작된다. 이 단계에서는 라이선스 제공대상으로서의 기술의 의미가 퇴색되기 때문에 새로운 기술을 개발해야만 한다.

〈그림 7-5〉는 기업의 수와 이윤에 대한 기술수명주기의 단계별 영향을 보여준다. 이 그림에서는 시간이 경과함에 따라 이윤 또는 손실이 서로 다르게 나타나는 것을 알 수 있다. 기술수명주기의 2, 4 및 5단계에서는 기업이

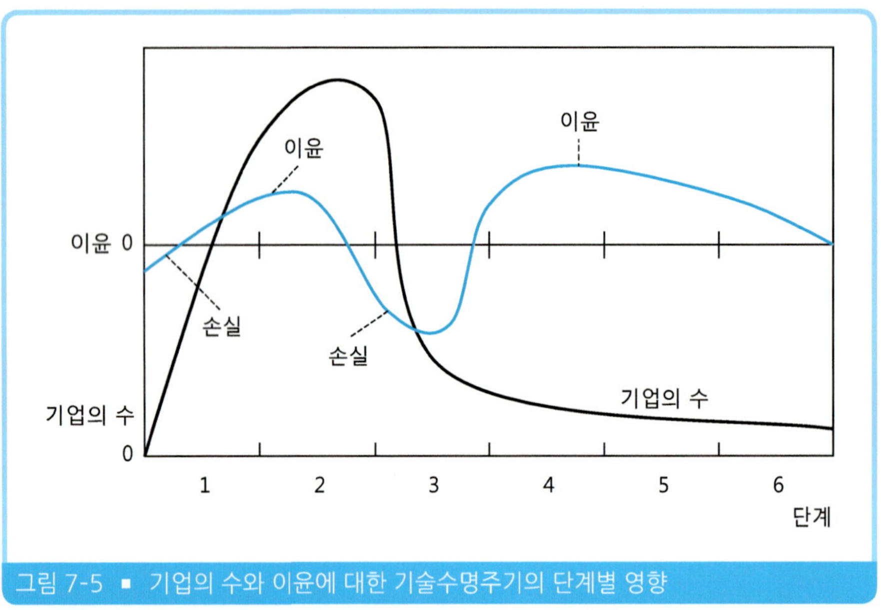

그림 7-5 ■ 기업의 수와 이윤에 대한 기술수명주기의 단계별 영향

자료원: Popper/Buskirk(1992), p. 26.

높은 이윤을 달성한 반면, 3단계에서는 높은 손실을 입은 것으로 나타나 있다. 아울러, 이 그림에서 파악할 수 있는 또 다른 측면은 기술수명주기의 2단계에 가장 많은 수의 기업이 참여하고 있다는 것이다. 왜냐하면 이 단계에서 기업은 새로운 기술의 개발에 큰 관심을 갖기 때문이다. 2단계 이후에는 기업의 수가 감소하는데, 그 이유는 소수의 기업만이 어떤 성공적인 신기술을 개발할 수 있었기 때문이다.

엔지니어링 노력과 마케팅 노력의 배분은 기술수명주기의 각 단계에 따라 서로 다르게 나타난다. 〈그림 7-6〉은 기술수명주기의 단계별 엔지니어링과 마케팅 노력의 배분을 제시한다. 기술수명주기의 1, 2 및 3단계에서는 다른 단계에 비해서 엔지니어링 노력이 강하게 나타나고, 반면에 4, 5 및 6단계에서는 마케팅 노력이 큰 의미를 갖는다. 전략적 혁신계획의 관점에서 볼 때, 연구개발과 마케팅부문 간의 효율적 자원배분을 위해서는 이 그림에 나타나 있는 기술수명주기의 각 단계에 따라 엔지니어링 및 마케팅 노력의 투입 정도를 검토할 필요가 있다.

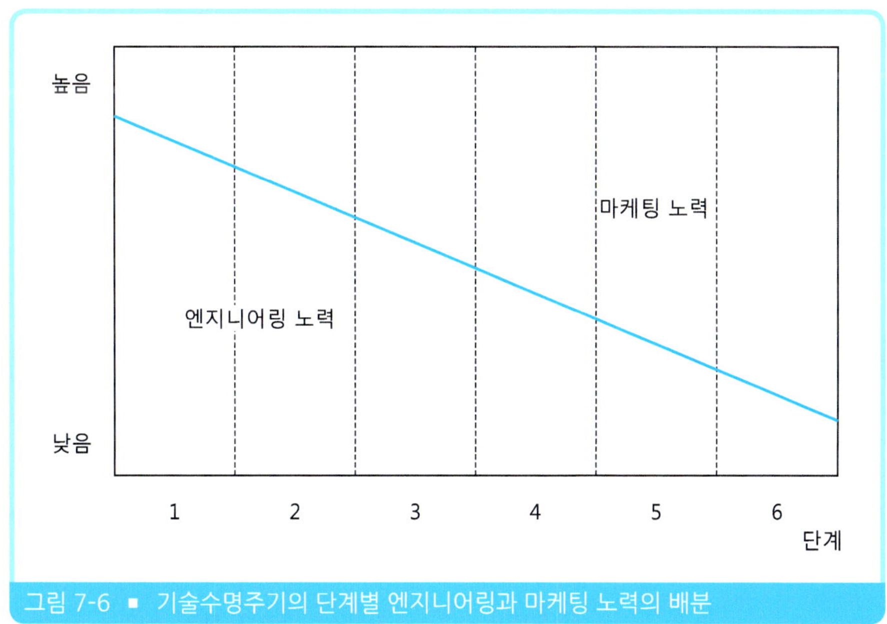

그림 7-6 ■ 기술수명주기의 단계별 엔지니어링과 마케팅 노력의 배분

자료원: Popper/Buskirk(1992), p. 26.

랑(*Lang*)은 기술수명주기의 개념에 대하여 다음과 같이 비판하였다.[24] “어떤 중요한 기술에 대한 구분 및 확인을 명확히 할 수 없다. 또한 기술수명주기의 각 단계의 한계 및 기간은 조작적 기준으로 확인할 수 없다. 기술수명주기의 6단계는 단지 이상적인 형태로 제시되었을 뿐이다. 그러므로 기술수명주기는 기업을 위한 어떤 직접적인 처리대안을 유도할 수 없다.”

7.2.4 제품수명주기

제품수명주기(product life cycle)의 개념은 어떤 제품이 시장에서 한정된 수명을 갖고 있다는 것에서 출발한다. 일반적으로 제품수명주기는 도입기, 성장기, 성숙기 및 쇠퇴기 등과 같은 4단계로 구분된다.[25] 〈그림 7-7〉은 전형

24 Lang(1990), p. 47.

25 제품수명주기의 4단계 분류에서 성숙기는 포화기를 포함한다.

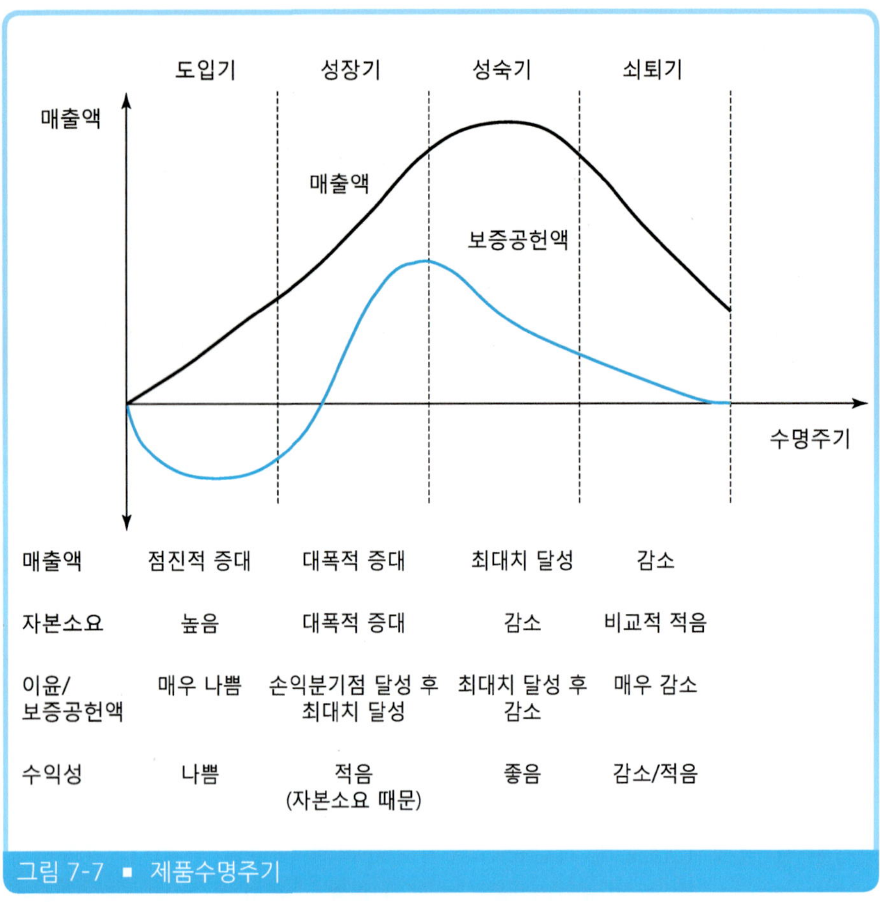

그림 7-7 ■ 제품수명주기

자료원: Pfeiffer/Bischoff(1981), p. 150; Macharzina(1993), p. 272.

적인 제품수명주기를 보여준다. 이 그림에서는 매출액, 자본소요, 이윤(보증공헌액) 및 수익성 등의 전개상황을 제품수명주기의 단계별로 제시한다.

전략적 혁신계획의 관점에서 볼 때, 제품수명주기의 개념은 한편으로는 각 단계에 있어서의 기능영역과 관련된 잠재성의 요구에 대한 기준을 제시하며, 또 다른 한편으로는 전략적 제품정책 및 제품프로그램정책에 대하여 설명하고 있다.[26] 제품수명주기의 각 단계는 서로 다른 기능영역의 중점활동을 필요로 하기 때문에 기업은 제품수명주기의 각 단계에 상응하는 전략적 대안

26 Welge/Al-Laham(1992), p. 121 이하.

을 개발하여야 한다.[27] 그러므로 도입기에는 연구개발부문에, 성장기에는 생산부문에, 성숙기에는 마케팅부문에, 쇠퇴기에는 재무부문에 중점을 두는 것이 기업을 위하여 성공적일 것이다.[28] 기업이 제품수명주기의 어느 단계에 자사의 제품이 있는가를 파악한다면, 그 단계에 상응하는 전략적 대안을 제시할 수 있다. 아울러, 다음과 같은 제품수명주기의 단계별 의사결정사항을 제시할 수 있다.[29]

- 도입기: 마케팅전략의 실행(유통경로 및 가격정책), 제조부문에서의 생산용량의 결정, 제품정책(제품개선) 및 경쟁기업의 분석
- 성장기: 생산설비의 증대, 경쟁기업 및 가격정책의 관점에서 수정된 마케팅전략
- 성숙기: 특별한 광고수단, 시장점유율 전략 또는 시장점유율 변경정책 및 제품변경
- 쇠퇴기: 제품에 대한 혁신적 해결방안의 탐구, 경쟁기업과의 협력전략, 기타 제품 또는 제품라인으로의 생산용량이 이용 및 투자회수

근본적으로 기업은 전략적 혁신계획의 수립을 위하여 제품수명주기의 개념을 활용할 수 있다. 그러나 실제적으로 제품수명주기의 각 단계는 이론과는 다르게 나타날 수 있다.[30] 따라서 다음과 같은 측면들이 제품수명주기의 분석에서 고려되어야 한다.

- 제품수명주기의 각 단계는 국가, 산업, 제품그룹 및 제품에 따라 매우 다르게 나타난다.
- 전략적 계획을 수립하는 경우에는 마케팅부문과 관련된 주요 기능영역들이 공동협력하여야 한다.
- 기술에 따라 제품수명주기의 각 단계는 매우 짧기 때문에 보다 신속한 초기 시장진입이 결정적인 역할을 한다. 이러한 관점에서 개발시간의

27 전게서, p. 122.

28 전게서.

29 Henze/Brose/Kammel(1993), p. 277 이하.

30 전게서.

단축은 신제품의 성패에 지대한 영향을 미친다.

제품수명주기는 각 단계별로 전략적 대안을 제시하는 데 비교적 용이하게 사용될 수 있는 장점이 있다. 그러나 제품수명주기를 사후에만 파악할 수 있고, 사전에는 정확하게 예측할 수 없는 단점을 갖고 있다.

7.2.5 기술포트폴리오 매트릭스

기술포트폴리오 매트릭스(technology portfolio matrix)는 기업의 기술적 측면인 기술매력성(technology attractiveness)과 자원강도(resource strength)에 이론적 기초를 두고 있다.[31]

기술매력성은 "어떤 기술영역에 내재되어 있는 전략적인 계속적 개발가능성을 추구함으로써 획득할 수 있는 모든 기술적이고 경제적인 이점의 총합(總合)이다."[32] 기술매력성은 다음과 같은 요인들로 구성되어 있다.[33]

- 계속적 개발잠재성: 어떤 기술영역에 있어서 계속적 기술개발이 어느 정도 가능하고, 이러한 기술을 통하여 원가절감과 성과향상이 가능한가?
- 응용범위: 어떤 기술의 투입영역의 수(數)와 각 투입영역별 양(量)의 관점에서 계속적 기술개발의 확대가 가능한가?
- 호환가능성: 계속적 기술개발을 통하여 기업의 응용기술이 다른 기술에 대하여 긍정적 또는 부정적 영향을 미칠 수 있는가?

또한 자원강도는 다음과 같은 중요한 요인들을 포함한다.[34]

- 지배범위: 가장 강력한 경쟁기업과 비교할 때, 자사의 기술적, 경제적 및 질적인 해결방안의 영향력은 어느 정도인가?

---

31 Perlitz(1988), p. 59; Pfeiffer/Dögl/Schneider(1989), p. 486; Pfeiffer et al.(1991), p. 77 이하; Gerpott(2005), p. 154 이하.

32 Pfeiffer/Dögl/Schneider(1989), p. 486.

33 전게논문.

34 전게논문.

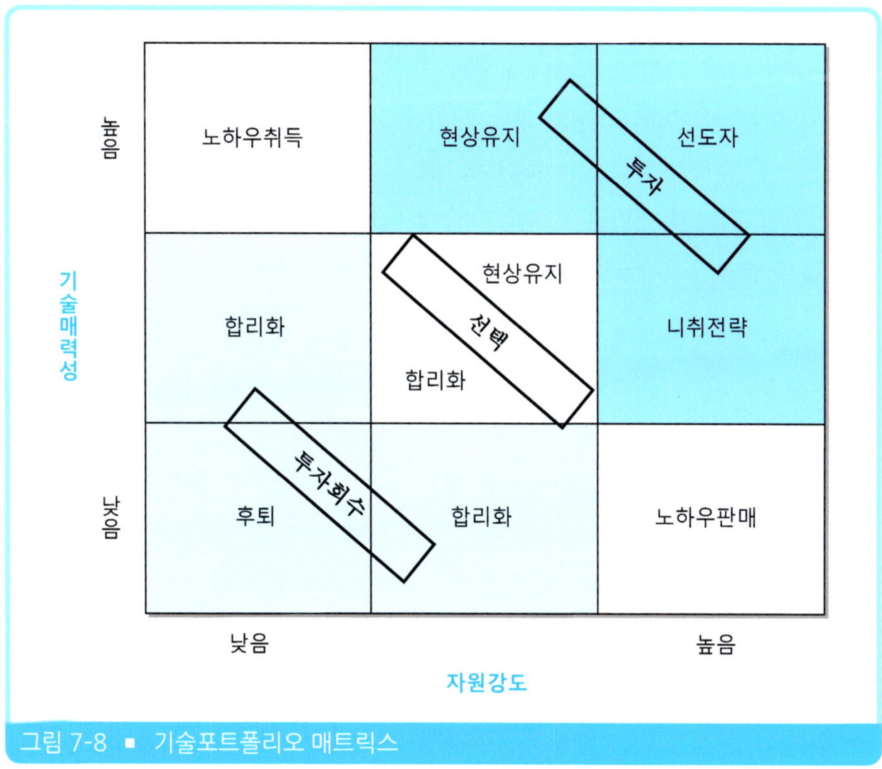

그림 7-8 ■ 기술포트폴리오 매트릭스

자료원: Pfeiffer/Dögl/Schneider(1986), p.122; Perlitz(1988), p. 60.

- 잠재성: 기술개발을 위하여 재정적, 인적, 물적 및 법적(예를 들면, 특허) 자원의 이용이 가능한가?
- 반응속도: 경쟁기업과 비교할 때, 자사의 계속적 기술개발 가능성의 반응속도는 어느 정도 빠른가?

앞서 언급한 기술포트폴리오 매트릭스의 두 가지 중요한 요인인 기술매력성과 자원강도에 따라 기업은 자사의 기술에 대한 전략적 위치를 설정할 수 있다. 〈그림 7-8〉은 기업의 기술매력성과 자원강도에 근거하여 여러 가지 전략적 대안들이 제시될 수 있다는 것을 보여준다.

〈그림 7-8〉에 의하면 기술매력성과 자원강도의 높고 낮음의 결합 정도에 따라 기업은 투자, 선택 및 투자회수 등과 같은 전략적 대안을 갖게 된다. 어떤 기업의 기술매력성과 자원강도가 모두 높은 경우에는 계속적으로 투자

하며, 반대로 이 두 요인의 평가결과가 모두 낮은 경우에는 투자회수를 하게 된다. 또한 어떤 기업의 기술매력성과 자원강도가 모두 중간 정도인 경우에는 투자 또는 투자회수라는 전략적 대안을 두고 선택할 수 있는 위치에 있게 된다.

이러한 전략적 대안은 〈그림 7-8〉에 나타나 있는 바와 같이 9개 영역에서 다음과 같은 7개의 구체적인 전략으로 세분화될 수 있다.

- 선도자: 기술매력성과 자원강도가 모두 높을 때
- 현상유지: 기술매력성이 높거나 중간 정도이고, 자원강도가 중간 정도일 때
- 니취전략: 기술매력성이 중간 정도이고, 자원강도가 높을 때
- 노하우취득: 기술매력성이 높고, 자원강도가 낮을 때
- 노하우판매: 기술매력성이 낮고, 자원강도가 높을 때
- 합리화: 기술매력성과 자원강도가 모두 중간 정도일 때
- 후퇴: 기술매력성과 자원강도가 모두 낮을 때

*파이퍼(Pfeiffer)*에 의하면 기술포트폴리오 매트릭스의 분석은 다음과 같은 단계로 진행된다.[35]

- 기술의 확인: 이 단계에서는 전략적 사업영역, 제품집단 또는 제품의 배후에 존재하는 제품 및 공정기술이 확인되어야 한다.
- 기술매력성의 결정: 앞서 언급한 기준에 따라서 기술매력성의 관점에서 기술이 평가된다. 또한 어떤 기술의 평가를 위해 기술 S곡선과 기술수명주기를 사용할 수 있다.
- 자원강도의 확인: 자원강도의 확인을 위해서는 특별히 재무적 자원 및 기업이 보유하고 있는 특허 등과 같은 노하우가 중요하다.
- 현재 포트폴리오의 작성: 기업의 현재상황을 명확히 하기 위하여 앞의 기준에 따라 평가된 기술들이 9개 영역의 포트폴리오에 배열된다.
- 기술포트폴리오의 역동화: 현재 포트폴리오에 따라서 미래의 전략적

35 Pfeiffer et al.(1991), p. 80 이하; Welge/Al-Laham(1992), p. 269 이하.

방향이 결정된다. 아울러, 기업은 기존의 기술포지션의 완성을 통한 미래의 기회뿐만 아니라, 기존의 기술의 폐기에 의한 미래의 위험도 고려해야만 한다.

- 처리대안의 유도: 역동화된 기술포트폴리오에서 투자, 선택 및 투자회수 등과 같은 전략들이 유도된다. 이러한 전략들에 기초하여 기업은 어떤 구체적인 전략적 혁신계획(예를 들면, 기술계획)을 수립할 수 있다.

기술포트폴리오의 분석을 통하여 기업은 전략적 혁신계획을 신속하고 간편하게 수립할 수 있다. 아울러, 기술포트폴리오의 작성을 위해서는 전략적 사업영역, 제품집단 및 제품이 고려되어야 한다. 이 기법은 기업의 기술매력성과 자원강도를 파악하면 매우 간편하게 전략적 혁신계획을 수립할 수 있는 장점이 있으나, 성공적인 기술포트폴리오 분석을 위해서는 제품과 공정에 관련된 기술들을 확실하게 규명하는 것이 필요하다.

또한 기업은 기술포트폴리오 매트릭스를 국내와 외국에서의 전략적 혁신계획과 관련된 의사결정을 위해 유용하게 사용할 수 있다. 혁신의 글로벌화와 관련하여 어떤 글로벌 기업의 기술매력성과 자원강도를 세계적, 지역별 및 국가별 등으로 구분하여 분석하는 것이 필요하다. 이러한 분석을 통하여 기업의 기술매력성과 자원강도가 파악되고, 기술포트폴리오 매트릭스가 작성이 되면 이에 따라 구체적인 전략적 혁신계획을 수립할 수 있다.

심화연구

글로벌 기업의 기술포트폴리오 매트릭스 적용에 대한 이론적 접근[36]

(1) 글로벌 기업과 기술개발의 글로벌화의 의의

기업의 글로벌화는 국가별 또는 지역별로 분리되었던 시장이 전 세계적 관점에서 통합이 이루어지면서 나타나는 현상이다. 글로벌 기업은 기업의 모든 기능영역에서 전 세계적으로 운영을 표준화하려는 기업을 말한다.[37] 글로

36 저자의 논문 일부분을 요약하여 제시함; 박주홍(2005), p. 43 이하.

37 Ball et al.(2004), p. 6.

벌 기업이라는 용어에서는 기업의 국적개념보다는 기업이 관계하고 있는 시장의 글로벌화에 중요한 의미가 부여된다. 글로벌 기업은 인적 및 물적 자원의 전 세계적인 활용, 규모의 경제 및 시너지효과 등을 통하여 전 세계적인 경쟁력 강화를 추구한다.

기술개발의 글로벌화는 기업이 전 세계적 관점에서 제품 및 공정기술에서의 혁신을 수행하는 것을 의미한다. 즉, 기술개발의 글로벌화는 본사와 현지 자회사 또는 현지 자회사들 간의 제품 및 공정과 관련된 혁신의 과제를 국경을 초월하여 전 세계적 관점에서 파악하도록 한다.

(2) 글로벌 기업의 기술포트폴리오 매트릭스의 개념

글로벌 기업은 여러 국가 또는 지역에 현지 자회사를 보유하고 있기 때문에 이들 현지 자회사에 대한 기술포트폴리오는 서로 다르게 구성될 가능성이 높다. 즉, 글로벌 기업의 현지 자회사가 운영되는 국가 또는 지역에 따라 각 현지 자회사의 기술매력성과 자원강도에 대한 평가결과는 다르게 나타날 수 있다. 예를 들면, 선진국에 입지한 현지 자회사와 개발도상국에 입지한 현지 자회사의 현지상황에 따라 어떤 한 종류의 기술에 대한 평가는 상대적으로 이루어지게 된다. 이러한 각 현지 자회사의 기술평가에 근거하여 해당 현지 자회사의 기술포트폴리오 매트릭스를 작성하게 된다.

이와 같이 글로벌 기업의 기술포트폴리오 매트릭스는 본사와 각 현지 자회사별로 기술매력성과 자원강도를 평가하여 작성되며, 이를 통하여 다음과 같은 시사점이 글로벌 기업의 기술관리를 위하여 제공될 수 있다.

- 전 세계적 관점에서 보유하고 있는 기술의 현재위치의 파악
- 본사와 각 현지 자회사에 있어서 특정기술의 상대적 위치의 확인을 통한 효과적 기술포트폴리오의 구축
- 특정기술 개발과 관련된 전략적 투자대안의 선택

〈그림 7-9〉와 〈그림 7-10〉은 두 국가에서 활동하고 있는 어떤 글로벌 기업의 기술포트폴리오 매트릭스의 예를 보여준다. 물론 실제의 경우에 있어서는 글로벌 기업이 활동하는 국가의 수는 더 많을 수 있다.

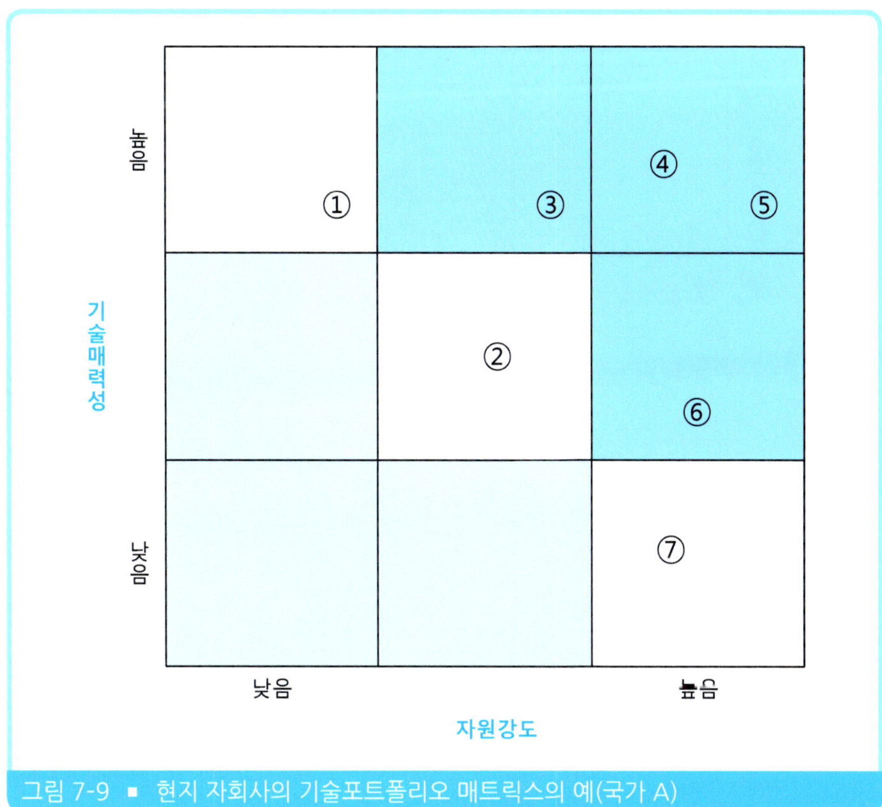

그림 7-9 ■ 현지 자회사의 기술포트폴리오 매트릭스의 예(국가 A)

자료원: 박주홍(2005), p. 44.

〈그림 7-9〉는 어떤 국가 A에서 활동하는 글로벌 기업의 현지 자회사의 기술포트폴리오 매트릭스이며, 〈그림 7-10〉은 어떤 국가 B에서 활동하는 글로벌 기업의 현지 자회사의 기술포트폴리오 매트릭스이다. 이 그림에서는 설명을 위하여 7개의 서로 다른 기술을 기술포트폴리오 매트릭스에 표시하고 있다. 실제의 경우에 있어서는 각 현지 자회사와 관련된 기술의 수가 더 많을 수 있다.

이들 두 가지의 기술포트폴리오 매트릭스를 비교해 보면, 어떤 동일한 기술의 경쟁적 위치가 국가에 따라 다르게 나타난다는 것을 알 수 있다. 즉, 이것은 동일한 기술일지라도 글로벌 기업의 현지 자회사가 활동하는 국가(예를 들면, 선진국과 개발도상국)에 따라 그 기술의 경쟁력이 달라질 수 있다는 것

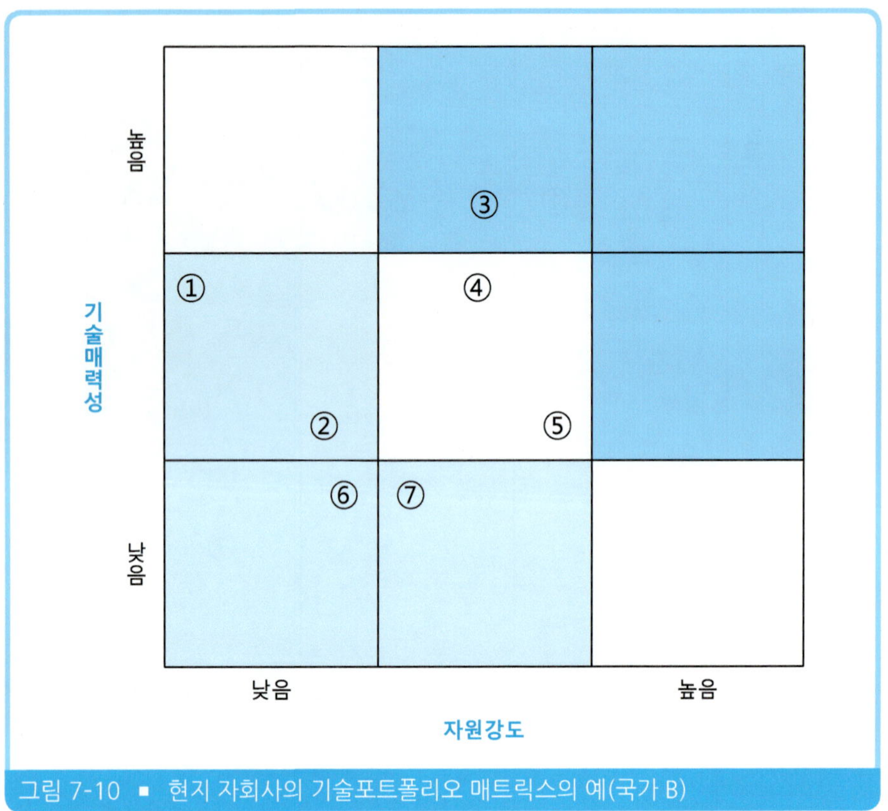

그림 7-10 ▪ 현지 자회사의 기술포트폴리오 매트릭스의 예(국가 B)

자료원: 박주홍(2005), p. 45.

을 의미한다. 따라서 글로벌 기업은 각 현지 자회사에서의 기술의 경쟁적 위치에 대한 평가를 통하여 더욱 효과적인 기술포트폴리오 매트릭스를 구축할 수 있게 된다.

〈그림 7-9〉의 기술포트폴리오 매트릭스에 나타나 있는 기술 3, 4, 5, 6은 계속적인 투자가 가능한 기술이며, 기술 1, 2, 7은 상황에 따라 투자할 수도 있고, 투자회수를 할 수도 있는 기술에 속한다(〈그림 7-8〉에 나타나 있는 투자, 선택 및 투자회수 등과 같은 세 가지 전략적 대안에 따른 평가임). 반면에 〈그림 7-10〉의 기술포트폴리오 매트릭스에서는 〈그림 7-9〉와는 다른 전략적 대안을 제시할 수 있다. 즉, 기술 1, 2, 6, 7은 투자회수를 해야 하며, 기술 4, 5는 선택, 기술 3은 계속적인 투자가 가능한 기술로 평가할 수 있다.

(3) 글로벌 기업의 기술포트폴리오 매트릭스의 분석절차 및 가상사례

글로벌 기업의 기술포트폴리오 매트릭스는 다음과 같은 절차를 거쳐 분석될 수 있다.

- 기술포트폴리오 매트릭스분석 팀의 구성: 본사 및/또는 현지 자회사의 최고경영층 및 연구개발 관리자의 참여(5명 내외로 구성)
- 분석대상의 선정: 본사 및/또는 현지 자회사의 선정
- 관련기술의 명확화: 서로 다른 기술의 종류 확인
- 본사 및/또는 현지 자회사별 기술매력성과 자원강도의 평가: 각 요인별 세부요인에 대한 점수 부여(리커트 스케일 활용, 점수의 폭은 상황에 따라 조정가능함) 및 평균점수의 계산
- 본사 및/또는 현지 자회사별 현재상황 기술포트폴리오 매트릭스의 작성: 현재의 기술상황의 파악
- 본사 및/또는 현지 자회사 간 기술포트폴리오 매트릭스의 비교분석을 통한 전략제시: 투자, 선택 및 투자회수 등의 전략적 대안의 선택, 본사 및/또는 현지 자회사 간 효과적인 기술이전의 실행

다음에서는 앞서 언급한 분석절차에 근거하여 글로벌 기업의 기술포트폴리오 매트릭스에 대하여 가상사례를 들어 분석하기로 한다.

먼저 기술포트폴리오 매트릭스분석 팀이 구성되고, 분석대상이 정하여졌다는 것을 전제로 하여 관련기술의 종류를 파악한다. 본 가상사례에서는 2개의 현지 자회사가 공통적으로 보유하고 있는 7개의 기술에 대한 기술포트폴리오 매트릭스를 분석하기로 한다. 즉, 기술매력성과 관련하여 어떤 기술의 개발잠재성, 응용범위 및 호환가능성 등 3개의 세부요인이 평가되고, 자원강도와 관련하여 지배범위, 잠재성 및 반응속도 등 3개의 세부요인이 각각 평가된다.

기술포트폴리오 매트릭스분석 팀을 통하여 〈표 7-2〉와 〈표 7-3〉에 제시된 바와 같은 2개의 현지 자회사의 기술매력성과 자원강도에 대한 평가표가 작성된다. 이 경우 기술포트폴리오 매트릭스분석 팀은 각 현지 자회사의 일곱 가지 기술에 대한 기술매력성, 자원강도와 관련된 세부요인들을 9점 척도

표 7-2 ▪ 기술매력성과 자원강도 평가표(현지 자회사 A)

요 인	세부요인	T1	T2	T3	T4	T5	T6	T7
기술 매력성	개발잠재성	6	1	6	3	4	8	1
	응용범위	3	2	8	8	3	9	1
	호환가능성	4	2	7	2	2	8	1
	평균점수	4.3	1.7	7.0	4.3	3.0	8.3	1.0
자원강도	지배범위	5	3	4	2	2	7	1
	잠재성	4	2	6	2	3	8	3
	반응속도	3	1	5	3	4	8	2
	평균점수	4.0	2.0	5.0	2.3	3.0	7.6	2.0

* T1-T7: 서로 다른 기술의 종류; 평가척도는 매우 낮음(1점)부터 매우 높음(9점)까지 9점 척도임.

자료원: 박주홍(2005), p. 46.

표 7-3 ▪ 기술매력성과 자원강도 평가표(현지 자회사 B)

요 인	세부요인	T1	T2	T3	T4	T5	T6	T7
기술 매력성	개발잠재성	6	2	8	8	2	4	9
	응용범위	7	2	8	8	1	4	9
	호환가능성	7	3	8	7	1	3	8
	평균점수	6.7	2.3	8.0	7.7	1.3	3.7	8.8
자원강도	지배범위	8	3	2	7	1	4	6
	잠재성	6	2	2	7	2	4	6
	반응속도	9	2	3	6	3	5	7
	평균점수	7.7	2.3	2.3	6.7	2.0	4.3	6.3

* T1-T7: 서로 다른 기술의 종류; 평가척도는 매우 낮음(1점)부터 매우 높음(9점)까지 9점 척도임.

자료원: 박주홍(2005), p. 47.

로 평가한다.

〈표 7-2〉와 〈표 7-3〉에 제시된 일곱 가지 기술에 대한 기술매력성과 자원강도의 평균점수를 기술포트폴리오 매트릭스에 표시하면, 각각 〈그림 7-11〉과 〈그림 7-12〉와 같은 결과를 얻는다. 〈그림 7-11〉과 〈그림 7-12〉는 현지 자회사 A와 B의 기술포트폴리오 매트릭스를 각각 보여주고 있으며, 이를 통하여 이들 현지 자회사의 현재의 기술상황을 명확히 파악할 수 있다. 또

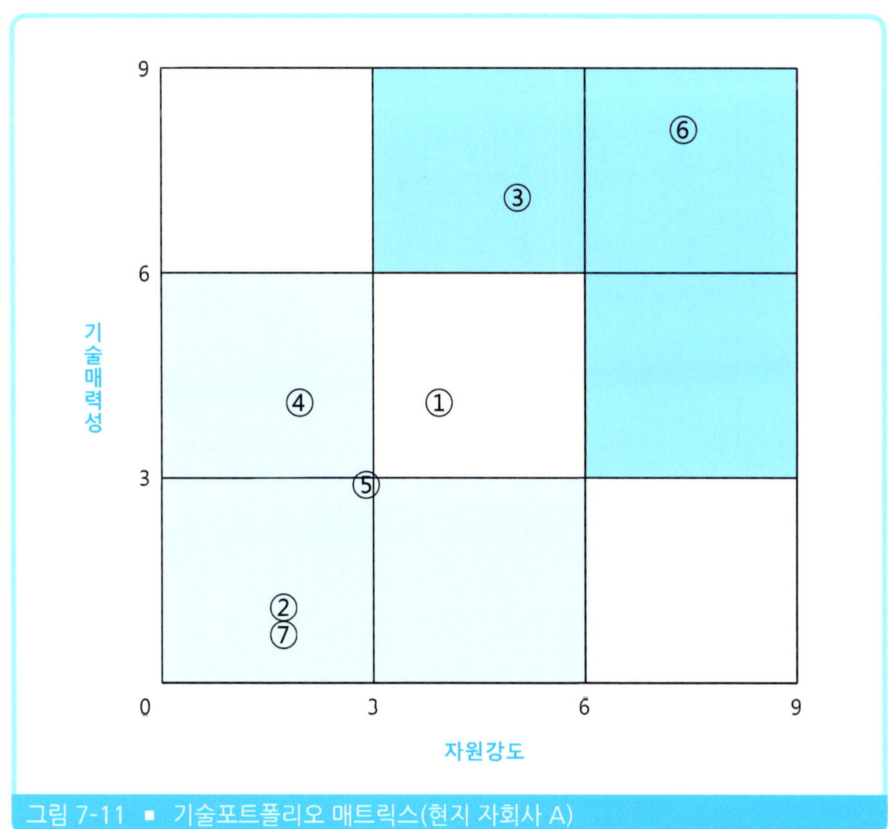

그림 7-11 ■ 기술포트폴리오 매트릭스(현지 자회사 A)

자료원: 박주홍(2005), p. 47.

한 이 그림들을 비교해 보면, 동일한 기술일지라도 각 현지 자회사에 따라 서로 다른 전략적 위치에 있을 수 있다는 것이 분명해진다. 예를 들면, 기술 7(T7)은 현지 자회사 B에서는 투자전략을 실행할 수 있는 반면에, 현지 자회사 A에서는 투자회수전략을 실행해야만 하는 극단적인 상황이 나타날 수도 있다. 이것은 각 현지 자회사의 상황에 따라 어떤 특정기술의 전략적 의미가 달라질 수 있다는 것을 의미한다.

〈표 7-4〉는 각 현지 자회사의 기술의 종류에 따라 글로벌 기업이 어떤 전략적 선택을 해야만 하는가를 일목요연하게 보여준다. 현지 자회사 A는 기술 6, 3은 투자, 기술 1은 선택, 그리고 기술 4, 5, 2, 7은 투자회수를 하는 전

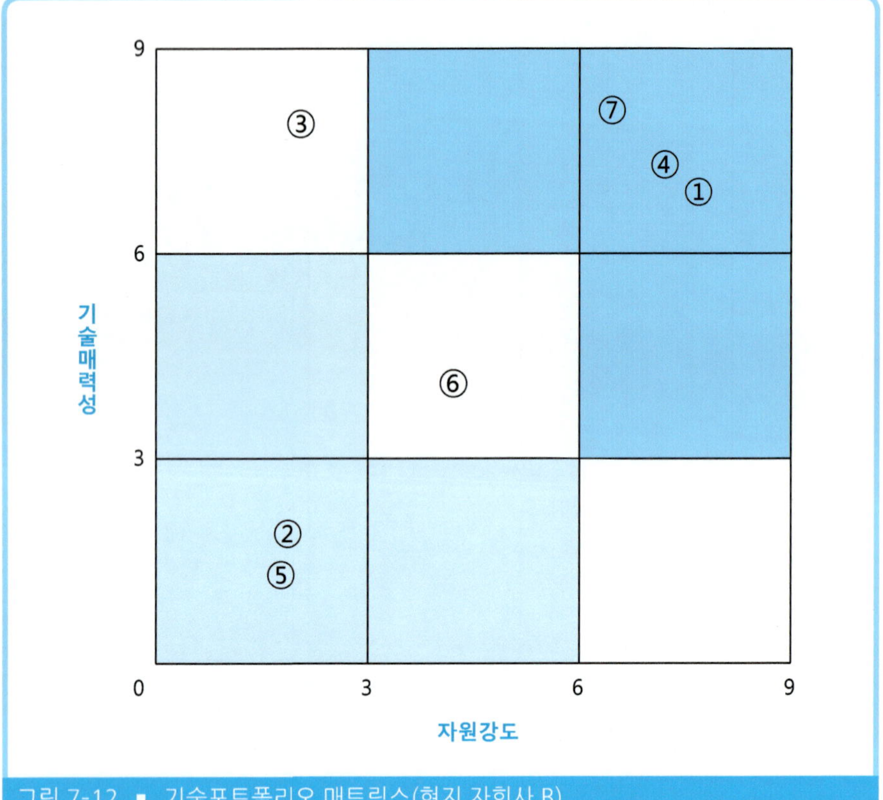

그림 7-12 ■ 기술포트폴리오 매트릭스(현지 자회사 B)

자료원: 박주홍(2005), p. 48.

표 7-4 ■ 현지 자회사 A와 B의 기술투자에 대한 전략적 대안

전략 / 구분	투 자	선 택	투자회수
현지 자회사 A	T6 T3	T1	T4 T5 T2 T7
현지 자회사 B	T1 T4 T7	T3 T6	T2 T5

* T1-T7: 서로 다른 기술의 종류

자료원: 박주홍(2005), p. 49.

략적 대안을 갖고 있다. 마찬가지로 현지 자회사 B는 기술 1, 4, 7은 투자, 기술 3, 6은 선택, 그리고 기술 2, 5는 투자회수를 하는 전략적 대안을 갖고 있다. 이와 같이 기술포트폴리오 매트릭스분석을 통하여 제시되는 전략적 대안을 기초로 하여 글로벌 기업의 연구개발 관리자는 전 세계적인 관점에서 기술을 보다 효과적으로 관리할 수 있다.

7.2.6 제품-시장 매트릭스

1960년대 미국의 안소프(*Ansoff*)에 의해 개발된 제품-시장 매트릭스(product-market matrix)는 가장 잘 알려진 전략개발을 위한 모델이다.[38] 이 매트릭스는 네 가지 서로 다른 전략적 대안인 시장침투, 시장개발, 제품개발 및 다각화 등으로 구성되어 있다. 〈표 7-5〉는 기업이 제품(기존제품 및 신제품) 및 시장(기존시장 및 신시장)의 관점에서 수립할 수 있는 네 가지 전략을 제시한다.

전략적 혁신계획의 관점에서 볼 때 앞서 언급한 네 가지 전략은 다음과 같은 의미를 갖는다.

- 시장침투(market penetration): 이 전략은 원가측면을 중요하게 고려하는데, 그 이유는 기업이 원가절감을 통하여 시장지위를 개선할 수 있기 때문이다. 또한 이 전략의 실행을 위해서는 특별히 공정혁신이 중요한

표 7-5 ■ 제품-시장 매트릭스(안소프 매트릭스)

제품 \ 시장	기존시장	신시장
기존제품	시장침투	시장개발
신제품	제품개발	다각화

자료원: Ansoff(1966), p. 132.

38 Ansoff(1966), p. 130 이하.

의미를 갖는다.

- 시장개발(market development): 이 전략의 성공적인 실행을 위해서 기업은 이 전략에 상응하는 시장기회를 갖고 있는 신시장을 필요로 한다. 여기에서는 유통활동이 중요한 의미를 갖는다.
- 제품개발(product development): 이 전략은 제품혁신에 기초를 두고 있다. 여기에서는 연구개발활동이 특별히 중요하다.
- 다각화(diversification): 이 전략의 실행을 위해서 기업은 신제품을 개발하고, 새로운 시장기회를 활용하기 위한 자본을 필요로 한다.

제품-시장 매트릭스는 원래 기업의 성장전략을 위하여 개발되었다. 전략적 계획의 관점에서 볼 때 이 매트릭스는 기능영역 관련적인 계획에 대한 필요성의 근거를 제시한다. 즉, 이 매트릭스를 통하여 기업은 어떤 전략의 실행을 위해서 중점적으로 관련된 기능영역을 파악할 수 있다. 이 기법은 시장과 제품의 관점에서 개념적으로 이해하기 쉬운 전략적 대안을 제시한 것이 가장 큰 장점이다. 그러나 이 기법은 기업 간의 경쟁을 고려하지 않고 있으며, 특별히 포화된 시장에 있어서 어떤 강력한 경쟁압력을 받는 기업의 입장을 거의 도외시하고 있다. 또한 심각한 재무적 위기에 처하여 계속적인 자원개발(예를 들면, 인적 및 물적 자원)을 할 수 없는 기업을 고려하지 않은 전략적 사고모델로서의 의미만을 갖고 있다는 비판을 받고 있다.[39]

7.2.7 시나리오기법

시나리오기법(scenario technique)은 현재의 기업상황에 영향을 미칠 수 있는 대안적인 미래의 시나리오를 작성하여 의사결정에 이용하는 방법이다.[40] 전략적 혁신계획의 관점에서 볼 때, 먼저 어떤 전략적 계획에 영향을 미칠 수 있는 기업 내부적이고 기업 외부적인 정보가 수집되며, 수집된 정보는 시나리오에 요약된다. 아울러, 시나리오는 지금까지 알려지지 않은 전략적 대안

39 Nieschlag/Dichtl/Hörschgen(1988), p. 868.

40 전게서; Welge/Al-Laham(1988), p. 139; Macharzina(1993), p. 629.

들을 발견하는 데 도움이 되어야 한다. 시나리오기법은 다음과 같은 8단계를 거쳐서 구성된다.[41]

- 조사분야의 정의와 분류
- 조사분야에 영향을 미치는 가장 중요한 요인(또는 영역)의 확인 및 구조화
- 조사영역의 상황전개 및 결정적 요인의 확인
- 대안적인 영역별 시나리오의 작성 및 선택
- 선택된 영역별 시나리오의 해석
- 주요 방해요인의 작용에 대한 분석
- 조사분야에 대한 시나리오의 완성 및 결과의 도출
- 기업을 위한 수단의 강구 및 계획의 수립

시나리오기법은 미래의 상황들을 분석하기 위한 기법이다. 또한 각 시나리오는 전략적 대안과 결합될 수 있다. 이 기법은 서로 다른 미래의 전개상황이 검토될 수 있고, 각 상황별로 대안이 제시될 수 있는 장점을 갖고 있다. 그러나 시나리오변수들의 미래의 전개상황은 주관적 평가에 달려 있기 때문에 시나리오는 단지 예측모델로서의 의미를 갖게 되는 단점이 있다.[42] 그러므로 시나리오는 발생가능한 기회잠재성 및 위험잠재성을 제시하는데만 도움을 줄 뿐이다.

7.2.8 사업영역포트폴리오

기업은 사업영역계획을 위한 전략을 개발하기 위하여 사업영역포트폴리오(business area portfolio)를 이용하여 특정 사업영역상에서의 자사의 시장위치를 분석할 수 있다.[43] 가장 널리 알려진 사업영역포트폴리오는 *보스턴 컨설팅*

---

41 von Reibnitz(1981), p. 38; Nieschlag/Dichtl/Hörschgen(1988), p. 807.

42 Brockhoff(1994), p. 133.

43 Litke(1993), p. 50; 사업영역은 “경쟁의 상황에서 어떤 기업의 전략적 사업단위의 위치를 정하려는 영역 또는 공간”을 의미한다(Specht/Michel(1988), p. 503).

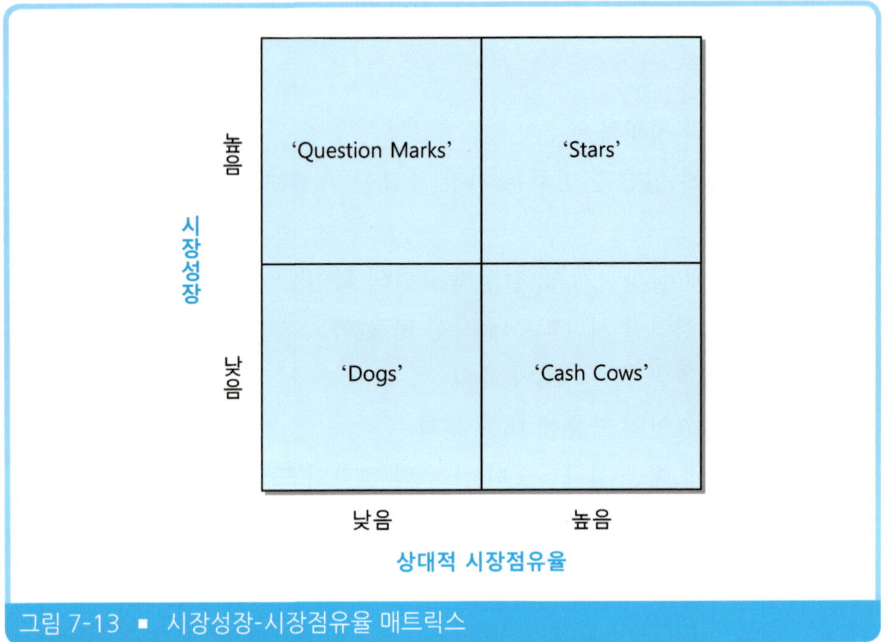

그림 7-13 ▪ 시장성장-시장점유율 매트릭스

자료원: Boston Consulting Group.

그룹(*Boston Consulting Group*)이 개발한 시장성장-시장점유율 매트릭스이다. 이 매트릭스에서는 두 가지 기준, 즉 시장성장과 상대적 시장점유율이 고려된다. 〈그림 7-13〉은 시장성장-시장점유율 매트릭스를 보여준다. 이 매트릭스는 다음과 같은 네 가지 서로 다른 전략적 사업영역(strategic business area)을 갖고 있다.[44]

- 'Question Marks(Babies)': 이 영역에서는 제품수명주기의 도입기에 있고, 상대적 시장점유율이 1보다 작은 사업영역과 관련되어 있다.
- 'Stars': 이 사업영역은 제품수명주기의 성장기에 있다. 또한 높은 시장성장과 1보다 큰 상대적 시장점유율을 갖고 있다.
- 'Cash Cows': 이 사업영역은 제품수명주기의 성숙기에 있고, 1보다 큰 상대적 시장점유율을 갖고 있다.

44 Nieschlag/Dichtl/Hörschgen(1988), p. 875 이하; Perlitz(2004), p. 45; 상대적 시장점유율의 의미는 7.2.2 참고.

- 'Dogs': 이 사업영역은 제품수명주기의 쇠퇴기에 있고, 1보다 작은 상대적 시장점유율을 갖고 있다.

전략적 혁신계획의 관점에서 볼 때, 시장성장-시장점유율 매트릭스상의 네 가지 사업영역은 다음과 같은 서로 다른 의미를 갖는다. 'Question Marks(Babies)'의 사업영역에 있어서 일반적으로 기업은 성공적인 신제품을 시장에 도입하기 위하여 막대한 연구개발자금을 필요로 한다. 'Stars'의 사업영역에 있어서는 생산원가를 계속적으로 낮추는 것이 필요하다. 이러한 관점에서 생산계획과 공정혁신이 중요한 의미를 갖는다. 'Cash Cows'에 해당되는 사업영역을 위해서 기업은 마케팅활동에 자금을 투자하는 것이 바람직하다. 또한 이 사업영역에서 획득된 이윤은 신제품개발을 위한 자금으로 활용되어야 한다.[45] 'Dogs'의 사업영역은 낮은 시장성장과 낮은 상대적 시장점유율을 나타내기 때문에 장기적 관점에서 볼 때 포트폴리오로부터 제거하는 것이 의미가 있다. 즉, 이 사업영역의 투자회수가 필요하다.[46]

시장성장-시장점유율 매트릭스의 본질적인 장점은 단순한 기본구조와 처리가능성 및 편리한 이해가능성 등이다.[47] 이러한 장점과는 반대로 이 방법은 다음과 같은 비판을 받고 있다.[48] 2개의 기준, 즉 시장성장과 시장점유율에 기초하여 전략적 사업영역이 평가되기 때문에 실제의 상황을 있는 그대로 반영했다고 볼 수 없다. 실제에 있어서는 사업영역의 성공에 영향을 미칠 수 있는 제품품질, 마케팅활동 및 투자강도 등과 같은 수많은 다른 요인들이 있다.

7.2.9 직관적 방법

직관(intuition)이라는 용어는 라틴어의 'intueri'에서 유래하였고, 이것은

45 Perlitz et al.(1995), p. 26.
46 Nieschlag/Dichtl/Hörschgen(1988), p. 879.
47 Macharzina(1993), p. 279.
48 Nieschlag/Dichtl/Hörschgen(1988), p. 879.

"의식적인 숙고를 하지 않고 그 자체의 본질에서 어떤 사물에 대한 직접적인 지각(知覺)을 하는 것"을 의미한다.[49] *하우저(Hauser)*는 "경영에 있어서 직관의 의미는 어떤 전문적이고 특별한 경영자가 무엇보다도 복잡한 의사결정상황에서 어떤 지도적 기능을 제시하는 고유한 능력"이라고 정의하였다.[50] 직관적 의사결정을 위하여 중요한 영향요인들은 경험, 느낌, 지식 및 독창성 등이다.[51]

직관적 방법은 다음과 같은 특징을 갖는다.[52]

- 기존의 사고방식의 탈피
- 자연스럽게 발생하는 아이디어의 창출
- 환상적인 상상의 활용
- 생각과 아이디어의 시각화
- 어떤 문제점의 이질화 및 새로운 관찰방법
- 유추(類推)와 연상에 의한 사고형성
- 무의식의 활용

전략적 혁신계획의 관점에서 볼 때, 이 방법은 계획과 관련된 막대한 정보의 필요성으로 인하여 이성적인 의사결정이 거의 불가능한 경우에 활용될 수 있다.[53] 그러나 전략적 혁신계획을 위해 직관적 방법을 사용하는 경우에 의사결정자가 실제로 필요한 정보보다는 중요하지 않은 정보를 더욱 중요한 것으로 인식할 수 있는 위험이 존재한다. 그러므로 의사결정을 하기에 앞서 수많은 정보들을 중요성 또는 특정기준에 따라 체계화시키는 것이 필요하다.

7.2.10 창조성 기법

창조성 기법(creativity technique)은 제9장 9.3.3에서 자세히 논의되기 때문

49 F. A. Brockhaus(Ed. 1970), p. 200.
50 Hauser(1991), p. 60.
51 Hentze/Brose/Kammel(1993), p. 24.
52 Brommer(1990), p. 22.
53 Hentze/Brose/Kammel(1993), p. 24.

에 본절에서는 설명을 생략하기로 한다. 제9장에서 논의될 창조성 기법의 기본적인 원칙은 전략적 혁신계획을 위하여 동일하게 적용될 수 있다. 왜냐하면 이 방법을 통하여 전략적 혁신계획을 위해 필요한 아이디어가 창출 또는 가공될 수 있기 때문이다.

7.2.11 손익분기점 분석

손익분기점 분석(break-even point analysis)은 본질적으로 전략적 혁신계획을 위한 수단으로 활용될 수 있다. 전략적 혁신계획의 관점에서 볼 때, 이 분석방법은 연구개발계획, 마케팅계획 및 생산계획을 위하여 특히 중요하다. 손익분기점 분석을 위해서는 수익(판매수익)과 비용(변동비와 고정비)이 두 가지 중요한 요인으로 고찰되어야 한다. 손익분기점은 손실영역과 이윤영역의 사이에 있다. 즉, 손익분기점에서 총비용과 총수익이 동일하다. 〈그림 7-14〉는 전형적인 손익분기점을 보여준다. 이 그림에 나타난 바와 같이 손익분기점은 다음과 같이 계산된다.[54]

$$k_f + k_v \cdot x = p \cdot x$$

여기에서 기호의 의미는 다음과 같다.

k_f: 고정비
k_v: 단위당 변동비
p: 단위당 가격
x: 판매량

전략적 혁신계획을 위해서 어떤 프로젝트에 대한 미래의 총비용과 총수익은 현재의 시점에서 예측이 가능하다.[55] 아울러, 미래의 현금흐름은 특별한 의미를 갖는다. 〈그림 7-15〉는 누적적 현금흐름과 손익분기점을 제시하고 있

54 Corsten/Reiß(1994), p. 402 이하.
55 Macharzina(1993), p. 646.

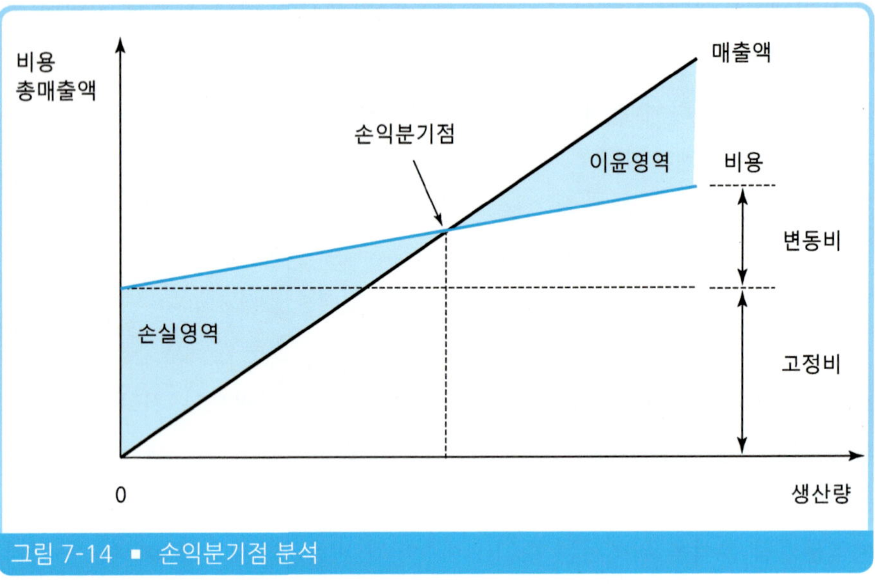

그림 7-14 ■ 손익분기점 분석

자료원: Corsten/Reiß(1994), p. 402.

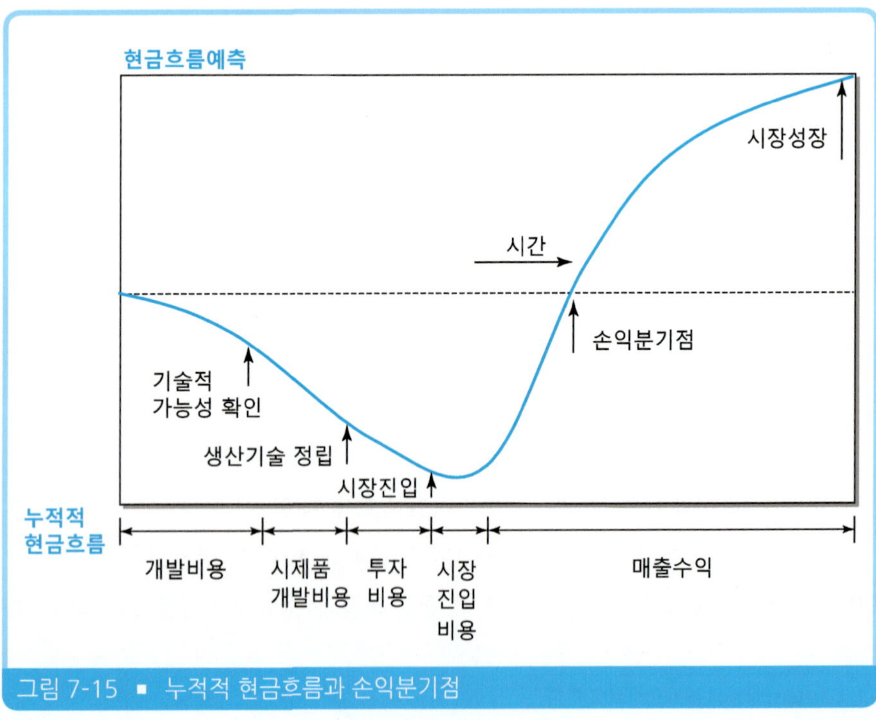

그림 7-15 ■ 누적적 현금흐름과 손익분기점

자료원: Egli(1982), p. 94.

다. 이 그림은 누적적 현금흐름과 손익분기점의 관계를 시간의 흐름에 따라 자세히 보여주고 있으며, 개발, 시제품개발, 투자 및 시장진입 등의 단계에 따른 누적적 현금흐름을 손익분기점과 관련하여 제시하고 있다. 현금흐름의 예측을 통하여 기업은 구체적인 전략적 혁신계획을 수립할 수 있다.

손익분기점 분석은 사용이 용이하고, 이윤과 손실을 확실하게 파악할 수 있는 장점이 있다. 그러나 이 방법은 고정비 및 변동비 등의 비용을 정확하게 예측할 수 없기 때문에 정확한 손익분기점의 위치를 찾아내기 힘든 단점을 갖고 있다.

*박주홍(Park)*의 실증적 연구결과에 의하면, 가장 자주 사용하는 전략적 혁신계획의 방법은 한국, 일본 및 독일의 화학기업에 따라 다르게 나타났다. 즉, 한국과 일본의 화학기업에서는 손익분기점 분석이, 독일의 화학기업에서는 제품-시장 매트릭스가 가장 중요한 전략적 혁신계획을 위한 방법으로 나타났다. 이와 같은 차이점에 근거하여 한국과 일본의 화학기업은 '비용(원가) 지향적(cost-oriented)'으로, 독일의 화학기업은 '시장 지향적(market-oriented)'으로 전략적 혁신계획을 수립한다고 볼 수 있다.

7.3 혁신을 위한 연구개발예산의 설정

7.3.1 혁신을 위한 연구개발예산의 의의

연구개발예산(R&D budget)은 "어떤 계획기간에 있어서 연구개발비 지출을 위해 이용가능한 기업 전체의 총예산의 일부"이다.[56] 연구개발예산을 수립하기 위해서 기업은 연구개발을 통하여 달성될 수 있는 이윤과 성장을 고려해야만 한다. 연구개발예산의 확정은 연구개발프로그램의 중요한 요소의 하나이다. 그러므로 이것은 연구개발영역의 진행계획 및 잠정적 계획뿐만 아니

56 Schanz(1972), p. 80.

라, 나아가 기타 계획영역(예를 들면, 연구개발 이외의 기능영역)에 대하여 간접적으로 영향을 미친다.[57] 수많은 요인들이 연구개발예산에 영향을 미친다. *케른*과 *슈뢰더*(*Kern & Schröder*)에 따르면, 이러한 영향요인은 다음과 같이 분류될 수 있다.[58]

(1) 직접적 영향요인

- 경영적 목표시스템
- 경쟁적 방침에 따른 기대수익
- 과거의 연구개발범위
- 경영적 목표실현을 위한 연구개발의 기여 정도
- 이용가능한 재정적 자원

(2) 간접적 영향요인

- 기업이 속한 산업부문
- 기업의 규모
- 기업의 다각화의 정도
- 기업의 제품이 판매되는 시장형태
- 경쟁자의 연구개발비

*케른*과 *슈뢰더*에 의하면 연구개발예산의 설정방법을 다섯 가지로 구분할 수 있다.[59] 즉, 이러한 방법은 목표 중심적 접근법, 프로젝트 중심적 접근법, 용량 중심적 접근법, 자금조달 중심적 접근법 및 경쟁 중심적 접근법 등이다. 아래에서는 이러한 연구개발예산의 설정방법에 대하여 살펴보기로 한다.

57 Schröder(1980), p. 646.
58 Kern/Schröder(1977), p. 102 이하.
59 전게서, p. 122.

7.3.2 혁신을 위한 연구개발예산의 설정방법

(1) 목표 중심적 접근법(goal-oriented approach)

목표 중심적 접근법은 연구개발 프로젝트를 통하여 기업의 목표가 추구된다는 것에서 출발한다. 먼저 모든 연구개발 프로젝트에 대한 비용이 산정된다. 그리고 나서 각 연구개발 프로젝트에 상응하는 진행기간에 따라 연구개발 프로젝트에 대한 비용이 배분된다. 아울러, 각 예산기간에 있어서 개별 연구개발 프로젝트의 비용이 합산되고, 이것을 기업의 이용가능한 재정적 자원과 비교하게 된다. 연구개발 프로젝트의 비용과 기업의 이용가능한 재정적 자원의 차이가 많이 나게 되면, 연구개발 프로젝트를 수정하거나 또는 기업의 재정적 자원을 재분배해야만 한다. 만일 연구개발 프로젝트의 비용과 기업의 이용가능한 재정적 자원의 어떤 접근(예를 들면, 예산조정을 통한 접근)이 불가능하다면, 연구개발의 목표는 수정되어야만 한다. 실제에 있어서 목표 중심적 연구개발예산의 설정은 예상매출액 또는 미래의 이윤상황과 같은 기준에 따라 이루어지기도 한다.

(2) 프로젝트 중심적 접근법(project-oriented approach)

프로젝트 중심적 접근법은 연구개발 프로젝트와 프로젝트제안에 따라 이루어진다. 먼저 이러한 프로젝트의 성공전망이 평가되어야만 한다. 즉, 연구개발 프로젝트의 성공가능성의 평가가 최우선적으로 이루어지게 된다. 그리고 나서 주어진 목표의 관점에서 가장 최적적인 어떤 연구개발 프로그램을 개발하게 된다. 이러한 연구개발 프로그램은 신제품 또는 신공정과 관련되어 있다. 또한 기대되는 목표달성의 수준과 연구개발예산의 규모 간의 어떤 관계가 결정된다.

(3) 용량 중심적 접근법(capacity-oriented approach)

용량 중심적 접근법은 과거에 수행된 연구개발활동에 기초하고 있다. 여기에서 용량이 의미하는 것은 전년도 또는 과거에 지출된 연구개발예산이 될 수 있다. 연구개발예산의 규모는 실제의 예산을 증가시키거나 감소시킴으로

써 결정된다. 이 접근법은 금전적 측면과 제품경제적인 측면에서 다르게 활용될 수 있다.[60]

용량 중심적 접근법에 있어서 금전적 측면을 고려한 연구개발예산의 설정은 다음과 같은 요인들을 고려해야만 한다. 즉, 예상되는 인건비 및 노동시장의 추이, 프로젝트의 종류와 수 및 연구개발활동의 전략적 방향설정 등에 따라 연구개발예산이 구체적으로 확정된다.

또한 용량 중심적 접근법에 있어서 제품경제적인 측면을 고려한 연구개발예산의 설정은 현재의 활용가능한 인력과 사용가능한 기계용량에 기초하고 있다. 그러므로 이 방법에 의한 연구개발예산의 범위는 "자원조달, 잠재적 요인의 유지 및 투입에 대한 비용, 경험곡선을 통하여 나타나는 자원조달에 대한 추가비용 및 원재료투입 등과 같은 반복적 요인의 투입의 총합(總合)"이다.[61]

(4) 자금조달 중심적 접근법(financing-oriented approach)

자금조달 중심적 접근법은 어떤 기업에 있어서의 기존의 재정적 자원의 이용가능성에서 출발한다. 한정된 재정적 자원으로 인하여 기업은 연구개발투자를 최적화하기 위하여 연구개발 프로젝트의 우선순위를 결정해야만 한다. 개별적 연구개발 프로젝트의 평가는 투자평가를 통하여 이루어진다. 전체 기업의 관점에서 볼 때 연구개발예산의 할당은 "기업정책에 있어서 연구개발의 위치 및 경영적 목표의 실현을 위하여 기대되는 연구개발활동의 공헌도"에 달려 있다.[62]

(5) 경쟁 중심적 접근법(competition-oriented approach)

연구개발예산의 설정을 위한 경쟁 중심적 접근법은 경쟁자의 연구개발예산을 기초로 한다. 여기에서 기업은 어떤 특정산업부문의 평균적인 연구개발예산 또는 경쟁자의 연구개발강도에 주안점을 두어 연구개발예산을 설정한다. 만일 어떤 기업이 기존의 시장지위를 계속적으로 유지하려고 한다면,

---

60 Brose(1982), p. 121 이하.

61 Kern/Schröder(1977), p. 126.

62 Brose(1982), p. 123.

연구개발비는 최소한 경쟁자와 동일하게 지출되어야 한다. 아울러, 어떤 기업의 연구개발비의 지출이 경쟁자보다 적다면, 장기적으로 볼 때 기업의 경쟁상황이 악화될 수 있다.

또한 앞에서 언급한 다섯 가지의 연구개발예산의 설정방법 이외에 다음과 같은 기준에 따라 연구개발예산을 설정할 수 있다. 즉, 이것들은 예상매출액, 예상이윤, 전년도의 매출액, 전년도의 이윤 및 프로젝트의 전략적 우선순위 등이다.

제 8 장

글로벌 기업의 혁신을 위한 조직

8.1 혁신을 위한 연구개발부문의 조직구조
8.2 연구개발의 글로벌화와 조직구조 및 조직관리
8.3 혁신을 위한 연구개발부문의 조정
8.4 혁신을 위한 연구개발자에 대한 동기부여방법

8.1 혁신을 위한 연구개발부문의 조직구조

8.1.1 기능적 조직

기능적 조직(functional organization)에서는 연구개발부문이 기능에 따라 구성된다. 연구개발부문의 기능은 기초연구, 응용연구, 개발, 연구개발 인사 및 연구개발 자원조달 등이다. 〈그림 8-1〉은 연구개발부문의 기능적 조직을 보여준다. 이 그림에서 알 수 있는 바와 같이 연구개발부문의 모든 중요한 기능들이 기능별로 분류되어 조직화될 수 있다.

연구개발부문의 기능적 조직에서는 연구개발활동과 관련된 전문성이 증대된다. 또한 이 조직구조에서는 연구개발과 관련된 통일적인 정보가 수집되고 가공된다. 연구개발부문에 인사 및 자원조달부문을 관련시킴으로써 기업은 혁신에 필요한 인적 및 물적 자원을 직접적으로 조달할 수 있다. 그러므로 연구개발활동을 위한 신속한 자원조달경로가 확보된다. 이상과 같은 장점 이외에 다음과 같은 단점이 있다. 즉, 기능적 조직에서는 조직의 운영과 관련하여 과다한 비용이 들 수 있고, 상황에 따라서 각 기능영역 간에 갈등이 나타날 수 있다.

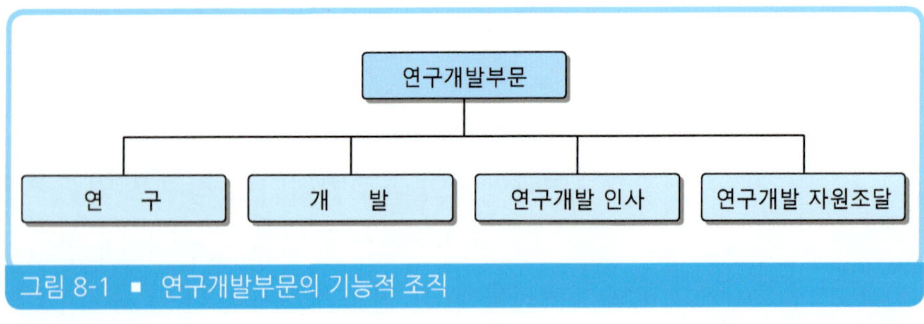

그림 8-1 ■ 연구개발부문의 기능적 조직

자료원: Park(1996), p. 74.

8.1.2 제품 지향적 조직

연구개발부문의 제품 지향적 조직(product-oriented organization)은 제품 또는 제품집단에 따라 조직이 구성된다. 이 조직구조의 전제조건은 이질적인 제품프로그램 및 다양한 제품과 관련된 역동성을 갖는 이질적인 시장이다.[1] 그러므로 연구개발부문의 제품 지향적 조직은 특별히 다양한 제품과 제품집단(product group)을 갖고 있는 대기업이 선호한다. 〈그림 8-2〉는 제품 지향적 조직을 보여준다.

제품 지향적 조직의 장점은 다음과 같다.[2]

- 연구개발활동에 있어서 시장의 요구사항이 더욱 잘 고려될 수 있다(높은 유연성과 적응력).
- 각 제품집단은 각 마케팅영역에 대하여 보다 나은 의사소통을 할 수 있다.
- 서로 다른 제품집단에 대하여 보다 많은 자치권과 개발가능성이 주어진다.

이 조직의 단점은 다음과 같다.[3]

- 새롭고 장기적인 프로젝트를 소홀히 할 수 있는 위험이 나타난다.
- 자질을 갖춘 연구개발인력을 많이 필요로 한다.

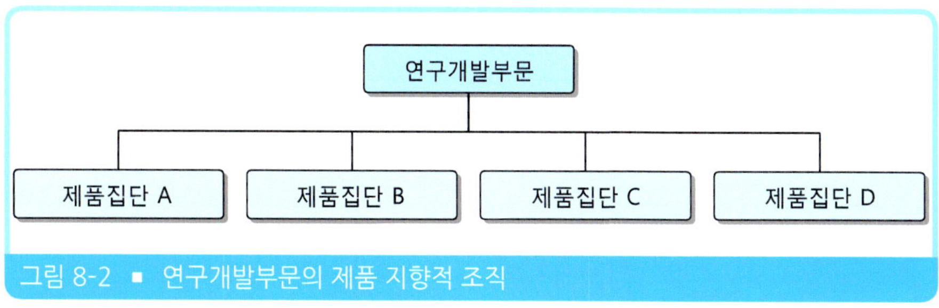

그림 8-2 ■ 연구개발부문의 제품 지향적 조직

자료원: Park(1996), p. 74.

1 Schertler(1993), p. 34 이하.
2 Kieser(1984), p. 55; Probst et al.(1992), p. 65.
3 전게논문 및 전게서.

8.1.3 프로젝트 지향적 조직

프로젝트는 제품개발과 같은 포괄적이고 시간적으로 제한된 과제를 의미한다.[4] 프로젝트는 다음과 같은 전제조건을 기초로 한다.[5]

- 복잡하고 혁신적인 과제설정
- 과제달성을 위한 목표의 확정
- 프로젝트의 시작과 종료 및 달성표준의 명확화
- 수많은 관련조직 및 이해당사자의 목표실현에의 참여
- 시간적 제약

프로젝트 지향적 조직(project-oriented organization)은 연구개발부문에서 수행되어야만 하는 특정한 프로젝트를 중심으로 구성된다. 아울러, 프로젝트 집단에는 서로 다른 기능영역들이 참여할 수 있다. 〈그림 8-3〉은 프로젝트 지향적 조직을 제시한다.

이 조직의 장점은 기업이 프로젝트를 추진하는 데 있어서 약간의 조직적 변환만을 필요로 한다는 것이다.[6] 아울러, 기업은 연구개발활동을 위하여 물질적 및 비물질적 자원을 효과적이고 효율적으로 투입할 수 있다. 반면에 이 조직의 단점은 다음과 같다.

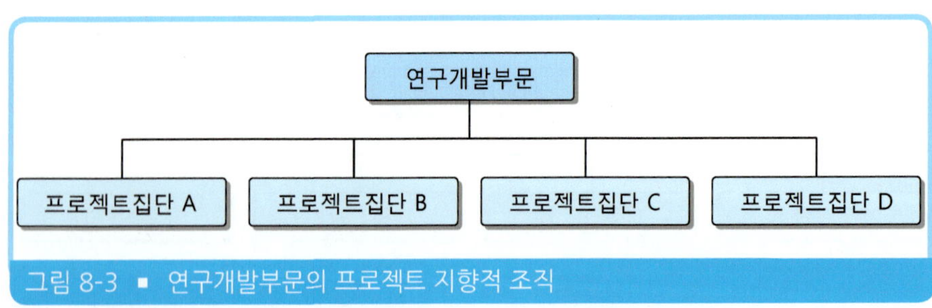

그림 8-3 ■ 연구개발부문의 프로젝트 지향적 조직

자료원: Park(1996), p. 76.

4 Kieser/Kubicek(1992), p. 138.
5 Schertler(1993), p. 38.
6 Kieser/Kubicek(1992), p. 139.

- 프로젝트에 관련된 직원은 프로젝트를 실현하기 위해서 근무하던 조직으로부터 일시적으로 이탈된다.
- 프로젝트를 완료한 직원이 근무하던 조직으로 복귀할 때 문제점이 발생할 수 있다.
- 프로젝트의 성공은 대부분 프로젝트 관리자의 공(功)으로 돌아가는 경향이 있다.

8.1.4 매트릭스조직

매트릭스조직(matrix organization)에서는 둘 또는 그 이상의 조직화 기준이 하나의 매트릭스에서 동시에 동일한 순위로 고려된다.[7] 매트릭스조직의 목표는 조직구조의 유연성의 증대에 있다.[8] 혁신의 관점에서 볼 때 조직화 기준으로서의 제품과 프로젝트는 매트릭스조직에서 특별한 의미를 갖는다. 〈그림 8-4〉는 제품과 프로젝트의 기준에 따라 구성된 매트릭스조직을 보여준다. 이 그림은 매트릭스조직에 있어서 조직화 기준에 따른 의사결정영역과 책임영역이 분명하게 정의되고 분담되어야 한다는 것을 명확히 보여준다. 즉, 예를 들면, 〈그림 8-4(a)〉는 각 기능영역과 제품, 〈그림 8-4(b)〉는 각 기능영역과 프로젝트가 중요한 조직화 기준이 되며, 의사결정영역과 책임영역은 각 기능영역과 제품 및 각 기능영역과 프로젝트에 따라 결정된다.

매트릭스조직의 장점을 열거하면 다음과 같다.[9]

- 제품별 및 프로젝트별로 관련된 기능영역 간의 직접적인 의사소통경로가 확보된다.
- 관련된 기능영역과 각 영역의 전문가를 통하여 문제해결의 잠재성이 증대된다.

---

7 Bühner(1992), p. 147; Schertler(1993), p. 42.
8 Schertler(1993), p. 42.
9 전게서, p. 43; Probst et al.(1992), p. 60.

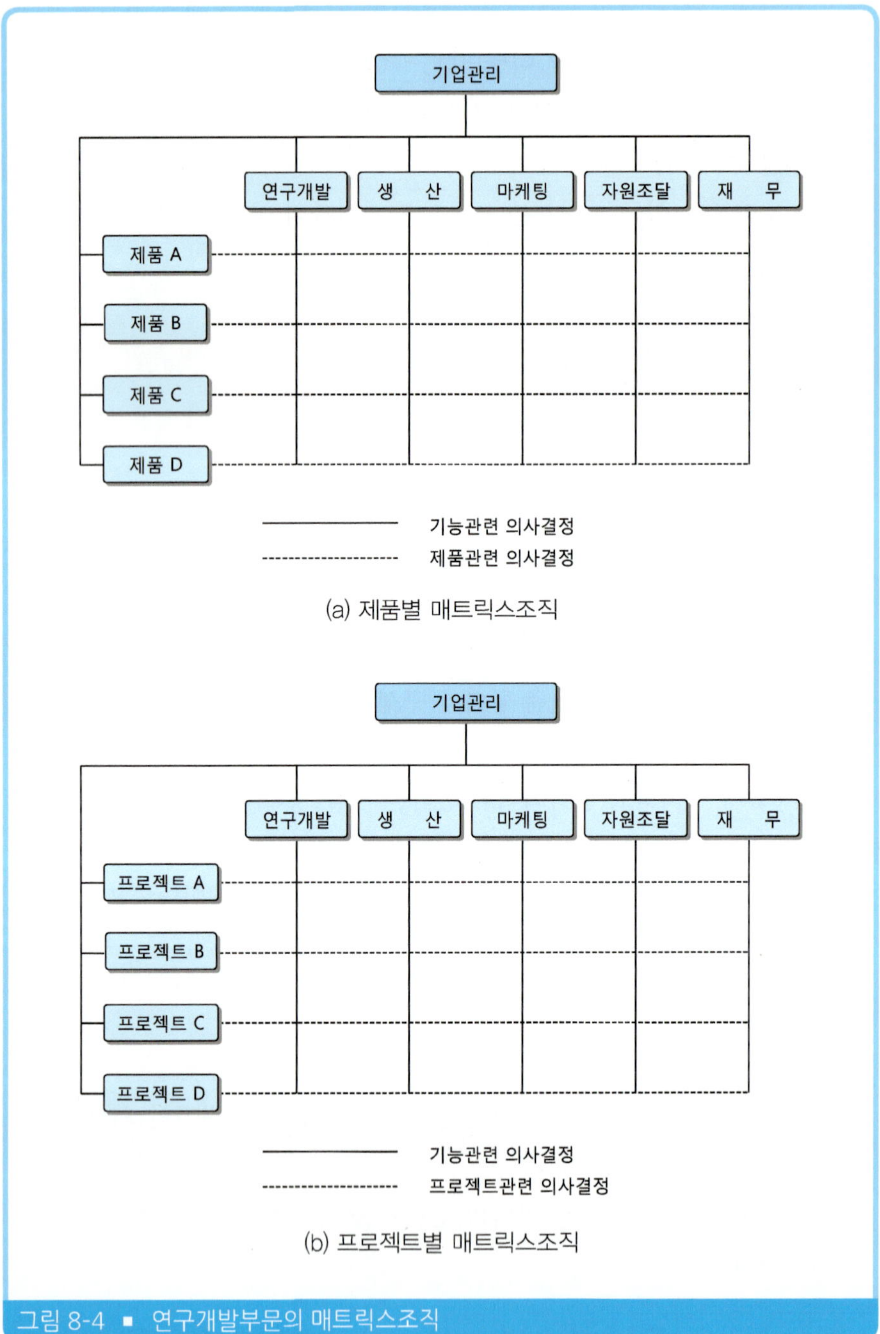

그림 8-4 ▪ 연구개발부문의 매트릭스조직

자료원: Park(1996), pp. 78-79.

- 이 조직에서의 횡단면적인 연결을 통하여 환경변화에 대한 유연성과 적응력이 향상된다.
- 각 기능영역의 협력이 순조로울 경우 이 조직의 책임자의 부담이 완화된다.

이 조직의 단점은 다음과 같다.[10]

- 관련된 기능영역과 각 영역의 전문가들 사이에 갈등이 나타날 가능성이 잠재되어 있다.
- 관련된 기능영역 간의 만족스럽지 못한 의견조정은 조직에 대한 위험성을 증대시킬 수 있다.
- 높은 수준의 지도력이 요구된다.
- 기본조직에 흡수되거나 지배당할 위험이 존재한다.

8.1.5 연구형태에 따른 조직

연구형태(research types)에 따른 연구개발부문의 조직은 일반적으로 기초연구, 응용연구 및 개발 등으로 구성된다. 〈그림 8-5〉는 연구형태에 따른 조직구조를 제시한다. 이 조직은 대체로 높은 학술적인 표준을 갖는 어떤 동질적인 생산프로그램이 존재할 때 구성되는 경향이 있다.[11]

이 조직의 장점은 서로 다른 과제(기초연구, 응용연구 및 개발)에 대한 연구개발부문의 적응력이 증대될 수 있고, 또한 각 연구형태에 있어서 높은 전문화수준이 달성될 수 있다는 것이다.[12] 이 조직의 단점은 기업 전체의 연구 및 혁신목표를 등한시할 가능성이 있고, 기초연구, 응용연구 및 개발을 담당하는 각 연구부문 간의 의사소통문제가 발생할 수 있다는 것이다.[13]

---

10 Probst et al.(1992), p. 60.

11 Kieser(1984), p. 55.

12 전게서.

13 전게서.

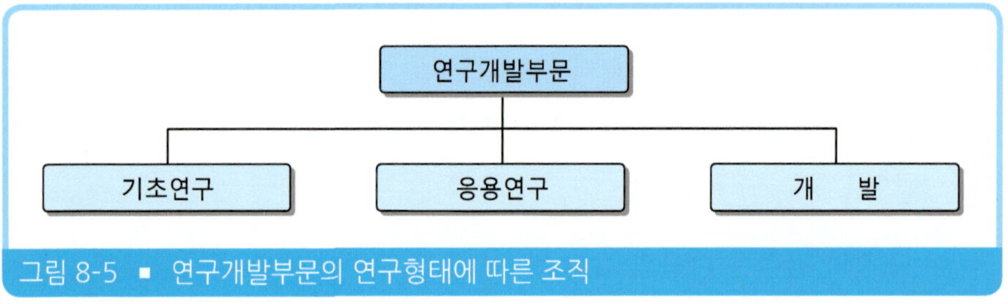

그림 8-5 ■ 연구개발부문의 연구형태에 따른 조직

자료원: Park(1996), p. 80.

8.2 연구개발의 글로벌화와 조직구조 및 조직관리[14]

8.2.1 연구개발의 글로벌화와 조직구조

연구개발의 글로벌화에 따른 조직구조(organization structure)는 국내에서만 운영되는 기업과는 전혀 다른 방식으로 구성된다. 즉, 본사와 전 세계에서 운영되는 해외 자회사 간의 관계는 조직을 전 세계적 관점에서 파악하는 데 있어서 중요한 변수가 된다. 연구개발의 글로벌화에 따른 조직구조를 논의하기에 앞서 기업의 글로벌화에 대한 전략적 관리개념이 검토되어야 한다. 글로벌 기업의 전략적 관리개념을 살펴보는 이유는 이 개념이 글로벌 기업의 일반관리뿐만 아니라, 각 기능영역의 관리에 대한 설명을 위해서도 높은 설명력을 갖기 때문이다. 이러한 전략적 관리개념에 대한 대표적인 이론으로서 *펄뮤터(Perlmutter)*의 EPRG 모델(EPRG model)을 들 수 있다.[15]

본사 중심적(본국 중심적 또는 민족 중심적) 관리개념(ethnocentric management concept)은 해외 자회사의 주요 직위를 배치하는 경우에 있어서 본국의 인력을 우대하는 것을 의미한다. 이 관리개념은 본국의 인력이 더욱 능력 있고 우

14 저자의 논문 일부분을 요약하여 제시함; 박주홍(2003b), p. 155 이하.

15 Perlmutter(1969), p. 9 이하; Heenan/Perlmutter(1979), p. 17 이하; Perlitz(2004), p. 119 이하.

수하다는 가정에서 출발한다. 이 관리개념의 장점은 본사와 해외 자회사 간의 의사소통이 원활하게 이루어질 수 있고, 본사의 경영 및 기술적 노하우가 해외 자회사로 원활하게 이전될 수 있다는 것이다. 그러나 현지국에서 채용된 인력에 대한 동기부여가 악화될 수 있는 가능성이 존재한다.

현지 중심적(다중심적) 관리개념(polycentric management concept)은 현지국의 인력을 해외 자회사의 주요 직책에 배치하는 것을 말한다. 이 관리개념은 본국출신의 인력이 현지국의 경영적 특수성 및 환경 등을 잘 이해할 수 없다는 것을 가정한다. 이 관리개념의 장점은 현지국 채용인력의 동기부여가 증대될 수 있고, 기업의 현지적응이 신속하게 이루어질 수 있다는 것이다. 하지만 해외 자회사에서 근무하는 본국출신의 유능한 인력에 대한 승진기회가 박탈될 수 있고, 이것 때문에 이들의 동기부여가 악화될 수 있는 단점이 있다.

지역 중심적 관리개념(regiocentric management concept)은 동일한 지역(예를 들면, 유럽, 아프리카, 아시아, 북미 및 남미지역 등)으로부터 채용한 인력을 주요 직책에 배치하는 것을 의미한다. 어떤 지역에 있어서 문화적 환경이 유사한 경우 이 관리개념이 도입될 수 있고, 또한 동일 지역으로부터 유능한 인력을 채용할 수 있으므로 인력채용시 선택의 폭이 매우 넓다. 그러나 같은 지역 내에서 문화적 환경의 차이가 많이 있는 경우 조직 내에서 여러 가지 문제점 또는 갈등이 나타날 수 있다.

글로벌 중심적 관리개념(geocentric management concept)은 전 세계적 관점에서 인력을 채용하고 배치하는 것을 말한다. 이 경우에 있어서 전 세계의 유능한 인력이 활용될 수 있는 장점이 있다. 그러나 어떤 해외 자회사 내에서 다양한 국적과 문화적 배경을 가진 인력들 간의 의사소통의 문제가 나타날 수 있고, 조직 내에서 갈등이 유발될 수 있는 가능성이 있다.

다음에서는 앞서 살펴본 *펄뮤터(Perlmutter)*의 EPRG 모델의 관점에서 연구개발의 글로벌화에 따른 조직구조를 논의하기로 한다. 아래의 각 연구개발 조직구조(즉, 〈그림 8-6, 8-7, 8-8 및 8-9〉)들은 EPRG 모델에 근거하여 개발한 것이다.

(1) 본사 중심적 연구개발 조직구조

본사 중심적 연구개발 조직구조(ethnocentric R&D structure)에 있어서 연구개발의 글로벌화와 관련된 주요 의사결정은 본사 중심적으로 이루어진다. 이 조직구조에서는 본사의 연구개발부서가 글로벌 연구개발의 전략수립, 연구개발의 과제선정 또는 계획수립, 연구개발과 관련된 인적 및 물적 자원의 투입, 연구개발의 실행 및 연구개발의 통제 등에 있어서 본사의 연구개발부서가 주도적 역할을 하며, 현지 자회사의 연구개발조직은 종속적인 역할을 한다. 그리고 이 조직구조에서는 본사가 해외 자회사보다 연구개발능력 또는 기술개발능력이 우수하다는 가정을 한다.[16]

〈그림 8-6〉은 본사 중심적 연구개발 조직구조를 보여준다. 이 그림에서 본사의 연구개발부서가 색으로 표시되어 있는데, 이는 본사의 연구개발부서가 주도적 역할을 한다는 것을 의미한다. Balzers, British Gas, General Dynamics, Microsoft, Nippon Steel, Sigg, Toyota 및 Volvo 등과 같은 기업들이 이러한 조직구조를 채택하고 있다.[17]

이 조직구조의 장점과 단점을 살펴보면 다음과 같다.

본사 중심적 연구개발 조직구조에서는 글로벌 연구개발자원의 효율적 배분을 통하여 연구개발성과의 극대화가 달성될 수 있으며, 본사에 의한 글로벌 연구개발성과가 신속하게 확산될 수 있는 장점이 있다. 또한 본사와 해외 자회사 간의 효율적인 연구활동의 배분을 통하여 중복적인 연구개발활동을 회피할 수 있는 장점이 존재한다.

이 조직구조의 단점은 현지국 고객요구를 신속하게 반영하지 못하는 해외 자회사의 본사종속적 연구개발활동으로 인한 현지시장에 대한 민감성의 부족, 해외 자회사의 연구개발부서가 연구개발활동을 적극적으로 하지 않으려는 NIH증후군(Not-Invented-Here syndrome, 자신들이 직접 개발하지 않은 기술이나 연구성과에 대해 배타적인 성향을 보이는 현상)의 발생, 연구개발 조직구조의 경직화 가능성 및 해외 자회사 연구개발인력의 동기부여의 악화 등을 들 수 있다.[18]

---

16 Gassmann/von Zedtwitz(1999), p. 235 이하.

17 전게논문, p. 236.

18 전게논문, p. 236 이하; Quinn(1985), p. 73 이하.

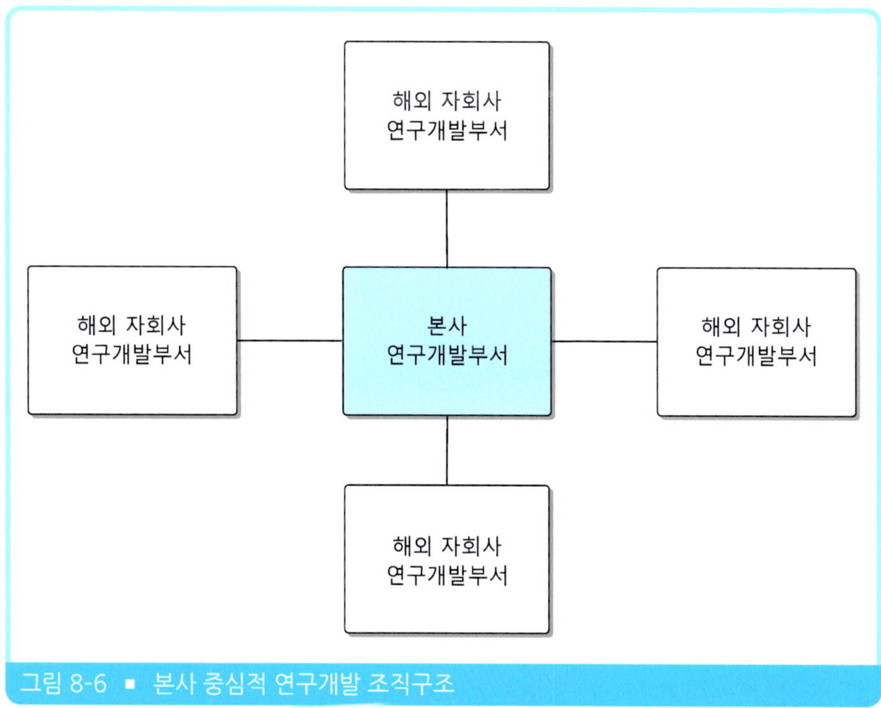

그림 8-6 ■ 본사 중심적 연구개발 조직구조

자료원: 박주홍(2003b), p. 157.

(2) 현지 중심적 연구개발 조직구조

현지 중심적 연구개발 조직구조(polycentric R&D structure)에서는 연구개발활동과 관련된 주요 의사결정권이 해외 자회사의 연구개발부서에 대폭 위임된다. 즉, 이 조직구조에서는 본사의 연구개발부서의 의사결정권은 약화되고, 해외 자회사의 의사결정권이 강화된다. 또한 독립적인 해외 자회사의 연구개발단위들(independent R&D units) 간의 경쟁이 이루어질 가능성이 매우 높다. 일반적으로 본사가 해외 자회사의 연구개발능력을 높게 평가하는 경우에 현지 중심적 연구개발 조직구조가 채택된다.

〈그림 8-7〉은 현지 중심적 연구개발 조직구조를 나타낸다. 이 조직구조에서는 해외 자회사의 연구개발부서들이 색으로 표시되어 있는데, 이는 해외 자회사의 연구개발부서가 독립적 또는 자치적으로 연구개발활동을 수행한다는 것을 의미한다. 1980년대의 Philips 및 Schindler 등이 이 조직구조를 채택

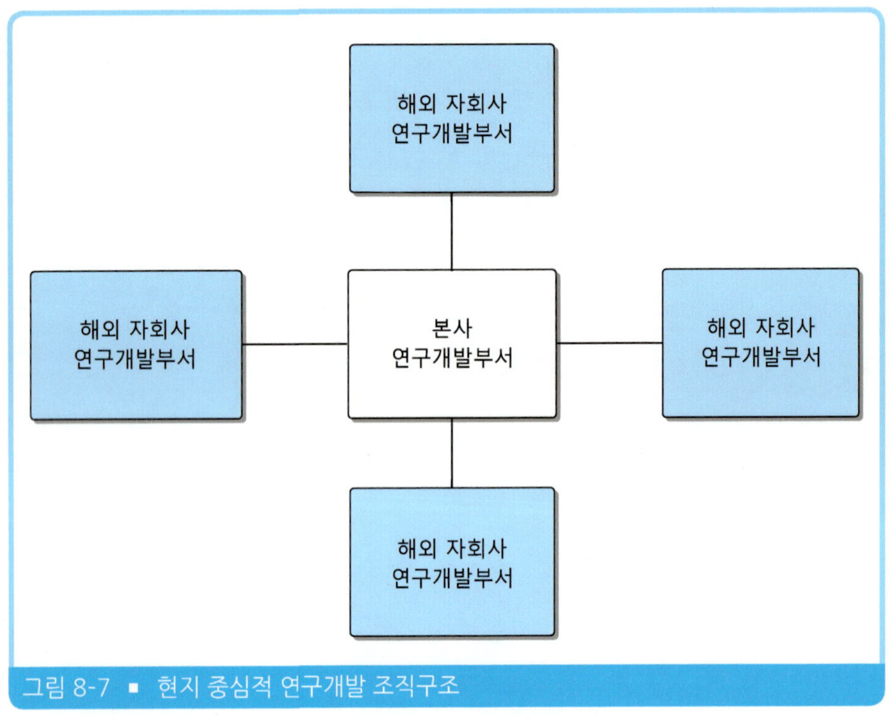

그림 8-7 ■ 현지 중심적 연구개발 조직구조

자료원: 박주홍(2003b), p. 158.

하였고, 그리고 Royal Dutch/Shell 및 Sulzer 등이 현재 이 조직구조를 채택하고 있다.[19]

이 조직구조는 다음과 같은 장점과 단점을 갖고 있다.[20]

이 조직구조의 장점은 현지국 고객요구를 신속하게 연구개발활동에 반영할 수 있고, 현지의 연구개발자원을 효과적이고 효율적으로 활용할 수 있다는 것이다. 아울러, 연구개발과 관련된 주요 의사결정권이 해외 자회사의 연구개발부서에 위임되기 때문에 현지 연구개발인력의 동기부여가 증대될 수 있다. 따라서 이 조직구조를 통하여 개발된 해외 자회사의 연구개발성과는 본사뿐만 아니라, 다른 해외 자회사로 이전될 수 있기 때문에 글로벌 범위의 경제(global economies of scope)효과가 달성될 수 있다.

19 Gassmann/von Zedtwitz(1999), p. 239.

20 전게논문.

현지 중심적 연구개발 조직구조에 있어서 가장 큰 문제점은 연구개발자원이 중복 투입될 수 있고, 연구개발과제 및 활동이 중복될 수 있다는 것이다. 즉, 본사와 해외 자회사의 연구개발부서 또는 해외 자회사들의 연구개발부서 간에 의사소통이 원활하게 이루어지지 않을 경우, 이러한 문제가 발생할 수 있다. 그러므로 현지 중심적 연구개발활동이 효율적으로 이루어지기 위해서는 본사와 해외 자회사 및 해외 자회사들 간의 원활한 의사소통 및 정보교류가 요구된다. 또한 본사는 해외 자회사의 연구개발부서의 자율권을 훼손하지 않는 범위 내에서 적절하게 감독할 필요가 있다.[21]

(3) 지역 중심적 연구개발 조직구조

지역 중심적 연구개발 조직구조(regiocentric R&D structure)에 있어서 연구개발활동과 관련된 주요 의사결정은 지역본부(headquarters)의 연구개발부서에 의하여 이루어진다. 또한 어떤 특정지역본부에 소속된 해외 자회사의 연구개발부서는 지역본부의 연구개발부서에 종속되어 있다.[22] 그러나 본사의 연구개발부서는 지역본부의 연구개발부서와 협력적인 관계를 유지하면서 지역본부의 연구개발활동을 어느 정도의 통제를 하기도 한다. 본사의 연구개발부서가 지역본부의 연구개발부서를 중앙집권적으로 통제하는 경우, 이 조직구조를 연구개발 허브 모델(R&D hub model)이라고 한다. 여기에 속하는 기업으로는 BASF, Boeringer Ingelheim, Bosch, Daimler Chrysler, Eisai, Fujitsu, Kao, Matsushita, Mitsubishi, NEC, Sharp, Siemens, Sony, United Technologies 및 Zeneca 등을 들 수 있다.[23]

〈그림 8-8〉에서는 지역 중심적 연구개발 조직구조를 제시하고 있다. 이 그림에 나타나 있는 바와 같이, 이 조직구조에서는 지역본부의 연구개발부서와 본사의 연구개발부서에 색으로 표시되어 있는데, 이는 본사와 지역본부의 연구개발부서가 연구개발활동에 있어서 주도적 역할을 한다는 것을 의미한다.

---

21 De Meyer/Mizushima(1989), p. 140; *베르만*과 *피셔*(*Behrman* & *Fischer*)는 이것을 '감독을 받는 자유(supervised freedom)'라고 표현한다(Behrman/Fischer(1980)).

22 Asakawa(2001), p. 1 이하.

23 Gassmann/von Zedtwitz(1999), p. 241.

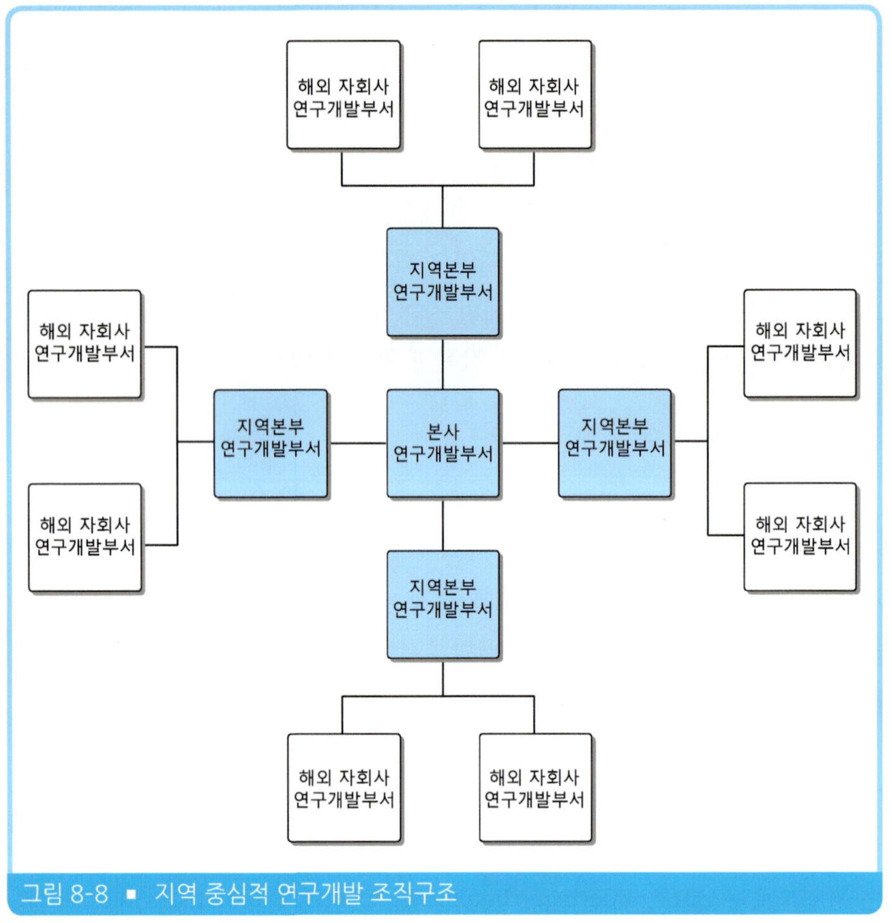

그림 8-8 ■ 지역 중심적 연구개발 조직구조

자료원: 박주홍(2003b), p. 160.

이 조직구조의 장점과 단점을 살펴보면 다음과 같다.

지역 중심적 연구개발 조직구조는 어떤 지역(예를 들면, 유럽 지역)의 고객요구가 유사한 경우, 지역 중심적 연구개발을 통하여 이러한 지역의 고객요구를 신속히 충족시킬 수 있는 장점이 있다. 또한 지역에 연결되어 있는 해외 자회사의 연구개발활동을 지역본부에서 통합하여 관리할 수 있고, 지역의 유능한 연구개발인력을 채용할 수 있기 때문에 지역본부의 연구개발성과를 증대시킬 수 있다. 본사의 연구개발부서가 지역본부의 연구개발부서를 중앙집권적으로 통제하는 경우에는 지역본부 간의 연구개발활동의 중복을 회피할 수 있는 장점이 있다.

어떤 지역(예를 들면, 아시아 지역)에 속해 있는 국가들 간의 경제수준의 차이 및 문화와 전통의 차이 등과 같은 이질적인 환경이 존재할 때, 이 조직구조에서는 다음과 같은 문제점이 나타날 수 있다. 즉, 다양한 지역국가에서 채용된 연구개발인력 간의 의사소통의 문제 및 갈등 등이 발생할 수 있다. 또한 서로 다른 지역본부에 연결된 해외 자회사의 연구개발활동이 중복될 수 있는 단점이 있다. 만일 이러한 상황이 발생한다면 본사의 연구개발부서가 중앙집권적으로 지역본부의 연구개발부서를 통제하는 것이 바람직할 것이다.

(4) 글로벌 중심적 연구개발 조직구조

글로벌 중심적 연구개발 조직구조(geocentric R&D structure)에서는 본사와 해외 자회사의 연구개발부서가 상호 협력하여 전 세계적인 관점에서 연구개발활동을 수행한다. 연구개발을 위한 조직들이 전 세계적인 네트워크를 형성하고 있기 때문에 '네트워크 모델(network-model)' 또는 '통합된 연구개발 네트워크(integrated R&D network)'라고 표현하기도 한다.[24] 이 조직구조에서는 본사와 해외 자회사의 이분법적인 개념 구분이 더 이상 의미가 없으며, 오로지 전 세계적 관점에서의 본사와 해외 자회사 간의 연구개발부서의 통합적 협력이 보다 큰 의미를 갖는다.

〈그림 8-9〉는 글로벌 중심적 연구개발 조직구조를 보여준다. 이 그림에 제시되어 있는 바와 같이, 본사와 해외 자회사 및 해외 자회사들 간의 연구개발부서의 전 세계적인 네트워크가 형성된다. 이러한 네트워크 구축을 통하여 전 세계적인 관점에서 연구개발활동의 시너지가 추구된다. 본사와 해외 자회사의 연구개발부서가 모두 중요하기 때문에 이 그림에서는 이들 모든 부분이 색으로 표시되어 있고, 선(line)으로 상호 연결표시가 되어 있다. 이러한 조직구조를 활용하는 기업으로는 ABB, Canon, Hoechst, IBM, Norvatis, Philips, Roche, Schering 및 Schindler 등이 있다.[25]

---

24 Gerpott(1990), p. 242 이하; Gerpott/Meier(1990), p. 65 이하; Gassmann./von Zedtwitz (1999), p. 243.

25 Gassmann/von Zedtwitz(1999), p. 243.

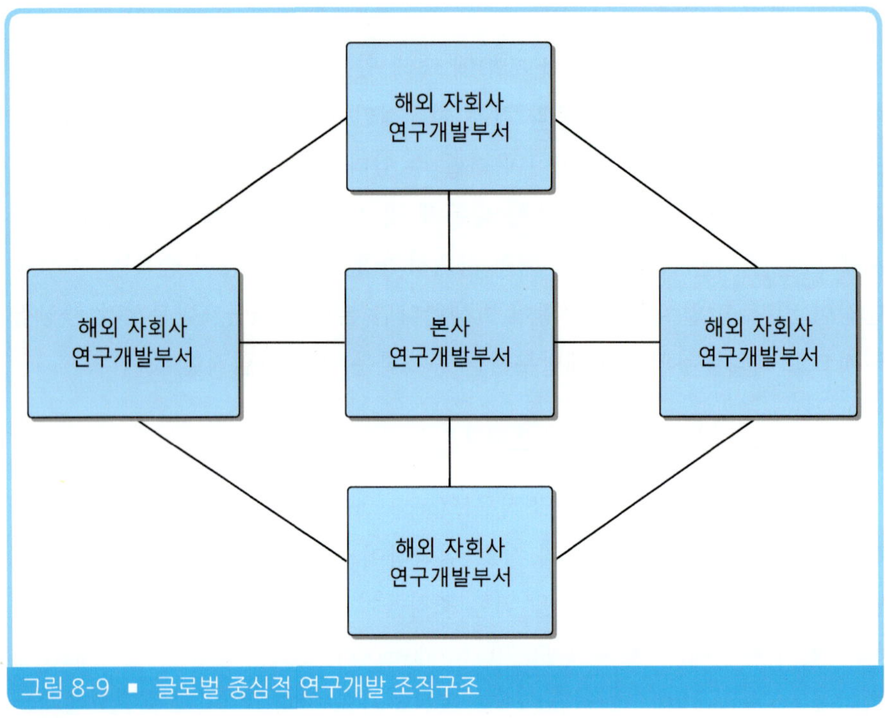

그림 8-9 ▪ 글로벌 중심적 연구개발 조직구조

자료원: 박주홍(2003b), p. 162.

다음에서는 이 조직구조의 장점과 단점을 제시하기로 한다.[26]

이 조직구조의 장점으로는 연구개발활동에 있어서의 전 세계적인 시너지의 창출, 글로벌 효율의 극대화, 다양한 입지별 조직적 학습효과의 증대, 현지 강점의 개발 및 정교화 등을 들 수 있다. 또한 인적 및 물적 자원의 전 세계적 채택과 배분을 통한 연구개발활동이 이루어지기 때문에 전 세계 고객 욕구를 보다 잘 충족시킬 수 있는 장점이 있다.

마지막으로 이 조직구조의 단점으로는 높은 조정 비용, 본사와 해외 자회사들의 규정 및 의사결정과정의 복잡성 등을 들 수 있다. 즉, 전 세계적인 관점에서 연구개발부서 간의 의사소통은 매우 복잡하기 때문에 비용이 많이 들 수 있고, 의사소통의 어려움이 따를 수 있다.[27] 그러나 이러한 문제점들은

26 전게논문.

27 Calabrese(2001), p. 145.

정보통신기술의 발달과 기업의 효과적이고 효율적인 의사소통 및 정보관리 시스템을 통하여 쉽게 해결될 수 있다.

8.2.2 연구개발의 글로벌화와 조직관리

앞서 논의한 연구개발의 글로벌화를 통하여 나타나는 여러 형태의 조직들을 잘 관리하고 통제하기 위해서는 다음과 같은 조직관리가 요구된다. 이러한 조직관리(organization management)는 일반적으로 본사통제, 현지자치 및 유연적 통합 등으로 구분되어 이루어진다.[28]

(1) 본사통제

본사통제(centralized control)에서는 연구개발과 관련된 중요한 의사결정이 본사에 의해 이루어지며, 아울러 현지 자회사의 연구개발활동도 본사에 의해 조정되고 통제된다. 이러한 조직관리의 가장 큰 장점은 본사와 현지 자회사의 연구개발과제의 중복을 피할 수 있다는 것이다. 단점으로는 현지 연구인력의 동기부여의 악화 및 본사의 연구개발활동의 조정에 대한 과중한 부담 등을 들 수 있다. 본사통제 방식은 일반적으로 본사 중심적(또는 민족 중심적) 조직구조에서 사용된다.

(2) 현지자치

현지자치(local autonomy)에서는 연구개발활동과 관련된 의사결정권한이 현지 자회사에 분산된다. 본사는 재정문제와 기본적 연구개발목표를 확정하며, 연구개발에 관련된 구체적인 계획과 실행은 현지 자회사에 의해 이루어진다. 현지자치의 가장 큰 장점은 현지의 고객 또는 소비자의 요구를 신속하게 연구개발활동에 반영할 수 있고, 현지 연구인력의 동기부여가 잘 이루어질 수 있다는 것이다. 그러나 현지자치에서는 본사와 현지 자회사 간에 연구개발과제가 중복될 수 있고, 현지 자회사의 연구개발활동에 대한 본사의 조

---

28 Bartlett(1986), p. 372 이하; Perlitz(1996), p. 539 이하; 박주홍(1996), p. 129 이하.

정과 통제가 약화될 수 있는 단점이 있다. 현지자치 방식은 일반적으로 현지 중심적(또는 다중심적) 조직구조에서 활용된다.

(3) 유연적 통합

유연적 통합(flexible integration)에서는 연구개발활동의 통제가 본사와 현지 자회사에 의해 절충적으로 이루어진다. 본사통제와 현지자치라는 두 가지 극단적인 조직관리방식은 본사와 현지 자회사의 원활한 커뮤니케이션에 기초를 둔 유연적 통합에 의해 개선될 수 있다. 본사는 연구개발의 범위조건을 확정하고, 경우에 따라서 연구개발활동과 관련하여 현지 자회사의 의사결정에 직접 참여할 수 있다. 아울러, 현지의 연구개발활동은 어느 정도 자치권이 부여되기 때문에 연구인력의 동기부여에 긍정적으로 작용할 수 있다. 장점으로는 현지 연구인력의 동기부여증대 및 본사와 현지 자회사 간의 연구개발활동의 일관적인 추진 등을 들 수 있다. 그러나 이러한 절충적 관리방식이 어느 일방의 의사에 치우치게 되는 경우에는 연구개발활동과 관련하여 본사와 현지 자회사 사이에 갈등이 초래될 수 있다. 유연적 통합 방식은 일반적으로 지역 중심적 조직구조 및 글로벌 중심적 조직구조에서 활용된다.

8.3 혁신을 위한 연구개발부문의 조정

8.3.1 조정의 중앙집권화와 분권화

연구개발부문의 전체 과제가 여러 개의 부분 과제로 분류되면 조정의 문제가 나타난다. 조정(coordination)은 "상위의 전체 목표에 대한 개별 활동을 분업시스템으로 정돈"하는 것을 의미한다.[29] 연구개발부문에 있어서 조정의 목표는 연구개발활동의 과정에서 발생할 수 있는 연구개발부문의 서로 다른

29 Frese(1984), p. 200.

단위조직 간의 편차를 줄이는 것이다. 연구개발부문의 조정에 있어서 다음과 같은 측면들이 고려되어야 한다.

- 연구개발과제 달성의 정도
- 연구개발비용의 절감
- 연구개발기간의 단축
- 연구개발부문의 개별 단위조직 간의 갈등의 회피

연구개발부문의 조정은 '중앙집권적' 또는 '분권적'으로 이루어진다. 연구개발부문의 중앙집권적 조정(centralized coordination)에서는 조정의 과제는 최상위계층에 집중되며, 하위계층의 의사결정권한은 제한된다. 그러나 연구개발부문의 분권적 조정(decentralized coordination)에 있어서는 하위계층으로 의사결정권한이 대폭 위임된다.[30] 즉, 연구개발부문의 조정의 중앙집권화에 있어서 서로 다른 하위계층의 연구개발활동을 조정하기 위하여 연구개발 부문장에게 강력한 의사결정권한이 부여된다. 반면에 연구개발부문의 분권화에 있어서는 하위계층의 관리자에게 의사결정권한이 주어진다. 〈표 8-1〉은 연구개발부문의 중앙집권화와 분권화의 장점과 단점을 제시한다.

표 8-1 ■ 연구개발부문의 중앙집권화와 분권화의 장점과 단점

	연구개발부문의 조정의 중앙집권화	연구개발부문의 조정의 분권화
장점	• 연구개발 부문장에 의한 통일적 조정 • 빠른 조정 • 중앙집권적 정보수집과 정보가공	• 연구개발활동의 유연성 증대 • 연구개발 부문장의 부담경감 • 하위 전문개발자의 관리능력개발
단점	• 연구개발활동의 유연성 감소 • 연구개발 부문장의 부담증가	• 느린 조정 • 연구개발부문의 단위조직 간의 갈등 • 전체 연구개발목표를 등한시할 가능성이 높음

자료원: Park(1996), p. 83.

30 Herzhoff(1991), p. 227 이하.

8.3.2 조정의 방법

여러 문헌에서는 다음과 같은 다양한 조정의 방법들이 제시되고 있다.[31]

(1) 개인적 명령

개인적 명령(personal order)에 의한 조정은 연구개발부문에서의 수직적 커뮤니케이션의 흐름에 기초를 두고 있다.[32] 개인적인 명령은 연구개발부문의 상위계층의 관리자가 하위계층의 관리자에게 연구개발활동을 조정하기 위하여 개인적으로 지시를 하는 것이다.

(2) 표준규칙 또는 프로그램에 의한 조정

이 방법에서는 표준규칙(standard rules) 또는 프로그램에 의하여 조정이 이루어진다. 그러므로 연구개발부문에서 만든 표준규칙 또는 프로그램은 연구개발기준과 연구개발조정의 과제 또는 대상을 명확하게 제시하여야 한다.

(3) 계획에 의한 조정

계획에 의한 조정(coordination by plan)은 구체적인 계획을 통하여 연구개발활동을 통제하는 것이다. 이러한 계획은 표준규칙 또는 프로그램이 구체화되는 과정에서 명확한 목표를 제시하여야 한다.[33]

(4) 연구자의 독자결정에 의한 조정

이 방법에서는 연구개발활동과 관련하여 특정의사결정권을 갖는 연구자가 독자적으로 조정을 한다. 특히, 이 방법에서는 분권적인 관점에서 조정이 이루어진다.

---

31 Hirschmeier(1984), p. 2244; Buckley/Mirza(1985), p. 30; Ueno(1988), p. 58; Macharzina (1993), p. 745 이하; Perlitz(2004), p. 462.

32 Kieser/Kubicek(1992), p. 105.

33 전게서, p. 114.

(5) 상호 결정에 의한 조정(조정회의 또는 조정위원회)

상호 결정에 의한 조정(coordination by codetermination)은 조정회의 또는 조정위원회 등과 같은 공식적인 회의 또는 기구를 통하여 연구개발활동에 대한 체계적인 통제를 하는 것이다.[34] 이 방법에서는 연구개발 부문장과 연구개발활동에 관련된 모든 하위관리자 및 연구자 등이 조정회의 또는 조정위원회에 참석하여 상호 협력을 바탕으로 문제점을 해결한다.

(6) 기업문화에 의한 조정

이 방법에서는 *키저*와 *쿠비첵*(*Kieser & Kubicek*)이 정의한 다음과 같은 원칙에 의하여 조정을 시도한다. 즉, "어떤 조직의 구성원 내부에서 내면화된 가치관 및 규범에 근거하여 추가적인 조직적 부담이 없는 상태에서 연구개발활동이 연속적으로 조화를 이루어간다."[35] 어떤 조직의 구성원들이 공유하고 있는 가치관 및 규범은 기업문화(corporate culture)의 주요 구성요소이며, 이러한 기업문화를 통하여 연구개발부문에서 조정이 자연스럽게 이루어진다.[36]

앞에서 언급한 조정방법들을 성공적으로 실행하기 위해서 기업은 개별 연구자의 연구방향, 연구개발활동 및 연구의 성공가능성 등에 대한 정보를 필요로 한다.[37] 원론적인 관점에서 본다면, 이러한 다양한 조정방법은 연구개발부문의 서로 다른 단위조직에서 차별적으로 활용될 수 있다.

8.3.3 혁신과정에 있어서 관련된 기능영역 간의 조정

연구개발부문은 관련된 부문 간 혁신목표의 편차를 적시에 수정하기 위하여 혁신과정에 참여하고 있는 기능영역과 공동으로 협력하여야 한다. 무엇보다도 혁신과정 초기의 조정은 특별한 의미를 갖는다. 왜냐하면 이러한 조정을 통하여 혁신과정 후기에서 연구개발부문과 다른 기능영역에서 발생하

34 Rieser(1984), p. 91.
35 Kieser/Kubicek(1992), p. 118.
36 Trommsdorff/Schneider(1990), p. 16.
37 Rieser(1984), p. 91.

게 될 비용과 시간적인 낭비가 사전에 회피될 수 있기 때문이다.[38] 다음에서는 세 가지 중요한 기능영역 간의 조정방법(coordination methods)에 대하여 간략히 설명하기로 한다.

(1) 프로젝트 팀의 공동참여

프로젝트 팀의 공동참여(joint participation)는 혁신과정에 참여하고 있는 기능영역 간의 조정문제를 비교적 신속하고 용이하게 해결할 수 있다. 이 경우에 있어서는 기능 및 프로젝트와 관련된 조정이 동시에 이루어질 수 있다.

(2) 회의개최

이 조정방법에서는 정기적 또는 비정기적인 조정회의가 개최된다. 이러한 조정회의(coordination meeting)에는 혁신과 관련된 모든 기능영역의 대표자들이 참석하며, 이를 통하여 혁신과 관련된 문제점이 조기에 발견되고 수정될 뿐만 아니라, 혁신과정 후기에 부담하게 될 문제점 제거 비용도 사전에 절감할 수 있다.

(3) 비공식적 정보교환

이 조정방법에서는 앞서 언급한 두 가지 방법에 비해 문제점 제거가능성이 비교적 낮다. 그럼에도 불구하고 앞서 언급한 두 가지 방법과 병행하여 비공식적인 정보교환(informal information exchange)이 이루어진다면, 이 방법은 매우 유용하게 사용될 수 있다.

실제적인 관점에서 본다면, 연구개발과 마케팅부문 간의 조정이 특별한 의미를 갖는다. 왜냐하면 이러한 조정을 통하여 한편으로는 혁신(제품목표)이 달성될 수 있고, 또 다른 한편으로는 서로 다른 시장의 요구(시장목표)가 고려될 수 있기 때문이다.[39] 연구개발과 마케팅부문 간의 조정의 목표는 다음과 같다.[40]

---

38 Benkenstein(1993), p. 21.

39 Brockhoff(1989), p. 8 이하; Schneider/Müller(1993), p. 6.

40 Benkenstein(1987), p. 124 이하.

- 유연성의 증대
- 연구개발시간의 단축
- 혁신참여자의 동기부여 증대
- 두 부문 간의 갈등의 회피
- 추구하는 혁신목표의 달성

8.4 혁신을 위한 연구개발자에 대한 동기부여방법

창의적이고 혁신적인 연구개발인력을 동기부여시키기 위해서 동기부여의 도구 또는 자극시스템을 활용하는 것이 필요하다. 동기부여는 연구자로 하여금 혁신의 준비성을 높이도록 하며, 아울러 많은 새로운 아이디어가 창출되도록 한다.[41] 다음과 같은 동기부여(motivation)의 도구를 활용할 수 있다.[42]

(1) 물질적 자극시스템

물질적 자극시스템은 임금 또는 급료인상 및 발명자에 대한 보상 등과 같은 금전적 보상을 통하여 운영된다.

(2) 비물질적 자극시스템

- 사회적 지위관련 자극: 이 방법은 연구개발인력이 그들이 속한 조직에서 보다 나은 프로필 또는 경력을 쌓도록 하여 지위 및 명성에 긍정적인 영향을 미치게 하는 동기부여방법이다.[43] 승진, 칭찬 및 인정 등은 전형적인 사회적 지위관련 자극이다.
- 인적 발전관련 자극: 이 방법에서는 계속적 교육실시, 세미나 및 박람

41 Herzhoff(1991), p. 334.
42 Staudt et al.(1990), p. 1187 이하.
43 전게논문, p. 1187.

회방문 등을 통하여 자극이 이루어진다. 이 방법을 통하여 연구개발인력은 계속적으로 혁신아이디어를 개발할 수 있는 자질을 함양할 수 있다. 연구개발인력은 소위 그들의 '과학 커뮤니티(scientific community)'에서 창출한 혁신의 결과를 학회 또는 세미나에서 발표함으로써 자신감과 긍지를 갖게 될 뿐만 아니라, 토론을 통하여 또 다른 연구를 위한 새로운 아이디어를 발견할 수도 있다.[44]

- 고객관련 자극: 연구개발인력은 고객(거래선) 방문을 통하여 그들의 연구개발활동과 관련된 자극을 받을 수 있다. 즉, 고객 방문을 통하여 연구개발인력은 고객의 요구를 연구개발에 반영할 수 있는 기회를 가지게 된다.
- 유연성관련 자극: 이 방법은 연구개발활동에 있어서의 시간적 및 공간적 유연성과 관련되어 있다. 이러한 자극은 유연적 업무시간 및 독자연구를 위한 공간의 제공 등을 통하여 이루어질 수 있다. 이러한 방법을 통하여 연구개발활동을 위한 긍정적 조직분위기가 창출될 수 있다.

보다 효율적인 자극시스템을 구축하기 위해서는 다양한 자극방법들을 사용한 후, 그 효과를 사후적으로 분석하여 문제점을 제거할 필요가 있다. 이러한 분석을 통하여 문제점을 제거함으로써 기업은 연구개발인력의 동기부여를 더욱 강화시킬 수 있는 자극시스템을 구축할 수 있다.

44 전게논문.

제 4 부

글로벌 기업의 혁신과정

제4부에서는 글로벌 기업의 혁신과정에 대하여 체계적으로 살펴본다. 제9장에서는 글로벌 기업의 혁신과정의 3단계에 대하여 간략히 언급한 후, 아이디어창출의 단계에 대하여 논의한다. 아이디어창출의 단계에 대한 논의에서는 아이디어창출의 원천 및 방법에 대하여 구체적으로 언급한다. 제10장에서는 글로벌 기업의 아이디어평가의 단계에 대하여 살펴보며, 여기에서는 아이디어평가에 대한 의사결정 및 방법에 대하여 논의한다. 제11장에서는 글로벌 기업의 아이디어실현의 단계에 대하여 논의하며, 여기에서는 아이디어실현의 방법 및 글로벌화 관점에서의 신제품개발을 위한 연구개발과 마케팅부문 간의 공유영역에 대하여 살펴본다.

제 1 부 혁신의 글로벌화, 기술적 환경 및 기업문화

제 1 장 글로벌 기업과 혁신의 글로벌화
제 2 장 글로벌 기업의 기술적 환경
제 3 장 글로벌 기업의 혁신촉진적 기업문화

↓

제 2 부 글로벌 기업의 전사적 혁신경영에 대한 개념적 기초

제 4 장 글로벌 기업의 혁신과 글로벌 경쟁력
제 5 장 글로벌 기업의 전사적 혁신경영과 혁신믹스전략

↓

제 3 부 글로벌 기업의 전사적 혁신경영을 위한 전략, 계획 및 조직

제 6 장 글로벌 기업의 혁신을 위한 전략적 검토
제 7 장 글로벌 기업의 혁신을 위한 계획
제 8 장 글로벌 기업의 혁신을 위한 조직

↓

제 4 부 글로벌 기업의 혁신과정

제 9 장 글로벌 기업의 혁신과정의 3단계 및 아이디어창출의 단계
제10장 글로벌 기업의 아이디어평가의 단계
제11장 글로벌 기업의 아이디어실현의 단계

↓

제 5 부 글로벌 기업의 혁신에 대한 통제와 혁신네트워크의 관리

제12장 글로벌 기업의 혁신에 대한 통제
제13장 글로벌 기업의 혁신네트워크의 관리

제 9 장

글로벌 기업의 혁신과정의 3단계 및 아이디어창출의 단계

9.1 혁신과정의 3단계

여러 문헌에는 혁신과정(innovation process)과 관련된 여러 가지 모델이 있지만, 가장 대표적인 모델은 톰(*Thom*)에 의하여 개발되었다.[1] 그는 시간의 흐름에 따라 혁신과정을 분류하였는데, 이러한 혁신과정은 아이디어창출, 아이디어평가 및 아이디어실현 등의 3단계로 구성되어 있다. 〈표 9-1〉은 경영적 혁신과정의 단계를 제시한다. 혁신과정의 단계적 구분에 대한 약간의 비판이 있음에도 불구하고, 이 표는 혁신과정을 체계적으로 잘 분류하였기 때문에 모든 종류의 혁신을 위한 모델로 활용될 수 있다.[2]

표 9-1 ■ 경영적 혁신과정의 단계

	혁신과정의 단계	
	주요 단계	
아이디어창출	아이디어평가	아이디어실현
	주요 단계의 구체화	
추구방향결정 아이디어발견 아이디어제안	아이디어검토 실현계획의 수립 실현계획에 대한 의사결정	새로운 아이디어의 실현 새로운 아이디어의 판매 채택통제

자료원: Thom(1980), p. 53.

9.1.1 아이디어창출의 단계

아이디어 창출단계(stage of idea generation)에서는 혁신을 위한 대안적인 아이디어가 획득된다. 혁신을 위한 새로운 아이디어는 기업 내부적 또는 기업 외부적으로 창출된다.[3] 기업 내부적 아이디어의 원천은 기초연구, 마케팅

1 Thom(1980), p. 53; Thom(1983), p. 7; Herzhoff(1991), p. 21; Gerybadze(2004), p. 23.
2 Herzhoff(1991), p. 22.
3 Trommsdorff/Schneider(1990), p. 9; Trommsdorff/Reeb/Riedel(1991), p. 568.

부문, 생산부문, 스태프부문, 기타 기업 내 부문, 창조성 분임조, 제안제도 및 품질관리 분임조 등이다. 기업 외부적 아이디어의 원천으로는 고객과 시장, 협력업체, 외부 연구기관, 전문서적, 박람회, 라이선스와 특허에 의한 제공 및 학술회의 등을 들 수 있다. 특히, 창조성 분임조를 통한 창조성 기법의 활용, 제안제도 및 품질관리 분임조 등은 기업 내부적 아이디어창출을 위하여 많은 기업에서 제도화시키고 있다.

제안제도 및 품질관리 분임조 등은 일반적으로 생산방법을 개선하기 위한 아이디어들을 창출하려는 방법이다. 이러한 방법을 활용하여 기업은 생산원가를 절감하고, 제품품질을 향상시킬 수 있으며, 이를 바탕으로 비용선도 및 품질선도를 통한 전략적 우위를 달성할 수 있다.

〈그림 9-1〉은 아이디어의 창출과정을 보여준다. 이 그림에 제시되어 있는 것처럼 새로운 아이디어창출을 위하여 목표(어떤 혁신목표를 수립하였는가?)

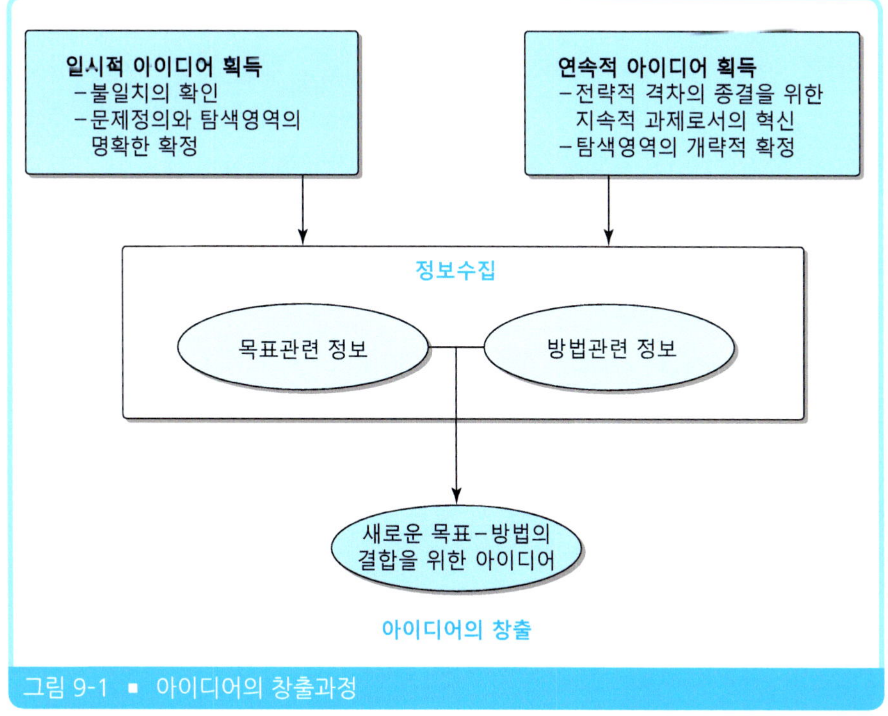

그림 9-1 ▪ 아이디어의 창출과정

자료원: Herstatt/Lüthje(2005), p. 268.

및 방법(어떤 방법으로 혁신을 달성하려고 하는가?)과 관련된 정보수집이 중요하다는 것을 알 수 있다. 특히, 아이디어창출의 단계에서는 아이디어 평가 및 실현의 단계에 있어서 보다 정보의 불확실성이 높은 경향이 있기 때문에 아이디어창출을 위한 정보수집에 있어서 주의가 요구된다.

9.1.2 아이디어평가의 단계

아이디어 평가단계(stage of idea evaluation)에서는 아이디어 창출단계에서 획득된 혁신아이디어들이 평가된다. 즉, 아이디어의 평가를 통하여 어떤 특정한 혁신아이디어(예를 들면, 제품 및 공정아이디어)가 채택된다. 아이디어의 평가 및 채택의 목표는 잠재적으로 성공적인 아이디어에 대한 자원의 초기적인 집중에 있다.[4] 성공적인 아이디어를 채택하기 위해서 이 단계에서는 기업 내의 서로 다른 부문 간의 밀접한 접촉과 계속적인 정보교환이 요구된다.[5]

아이디어 창출단계에서 획득된 혁신아이디어들은 체계적인 방법을 통하여 검토되어야 한다. 여기에서는 무엇보다도 새로운 제품아이디어에 대한 시장기회 및 경제성과 새로운 공정아이디어에 대한 비용(원가)이 중요하게 고려되어야 한다. 그러나 경우에 따라서 현시점에서 성공적이지 않게 평가된 어떤 혁신아이디어가 미래의 어떤 시점에서 성공의 잠재성이 있을 수 있기 때문에 평가에서 탈락된 혁신아이디어를 완전히 폐기하지 않고 추후에 다시 검토하는 것이 바람직하다.[6]

제품아이디어를 구체화하기에 앞서 기업의 관련된 기능영역들이 참여하고, 기술과 시장의 관점에서 중요한 정보를 제시하는 제품요구 명세서를 작성하어야 한다.[7] *알레쉬*와 *클라스만*(*Allesch & Klasmann*)은 관련된 기능영역에 따라서 구분된 기준에 의하여 다음과 같은 정보가 포함된 제품요구 명세서를 작성해야 한다고 주장한다.[8]

---

4 Trommsdorff/Schneider(1990), p. 9.

5 전게서, p. 9 이하.

6 전게서, p. 10.

7 Allesch/Klasmann(1989), p. 8.

8 전게서, p. 10.

- 판매시장: 제품기능 및 속성, 판매잠재성, 가격 및 관리비용에 대한 예측, 수요에 부합하는 제품다양성, 최적의 디자인 및 부가 서비스 등
- 경쟁: 경쟁기업의 제품기능 및 속성, 가격과 관리비용 및 성공적인 문제해결 잠재성 등
- 자원조달시장: 보호권, 규범 및 표준에 대한 검토, 종속가능성의 회피, 자원조달가능한 부품 및 설비의 확인 등
- 생산: 실제 기술의 응용, 조립에 적합한 구조, 기존부품 및 모듈의 계속적 이용가능성, 조립 및 수리의 용이성, 창고보관 및 수송적합성, 보호가능한 부품 및 해결방안(특허) 등
- 기타 제품프로그램: 전체적 문제해결을 위한 보완책, 일관적 제품출시 및 다양한 프로그램의 조합가능성 등

9.1.3 아이디어실현의 단계

아이디어 실현단계(stage of idea realization)에서는 채택된 혁신아이디어가 실행에 옮겨진다. 아이디어실현의 목표로는 신제품의 효과적인 시장도입 및 신공정의 효율적인 개선 등을 들 수 있다. 이 단계에서의 주요 과제는 제품개발, 공정개선, 생산시스템의 채택, 시장테스트 및 신제품의 시장도입 등이다. 특히, 연구개발, 생산 및 마케팅부문은 이러한 과제를 해결하는 데 있어서 중요한 역할을 한다.

아이디어실현의 관점에서 볼 때 신제품과 신공정의 실현 및 구체화에 큰 영향을 미칠 수 있는 구체적인 생산시스템의 채택이 중요한 역할을 한다.

시제품 및 초기의 소량시리즈 제품에 대한 광범위한 기능테스트를 실시한 후, 고객의 요구와 제품 간의 불일치를 제거하기 위하여 시장에서의 수용가능성과 시장잠재성을 검토하는 시장테스트가 이루어진다.[9] 성공적인 시장테스트를 거친 신제품은 최종적으로 시장에 도입된다.

9 Scheuch/Holzmüller(1983), p. 229; Trommsdorff/Schneider(1990), p. 12; Trommsdorff/Reeb/Riedel(1991), p. 569.

9.2 아이디어창출의 원천

신제품과 신공정아이디어의 원천은 다음과 같다.[10]

- 기초연구
- 마케팅부문
- 생산부문
- 스태프부문
- 고객과 시장
- 협력업체
- 외부 연구기관
- 전문서적
- 박람회
- 라이선스와 특허에 의한 제공
- 학술회의

한국, 일본 및 독일의 화학산업에 대한 *박주홍*(*Park*)의 실증적 연구결과에 의하면, 이들 국가에 있어서 가장 중요한 두 가지 신제품의 아이디어의 원천은 고객과 시장 및 마케팅부문으로 나타났다.[11] 이 밖에 중요한 신제품의 아이디어의 원천은 조사대상국별로 매우 다르게 나타났다. 한국의 화학기업은 라이선스와 특허에 의한 제공을 중요한 신제품의 아이디어의 원천으로 응답하였는데, 이것은 한국의 화학기업이 아직도 '기술수입'에 크게 의존하고 있다는 것을 보여준다. 일본의 화학기업은 외부 연구기관 및 라이선스와 특허에 의한 제공 등을 중요한 신제품의 아이디어의 원천으로 응답하였다. 이것은 일본의 화학기업이 '기술적 독립을 위한 과도기'에 있다는 것을 의미하는데, 그 이유는 조사시점에 연구개발을 위해 많은 투자를 하고 있기 때문인

10 Park(1996), p. 102.
11 전게서, p. 102 이하.

것으로 보인다. 독일의 화학기업은 전문서적, 기초연구 및 학술회의 등을 중요한 신제품의 아이디어의 원천으로 응답하였기 때문에 매우 활발한 '학문 지향적인 신제품 연구개발활동'을 수행한다고 할 수 있다.

모든 조사대상국에 있어서 가장 중요한 신공정의 아이디어의 원천은 생산부문으로 나타났다. 그 밖의 중요한 항목들을 고찰한다면 다음과 같은 차이점이 조사대상국별로 제시될 수 있다. 한국의 화학기업은 라이선스와 특허에 의한 제공을 중요한 신공정의 아이디어의 원천으로 응답하였다. 이것은 신제품개발과 마찬가지로 신공정의 개발에 있어서도 한국의 화학기업이 아직도 '기술수입'에 크게 의존하고 있다는 것을 의미한다. 일본의 화학기업은 기초연구 및 라이선스와 특허에 의한 제공 등을 중요한 신공정의 아이디어의 원천으로 제시하였기 때문에 '기술적 독립을 위한 과도기'에 있다고 할 수 있다. 아울러, 한국과 일본의 화학기업에 있어서 스태프부문이 신공정의 아이디어의 창출을 위해 매우 큰 역할을 하고 있는 것으로 나타났다. 독일의 화학기업은 전문서적 및 기초연구 등을 중요한 신공정의 아이디어의 원천으로 응답하였기 때문에 매우 '학문 지향적인 신공정 연구개발활동'을 수행한다고 할 수 있다.

9.3 아이디어창출의 방법

9.3.1 제안제도

제안제도(suggestion system)는 어떤 기업에서 일하고 있는 모든 종업원들의 창의성을 활용하고 촉진할 수 있는 아이디어창출을 위한 방법이다. 이 제도는 전략혁신, 사회적 혁신, 제품혁신 및 공정혁신 등과 같은 모든 종류의 혁신을 위한 아이디어의 원천이 될 수 있다.[12] 혁신 또는 개선을 위한 아이디

12 Thom(1990), p. 187; Herzhoff(1991), p. 193.

어의 제안은 개별 종업원 및 집단의 차원에서 각각 이루어질 수 있다.

제안제도의 주요 목표는 다음과 같다.[13]

(1) 합리화

작업방법의 합리화는 제안제도와 관련된 전통적인 동기의 하나이다. 집단작업 및 품질관리 분임조 등의 목표들과 가치분석 및 '제조 또는 구매(make or buy)' 등과 같은 합리화 방안이 제안제도와 결합되면 시너지효과가 창출될 수 있으며, 이를 통하여 관련조직에 있어서 효율이 극대화될 수 있다.

(2) 혁 신

이른바 '작은 혁신'을 추구하는 개선을 위한 제안들은 '보다 큰 혁신'을 위한 기초가 된다.

(3) 관리자 및 인력 양성

관리자 및 인력 양성의 관점에서 볼 때, 제안제도는 어떤 조직의 모든 구성원들의 업무개선과 능력향상에 영향을 미친다. 앞서 언급한 합리화 및 혁신 등과 같은 목표는 전사적 경영개념에 통합되어야 하며, 이러한 통합은 제안제도에 참여하고 있는 모든 부문의 관리자에 의해 촉진된다. 특히, 관리자 및 인력 양성과 관련된 제안제도의 성공을 위해서는 관리자의 동기부여, 어떤 관련조직의 구성원 간의 정보의 공유 및 협력이 중요한 역할을 한다. 모든 구성원들이 참여하는 제안제도는 "어떤 조직의 상위계층에서 통제하는 도구가 아니며, 제안의 결과가 종업원들에게 불리한 영향을 미치지 않아야 하며, 오로지 성공적인 관리를 위한 어떤 하나의 상징이 되어야 한다"는 것을 모든 구성원들에게 주지시킬 필요가 있다.[14]

(4) 간접적 목표

제안제도의 간접적 목표는 다음과 같이 열거될 수 있다.[15]

---

13 Urban(1993), p. 27 이하.

14 Griepenkerl(1990), p. 17.

15 Urban(1993), p. 28 이하.

- 종업원의 적극적 참여를 통한 회사와의 정체성 확인 및 기업의 문제해결을 위한 동기부여
- 성과향상을 위한 역량의 확보 및 향상된 책임감을 통한 종업원의 창의성 촉진
- 팀 작업의 촉진 및 기업분위기의 개선
- 품질개선 및 작업흐름의 최적화를 통한 스트레스 상황의 최소화
- 사고위험 및 건강손상의 감소를 통한 작업안전의 향상
- 개별적 능력의 촉진을 통한 기업 내부적인 종업원의 개발
- 생산요소(예를 들면, 에너지, 원재료 및 시간 등)의 절감을 통한 합리화 효과
- 신제품개발 및 기존의 제품품질의 개선
- 기업이미지의 개선
- 기업의 경쟁력 유지 및 강화와 이를 통한 일자리의 확보

기업은 다음과 같은 방법을 통하여 제안제도를 실시할 수 있다.[16]

- 종업원들의 창의적 사고를 자극하기 위한 직장 내 제안용시 및 제안함의 상설 비치
- 사보 또는 종업원 모임 등에서의 일회적 또는 일시적 제안 경연대회의 개최
- 앞에서 언급한 두 가지 방법의 혼합

특히, 두 가지 방법을 혼합한 제안제도가 장점이 있는 것으로 보이는데, 그 이유는 종업원에 의한 개선을 위한 제안이 상시적으로 이루어질 수 있을 뿐만 아니라, 제안에 대한 자극이 언제나 새로울 수 있기 때문이다.

개별 종업원 및 집단에 의해 창출된 개선을 위한 제안들이 평가자 또는 평가위원회에서 긍정적으로 평가되었다면, 이 제안들은 가능한 한 신속하게 실행되어야 한다. 물론 제안에 대한 신속한 검토와 평가를 가능하게 하는 어떤 체계적인 평가시스템 및 합리적인 조직이 미비된 경우에는 성공적인 제안제도의 실행이 어려울 수 있다.[17] 그러므로 적절한 평가시스템을 개발하는 것

16 Nütten/Sauermann(1988), p. 170 이하.

17 Griepenkerl(1990), p. 16.

이 매우 중요한 과제로 대두된다.

제안제도의 실행에 대한 평가는 다음과 같은 기준을 통하여 이루어질 수 있다.[18]

- 참여비율: 이것은 종업원 100명당 몇 명이 제안제도에 참여하고 있는가를 보여주는 기준이다. 참여비율이 높으면 높을수록 종업원의 제안제도에 대한 준비성의 정도가 높다고 볼 수 있다.
- 채택비율: 이 비율은 종업원에 의해 창출된 제안이 채택된 정도를 백분율로 표시한 것이다. 이것은 제안제도의 평가를 위한 질적인 효율척도의 역할을 할 뿐만 아니라, 혁신의 준비성에 대한 지표로도 활용된다.
- 실행비율: 이 기준은 채택된 제안의 실행비율을 의미한다. 이 수치는 제안제도의 합리화 및 혁신에 대한 기여의 척도일 뿐만 아니라, 변화에 대한 저항의 지표로도 활용된다.

개선을 위한 제안이 기업에서 실행이 된다면 다음과 같은 의문이 제기된다.

- 개선을 위하여 실행된 제안들이 얼마나 성공적인가?
- 기업이 어떤 보상체계를 도입할 것인가?

무엇보다도 개선을 위한 제안의 실행을 통하여 그에 따르는 성과가 측정될 수 있는데, 이를 위해서 생산성, 총매출, 이윤, 비용 및 효용 등과 관련된 수치가 성과 측정의 기준이 된다. 특히, 제안제도에 대한 비용-효용분석은 제안제도의 실행에 수반되는 총비용과 제안제도의 성공적 실행에 의한 비용절감효과에 대한 비교를 가능하게 한다.[19]

또한 종업원에 의한 제안제도가 성공적으로 실행되면, 기업은 종업원의 동기부여를 위하여 다음과 같은 보상체계 및 자극시스템을 활용할 수 있다. 예를 들면, 임금인상, 보상금 지급, 승진, 칭찬 및 인정, 계속적 교육실시, 해외견학여행 및 해외연수 등이 동기부여를 위한 방법으로 제시될 수 있다. 특

18 Thom(1983), p. 8; Nütten/Sauermann(1988), p. 173 이하; Urban(1993), p. 31 이하.
19 Thom(1983), p. 8.

히, 해외견학여행 및 해외연수 등과 같은 동기부여방법은 개발도상국의 기업에서 자주 사용하고 있는데, 이를 통하여 종업원의 자질이 향상될 뿐만 아니라, 여행 또는 연수 후에도 계속적인 제안이 이루어질 수 있다.

9.3.2 품질관리 분임조

품질관리 분임조(quality control circle)는 1960년대 초에 일본에서 개발된 품질향상의 방법으로써 혁신을 위한 가장 중요한 아이디어원천의 하나이다.[20] 품질관리 분임조에서는 주로 소규모의 개선이 이루어지는 점진적 혁신이 추구된다. 이것은 품질문제를 토의하고, 문제해결방안을 추천하고, 개선을 추구하기 위하여 작업시간 동안 또는 작업시간 이후에 자발적이고 규칙적인 모임을 갖는 동일 작업영역 소속의 종업원들로 구성된 소규모 작업집단이다.[21] 무엇보다도 품질관리 분임조에서는 종업원들의 품질의식이 확보되어야만 성공적인 개선이 이루어질 수 있다.

품질관리 분임조의 주요 목표는 다음과 같다.

- 원가절감
- 생산성향상
- 품질유지 및 품질개선
- 원재료 및 에너지절약
- 공정안정성의 확보

이러한 주요 목표 이외에 종업원의 혁신 능력과 창의력을 촉진하기 위하여 종업원과 관련된 다음과 같은 목표들이 중요한 역할을 한다.[22]

- 정보교류를 통한 기업 내부적인 의사소통의 개선

---

20 Brommer(1990), p. 40.

21 Domsch(1985), p. 428; Deppe(1986), p. 15 이하; Nütten/Sauermann(1988), p. 174 이하; Buntenbeck(1991), p. 77; Urban(1993), p. 54.

22 Brommer(1990), p. 40; Kim(1990), p. 10; Buntenbeck(1991), p. 80.

- 근로만족과 근로동기부여의 향상
- 기업목표와 관련된 근로결과와 종업원 간의 정체성 확인
- 혁신에 대한 긍정적 사고의 확산
- 해당 작업영역에서의 원인 및 효과 측정
- 종업원의 혁신 능력과 창의력 촉진

효과적인 품질관리 분임조 활동이 이루어지기 위해서는 다음과 같은 조건들이 충족되어야 한다.[23]

- 자유로운 참여: 기업의 모든 종업원들은 품질관리 분임조에 자유롭게 참여할 수 있다. 그러나 부정적인 영향을 줄이기 위하여 품질관리 분임조의 참여가 상위계층에 의하여 강요되어서는 안 된다.
- 규칙적인 모임: 품질관리 분임조는 규칙적으로 모임을 가져야 한다. 특정작업영역의 문제점들을 적시에 토의하고 제거하기 위하여 일반적으로 최소한 한 달에 한 번, 한 시간 동안의 모임을 가져야 한다.
- 긍정적 분위기의 조성: 노동조합과 경영자들은 품질관리 분임조의 활동을 촉진하고, 소규모 작업집단의 분위기를 긍정적으로 이끌어 가야 한다.
- 구성원의 동질성: 일반적으로 품질관리 분임조는 동일한 작업영역의 종업원들로 구성되어야 한다. 이를 통하여 특정작업영역의 문제점들이 현장에서 보다 잘 확인되고, 제거될 수 있기 때문이다.
- 조장(group leader)의 지명: 품질관리 분임조의 활동을 목표 지향적이고 효율적으로 수행하고, 조원들에게 동기를 부여하기 위하여 조장이 필요하다. 조장은 품질관리 분임조의 활동을 효과적이고 효율적으로 수행하는 조정자의 역할을 담당한다.

품질관리 분임조는 적어도 조정위원회, 진행자, 조장(조정자) 및 참여자 등으로 구성되어 운영되어야 한다. 품질관리 분임조의 활동을 성공적으로 수행하기 위해서는 이러한 조직구성원 또는 조직체 간의 협력이 필수적이다.

---

23 Brommer(1990), p. 40 이하; Griepenkerl(1990), p. 16; Kim(1990), p. 6 이하; Engelhardt (1991), p. 177 이하.

품질관리 분임조와 관련된 각 조직구성원 또는 조직체를 간략히 살펴보면 다음과 같다.[24]

(1) 조정위원회

조정위원회는 품질관리 분임조와 관련된 조직체 중에서 최상위에 존재하며, 품질관리 분임조의 계획, 실행 및 통제에 대한 책임이 있을 뿐만 아니라, 품질관리 분임조의 활동에 필요한 재정 및 공간의 준비에도 책임이 있다. 또한 이 위원회는 전사적인 품질관리 분임조 활동의 촉진 및 해결방안의 실행과 관련된 의사결정에도 책임이 있다.

(2) 진행자

진행자는 조정위원회와 품질관리 분임조 간의 연결자 역할을 담당한다. 진행자의 주요 과제는 품질관리 분임조와 접촉을 하며, 조장들을 연결시키고, 개별 품질관리 분임조를 위한 자문을 하는 것이다. 아울러, 진행자는 조정위원회, 관련된 품질관리 분임조 및 기업의 다른 영역 간의 정보교환을 촉진시키는 역할을 한다.[25] 진행자는 일반적으로 5개 내외의 품질관리 분임조를 자문하는데, 이는 관련된 품질관리 분임조들을 보다 효율적으로 통제할 수 있기 때문이다.[26]

(3) 조장(조정자)

품질관리 분임조의 조장(조정자)은 어떤 품질관리 분임조의 대표자가 아니라 '동등한 조원들 중의 일인자' 역할을 수행하며, 해당 품질관리 분임조에서 선출된다.[27] 따라서 조장은 동료들에 의하여 인간적인 측면 및 전문적인 측면에서 받아들여져야 한다. 품질관리 분임조의 성공 여부는 소집단의 문제점들을 해결하는 조장의 능력에 달려 있다.[28] 조장의 주요 과제는 품질관리

---

24 Simon/Heß(1988), p. 58 이하; Breisig(1990), p. 82 이하; Brommer(1990), p. 41; Kim(1990), p. 21 이하; Buntenbeck(1991), p. 78 이하.

25 Deppe(1986), p. 48.

26 Simon/Heß(1988), p. 58.

27 Breisig(1990), p. 85.

28 Kim(1990), p. 27.

분임조 활동에 필요한 다양한 작업기법(예를 들면, 창조성 기법)들을 조원들에게 주지시키고, 생산적인 집단분위기를 창출하는 것이다. 나아가 조장은 조정기법 및 문제해결기법에 대한 교육을 받아야 하는데, 이러한 교육을 통하여 조장은 조원들에게 성공적인 품질관리 분임조 활동과 관련된 지식 및 능력을 전수할 수 있다.

(4) 참여자

원칙적으로 기업의 모든 종업원들이 품질관리 분임조에 자유롭게 참여할 수 있다. 실무적으로 볼 때 품질관리 분임조는 동일한 작업영역의 참여자로 구성되는 것이 바람직하다. 경우에 따라서 서로 다른 작업영역의 참여자로 구성된 품질관리 분임조를 만들어 기업의 특수한 문제를 처리할 수도 있다.

문제를 확인하고, 해결방안을 제시하고, 최적적 개선을 하기 위하여 품질관리 분임조의 참여자들은 문제해결기법 또는 창조성 기법을 활용할 수 있다. 이러한 기법들을 활용할 경우 모든 품질관리 분임조의 참여자들로부터 문제점과 주제들이 제안될 수 있을 뿐만 아니라, 계속적인 토의가 이루어진다.[29] 참여자들의 적극적인 활동을 통하여 제품, 노동, 종업원 및 기업의 질이 개선될 수 있을 뿐만 아니라, 경쟁자들에게 대항할 수 있는 경쟁우위도 확보할 수 있다. 아울러, 이를 통하여 기업은 모든 작업영역에서의 높은 품질수준과 시장에서의 강력한 경쟁력을 유지하게 된다.

기업에서 품질관리 분임조가 도입되어 실행이 되고 있다면, 그 효과를 측정해야만 한다. 품질관리 분임조의 활동 효과는 수치로 측정할 수 있는 양적인 효과 및 수치로 측정할 수 없는 질적인 효과 등으로 구분할 수 있다.[30] 양적인 효과는 생산성, 총매출액, 이윤 및 품질관리 분임조의 가치효용분석 등을 통하여 측정될 수 있다. 특히, 품질관리 분임조의 가치효용분석은 품질관리 분임조 활동의 효율을 측정하는 데 있어서 중요한 의미를 갖는다.[31] 질적인 효과는 작업만족도의 개선, 갈등의 감소 및 작업과 기업 간의 강화된 정

29 Brommer(1990), p. 42.
30 Kim(1990), p. 55.
31 Kunzmann(1991), p. 75 이하.

체성 확인 등으로 측정될 수 있지만, 질적인 결과의 신뢰성과 측정가능성이 문제점으로 지적될 수 있다. 하지만, 이러한 문제점들은 품질관리 분임조의 도입 전과 도입 후의 효과를 설문지를 통하여 분석함으로써 어느 정도 제거될 수 있다.[32] 이 경우에 있어서 품질관리 분임조에 참여한 집단과 품질관리 분임조에 참여하지 않은 집단으로 구분하여 도입 전후의 효과를 분석하는 것이 바람직하다.

성공적인 품질관리 분임조의 활동과 제안에 대한 보상은 물질적 보상과 비물질적 보상으로 구분되어 실행될 수 있다. 물질적 보상은 임금인상 및 보상금지급 등으로 이루어지는 반면, 비물질적 보상은 승진, 칭찬 및 인정, 계속적 교육실시, 해외견학여행 및 해외연수 등으로 이루어진다. 또한 이러한 보상은 개인과 집단에 대한 보상으로 구분되어 실행될 수 있다. 일반적으로 집단에 대한 보상이 주로 이루어지는데, 그 이유는 개인에 대한 보상이 품질관리 분임조의 팀워크를 저해할 수 있기 때문이다.

9.3.3 창조성 기법

창조성 기법(creativity technique)은 아이디어창출의 단계에서 보다 많은 아이디어를 도출하기 위하여 활용된다.[33] 특히, 브레인스토밍(brainstorming), 브레인라이팅(brainwriting), 형태학적 방법(morphological method) 및 제유법(synectics) 등이 대표적인 창조성 기법에 속한다.[34] 다음에서는 이러한 네 가지 창조성 기법에 대하여 살펴보기로 한다.

(1) 브레인스토밍(brainstorming)

1930년대 말 미국의 광고전문가인 오스본(*Osborn*)에 의하여 개발된 브레인스토밍은 가장 잘 알려져 있고, 가장 널리 사용되는 집단적 아이디어창출

32 Kim(1990), p. 55.

33 Geschka(1983), p. 169; Little(1988), p. 171; Schlicksupp(1989), p. 34 이하; Bleicher(1990), p. 15; Heyde et al.(1991), p. 167.

34 Hauschildt(1993), p. 250 이하.

의 방법이다.[35] 브레인스토밍에서는 가능한 한 많은 혁신아이디어가 창출되어야 하며, 많은 혁신적인 문제해결방안들이 제시되어야 한다. 브레인스토밍은 서로 다른 전문분야에서 선발된 5-12명으로 구성되어 있으며, 1명의 진행자가 아이디어창출 과정에서 사회자 역할을 담당한다.[36] 일반적으로 브레인스토밍을 위한 모임 또는 회의는 30분에서 1시간 정도가 소요된다. 무엇보다도 짧은 시간 동안 되도록 많은 혁신아이디어가 구두로 창출되어야 한다. 혁신아이디어들이 창출된 후에 이들 아이디어들은 계속적인 개발과정 및 평가과정을 거치게 된다.

브레인스토밍에서는 다음과 같은 네 가지 전제조건이 있다.[37]

- 브레인스토밍을 하는 동안에는 어떤 비판(특히, 부정적인 비판)도 금지되어야 한다. 왜냐하면 이러한 비판이 아이디어창출 과정에서 참가자들의 자발성을 저해할 수 있기 때문이다. 그러나 아이디어평가 단계에서는 관련아이디어에 대한 비판이 가능하다.
- 자유로운 연상이 명문화되어야 한다. 아이디어가 거칠수록 더욱 더 좋다(The wilder the ideas, the better).[38] 브레인스토밍에 참여한 모든 구성원들은 가능한 한 많은 문제해결방안을 창출하기 위하여 그들의 생각을 자유롭게, 방해받지 않고 표출하여야 한다.
- 표출된 모든 생각들은 참가자들에 의하여 공유되고, 경우에 따라서 이러한 생각들이 조합되어야 한다. 새로운 아이디어들의 공유와 조합과정을 통하여 가끔 혁신적인 결과들이 도출되기도 한다.
- 모든 참가자들은 가능한 한 많은 아이디어들을 창출하여야 한다. 아이디어가 많을수록 더욱 더 좋다(The more ideas, the better).[39]

35 Schlicksupp(1977), p. 75; Geschka(1983), p. 171; Schlicksupp(1983), p. 62; Nütten/Sauermann(1988), p. 191; Hauschildt(1993), p. 252.

36 Brommer(1990), p. 23; Hauschildt(1993), p. 252.

37 Osborn(1966), p. 151 이하; Schlicksupp(1977), p. 62; Schlicksupp(1983), p. 75; Holt(1988), p. 157; Brommer(1990), p. 23 이하; Hauschildt(1993), p. 253.

38 Osborn(1966), p. 151; Hauschildt(1993), p. 253.

39 전게서; Hauschildt(1993), p. 254.

브레인스토밍은 너무 복잡하지 않은 문제영역에 대한 해결방안을 제시하는 데 적합하며, 매우 쉽게 배울 수 있고, 실용적으로 아이디어를 창출할 수 있는 방법이다. 이 방법의 장점은 참가자의 자질에 대한 높지 않은 요구수준, 가능한 한 많은 해결방안의 창출용이성 및 신속한 적용가능성 등이다. 그러나 이 방법은 탐구영역이 매우 제한될 수 있다는 단점을 갖고 있다.

(2) 브레인라이팅(brainwriting)

브레인라이팅은 개념적으로 볼 때 브레인스토밍에 그 근거를 두고 있다. 이 방법은 브레인스토밍과 마찬가지로 연상(association of ideas)에 기초하여 아이디어를 창출한다. 이 방법의 명칭이 언급하는 바와 같이, 이 방법에서는 참가자가 자신의 제안이나 아이디어를 서면으로 작성한다.[40] 브레인라이팅은 여러 가지 형태로 서면을 통하여 아이디어를 창출할 수 있는데, 가장 대표적인 방법은 브레인라이팅 635이다.[41]

1960년대 말 독일의 *로르바흐(Rohrbach)*가 개발하였고, 독일어권에 널리 알려진 브레인라이팅 635방법은 여러 가지 브레인라이팅 중의 한 가지 변형이다.[42] 이 방법은 다음과 같이 아이디어를 창출한다.

- 6명의 참가자들은 동일한 문제가 기록된 양식을 각각 배부받는다.
- 각 참가자들은 3개의 해결방안을 5분 이내에 작성하여 제출하여야 한다.

그 다음 단계에서는 위와 같은 방법으로 제출된 양식이 그 집단의 다른 5명의 참가자들에게 차례로 전달이 된다. 이를 통하여 각 참가자들은 다른 참가자들의 아이디어들을 회람한 후, 또 다시 3개의 해결방안을 5분 이내에 작성하게 된다. 이 단계에서는 다른 참가자들의 아이디어를 자신의 아이디어와 조합하거나 변형하는 방법을 통해 새로운 해결방안을 제시할 수도 한다.[43] 이러한 방식으로 참가자들에 의해 제출된 양식이 채워지면서 30분 동안 총

40 Brommer(1990), p. 25.

41 Hentze/Brose/Kammel(1993), p. 100.

42 Brommer(1990), p. 25; Hentze/Brose/Kammel(1993), p. 100.

43 Schlicksupp(1983), p. 63.

108개(18개 아이디어×6명)의 아이디어들이 창출되어야 한다.

브레인스토밍과 비교해 볼 때, 브레인라이팅은 구두가 아닌 서면으로 아이디어를 제출하기 때문에 참가자들 간의 구두 언쟁이 야기되지 않고, 발언력이 강한 동료로부터 방해나 압력을 받지 않는 보다 자유로운 분위기 속에서 아이디어를 창출할 수 있는 장점이 있다.[44] 특히, 이 방법은 신제품개발을 위해 적합한데, 그 이유는 어떤 한 참가자의 해결방안이 그 다음 참가자에게 차례로 전달되면서 신제품개발에 대한 기본적인 아이디어가 보다 잘 완성될 수 있기 때문이다.[45] 이 방법의 단점은 서면으로 아이디어가 작성이 되기 때문에 아이디어창출에 있어서 브레인스토밍보다 자발성이 다소 낮을 수 있다.

(3) 형태학적 방법(morphological method)

1947년에 *쯔비키(Zwicky)*에 의해 개발되었고, 1966년에 처음으로 책으로 발간된 형태학적 방법은 가능한 해결방안들에 대한 체계적인 구조화에 그 개념적 기초를 두고 있다.[46] 형태학은 "어떤 사물영역의 형태 또는 형상에 대한 학문"이다.[47] 이 방법에서는 하나의 상자 안에서 상호 간의 조합이 이루어지는 요소(매개변수, 기능 및 구성요소)에 근거하여 문제점이 체계적이고 완전하게 분해된다.[48] 이를 통하여 어떤 문제에 대한 다양한 해결가능성들이 제시된다.

형태학적 방법에 있어서 아이디어창출의 절차는 다음과 같이 세분된다.[49]

- 문제점의 정의와 분석
- 매개변수의 확정(문제점을 완전하게 분해하여 요소로 구분)
- 각 요소에 대한 모든 해결가능성의 제시
- 전체 해결방안을 위한 부분 해결방안들의 조합
- 조합된 전체 해결방안에 대한 평가

---

44 Nütten/Sauermann(1988), p. 197; Brommer(1990), p. 25.

45 Brommer(1990), p. 26.

46 Zwicky(1966), p. 114 이하; Heyde et al.(1991), p. 190; Hauschildt(1993), p. 262.

47 Hauschildt(1993), p. 262.

48 Heyde et al.(1991), p. 190; Hentze/Brose/Kammel(1993), p. 100.

49 Zwicky(1966), p. 114 이하; Schlicksupp(1983), p. 65 이하; Holt(1988), p. 155 이하; Brommer(1990), p. 30.

표 9-2 ■ 형태학적 방법

매개변수	해결방안		
A	A_1, A_2, A_3,	....	, A_i
B	B_1, B_2, B_3,	....	, B_j
C	C_1, C_2, C_3,	....	, C_k
D	D_1, D_2, D_3,	....	, D_l

자료원: Park(1996), p. 126.

- 가장 유리한 전체 해결방안의 선택

〈표 9-2〉는 형태학적 방법을 하나의 상자로 만들어 제시하고 있다. 예를 들면, 이 표에 나타나 있는 것처럼 4개의 매개변수와 각 매개변수에 대한 해결방안이 모든 다른 매개변수의 해결방안들과 체계적으로 조합되어 있다. 이 경우에 있어서 모든 대안들의 수(N)는 i×j×k×l이다. 이러한 대안들로부터 실제의 문제해결에 가장 적합한 해결방안이 확정된다.[50]

〈그림 9-2〉는 형태학적 방법의 사례를 보여준다. 이 사례에서는 자동차의 자동천장개폐장치 개발을 위한 형태학적 방법을 일목요연하게 나타내고 있다. 이 그림에 나타나 있는 것처럼, 자동천장개폐장치 개발을 위하여 재료, 작동, 구조원리, 개폐원리 및 보호기능 등과 관련된 요소(매개변수)에 따라 여러 가지 변형(해결방안)에 대한 아이디어를 창출한 후, 최종적으로 개발하고자 하는 대안을 제시하고 있다. 이 사례에서는 합성물질(재료), 전기(작동), 미닫이(구조원리), 판자식(개폐원리) 및 조합(보호기능; 조합은 복합적 보호기능을 의미함) 등을 새로운 대안으로 연결시키고 있다.

형태학적 방법의 장점은 어떤 문제에 대한 실제적인 해결방안들이 매우 다양하게 제시될 수 있다는 것이다. 특히, 이 방법은 혁신계획에 있어서 전략정의의 단계에 적합할 뿐만 아니라, 어떤 제품프로그램 및 마케팅프로그램의 수립에 대한 개관을 하는 데도 적합하다.[51] 이 방법은 다음과 같은 단점을 갖고 있다.

- 종속적 매개변수의 확인이 비교적 어려움
- 다양한 해결방안들이 혼동을 야기할 수 있음

50 Schlicksupp(1983), p. 66.

51 Geschka(1983), p. 179.

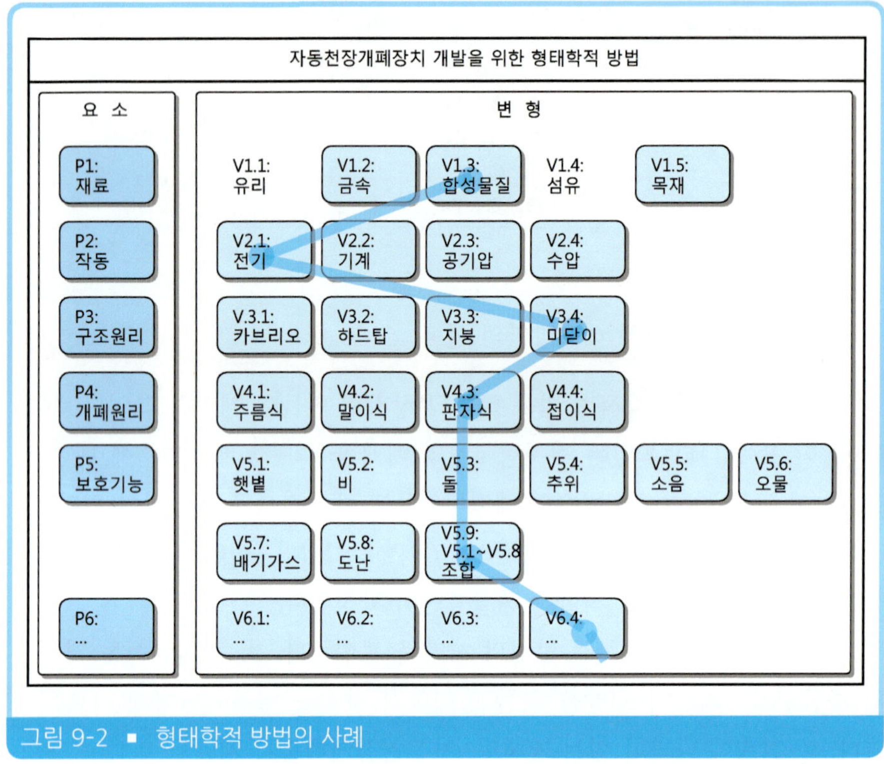

그림 9-2 ▪ 형태학적 방법의 사례

자료원: Vahs/Burmester(2005), p. 172.

- 해결가능성에 대한 평가가 어려움

(4) 제유법(synectics)

1940년대 초에 고든(*Gordon*)에 의해 개발된 제유법은 유추에 의한 아이디어창출과 문제의 파격화에 기초를 두고 있다.[52] '제유법(synectics)'이라는 용어는 그리스어의 'synechein'에 그 어원을 두고 있는데, 이것은 전혀 관련이 없거나 유사하지 않은 서로 다른 요소들의 결합을 의미한다.[53] 제유법에서는 서로 다른 전문분야에서 선발된 6-8명의 자질이 우수한 참가자들과 제유법에 대하여 교육을 받은 1명의 진행자에 의해 아이디어가 창출된다. *슈리크*

52 Brommer(1990), p. 32 이하.

53 Schlicksupp(1977), p. 80; Nütten/Sauermann(1988), p. 198; Heyde et al.(1991), p. 192.

수프(*Schlicksupp*)는 제유법을 다음과 같은 단계로 구분하여 아이디어창출을 시도한다.[54]

- 문제의 명확한 확인(구조화, 정보탐색, 문제의 이해 및 해결시도)
- 문제로부터의 격리(시간적 및 장소적 격리, 활동의 변경 및 육체적 긴장완화)
- 결합의 시도(제약받지 않은 사고과정, 연상 및 구조이동)
- 자발적 해결아이디어(정신적 조명 및 번뜩이는 재치의 발휘)
- 검증(아이디어의 검토 및 확립)

〈그림 9-3〉은 제유법의 실행과정에 대한 사례를 보여준다. 이 그림에 나

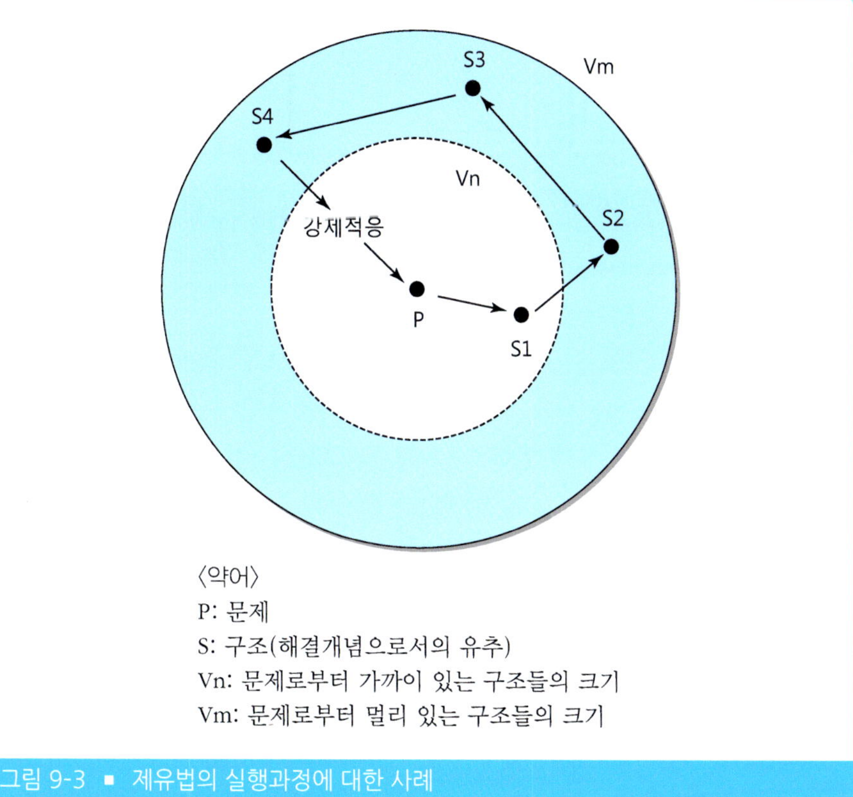

그림 9-3 ▪ 제유법의 실행과정에 대한 사례

자료원: Schlicksupp(1977), p. 81.

54 Schlicksupp(1977), p. 80; Hauschildt(1993), p. 260.

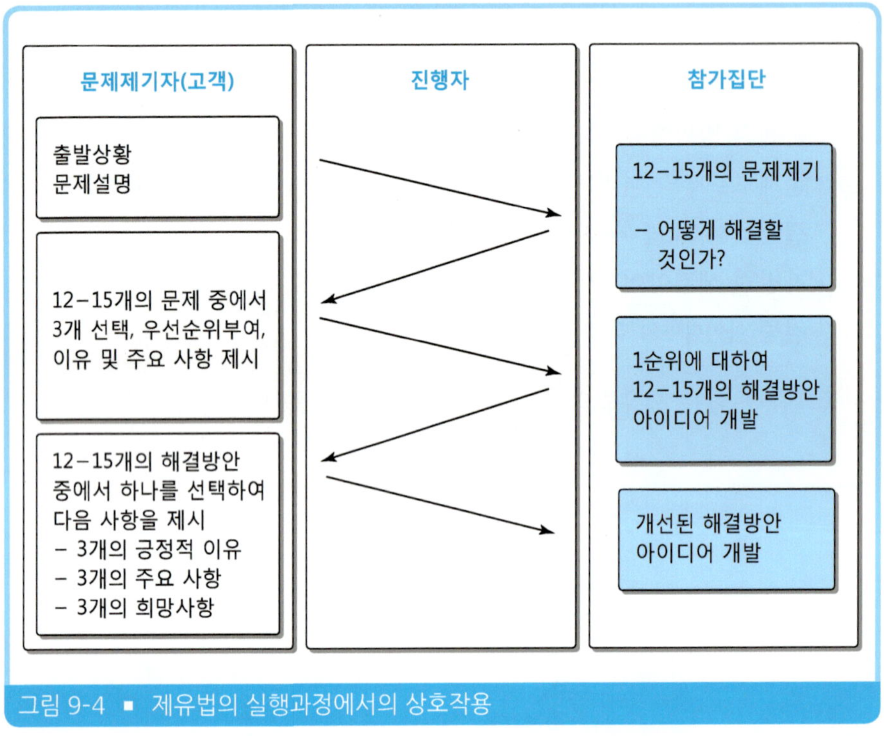

그림 9-4 ■ 제유법의 실행과정에서의 상호작용

자료원: Geschka/Lantelme(2005), p. 291.

타나 있는 것처럼 구조 S1(예를 들면, 깃털), S2(예를 들면, 스펀지) 및 S3(예를 들면, 나무)이 해결가능성을 제시하지 못한다면 마지막의 구조 S4(돌)를 통하여 주어진 문제(P)를 해결할 수 있다. 여기에서는 새로운 혁신아이디어를 실현하기 위하여 '강제적 적응(force-fit, 침대의 재료로 돌을 사용한다는 제안을 했다면, 돌침대를 강제적으로 만드는 활동)'이 이루어져야 한다. 이 방법에서는 문제로부터 가까이에 있는 구조들의 영역을 초월할 수 있고, 해결가능성으로서의 새로운 구조 종합명제들(structure synthesis)을 검토할 수 있다.[55] 실제에 있어서 문제 영역들은 이 그림의 사례보다 더욱 복잡하다.

〈그림 9-4〉는 제유법의 실행과정에서의 상호작용을 예시하고 있다. 먼저 문제제기자(고객)가 제품 또는 고객의 요구사항과 관련된 어떤 문제점을 제시하면, 진행자가 아이디어를 창출하는 임무를 부여받은 참가집단에게 이

55 전게서.

를 전달한다. 참가집단은 이 문제점을 해결하기 위하여 12-15개의 문제를 제기한 후 다시 문제제기자에게 전달하면, 문제제기자는 그 중에서 3개를 선택하여 순위를 부여하여 참가집단에게 전달한다. 참가집단은 그 중에서 1순위만을 대상으로 12-15개의 해결방안 아이디어를 개발하여 또 다시 문제제기자에게 전달한다. 문제제기자는 그 중에서 하나의 해결방안 아이디어를 선택하여 긍정적 이유, 주요 사항 및 희망사항 등을 각각 3개씩 제시하여 참가집단에게 전달하면, 참가집단은 이를 바탕으로 개선된 해결방안 아이디어를 최종적으로 개발하게 된다.

제유법의 본질적인 장점은 문제의 유추와 격리를 통하여 달성될 수 있는 높은 수준의 문제해결 가능성이다. 특히, 이 방법은 복잡한 기술을 개발하기 위하여 적합하다. 그러나 이 방법을 활용하여 아이디어를 창출하려는 경우, 이 방법 자체에 대한 참가자들의 높은 수준의 이해력이 요구되기 때문에 실행이 매우 어려울 수 있는 단점이 있다.

제 10 장

글로벌 기업의 아이디어평가의 단계

10.1 아이디어평가에 대한 의사결정

혁신을 위한 다양한 아이디어들이 창출되었다면, 이들에 대한 평가가 이루어져야 한다. 일반적으로 다음과 같은 기능영역들이 아이디어평가(idea evaluation)에 대한 의사결정을 한다.

- 최고경영층
- 마케팅부문
- 생산부문
- 연구개발부문
- 재무부문
- 엔지니어부문
- 기획부문(스태프)

아이디어평가에 대한 의사결정에 있어서 제품혁신과 공정혁신에 따라 주요 의사결정부문이 다를 수 있다. *박주홍(Park)*의 실증적 연구에 의하면, 새로운 제품아이디어는 주로 마케팅부문과 최고경영층에 의해 평가가 이루어지며, 새로운 공정아이디어는 일반적으로 생산부문과 연구개발부문에 의해 평가되는 것으로 밝혀졌다.[1] 그러나 혁신아이디어에 대한 평가는 특정혁신프로젝트와 밀접한 관련이 있는 부문 간의 협력을 통하여 이루어지는 것이 바람직할 것이다. 즉, 경우에 따라서는 혁신아이디어의 평가를 위하여 관련된 부문의 대표자들이 참여하는 위원회를 구성할 수도 있다.

1 Park(1996), p. 129 이하.

10.2 아이디어평가의 방법

아이디어평가의 단계에서는 아이디어창출의 단계에서 획득된 혁신아이디어들을 잘 분석하고 평가하여야 한다. 이 단계에서는 수많은 아이디어들 중에서 일부, 몇 개 또는 1개의 혁신아이디어를 평가를 통하여 선택해야만 하며, 선택된 혁신아이디어는 실행에 옮겨지게 된다. 실무적으로 활용되는 다음과 같은 여러 가지 아이디어평가의 방법(method of idea evaluation)이 있다.

- 스코어링 모델(효용가치 분석)
- 경제성 분석
- 포트폴리오 분석
- 의사결정수 분석
- 형태학적 방법

다음에서는 스코어링 모델(효용가치 분석), 경제성 분석 및 의사결정수 분석에 대하여 살펴보기로 한다. 포트폴리오 분석(제7장 7.2.5 및 7.2.8)과 형태학적 방법(제9장 9.3.3)은 이미 다른 곳에서 논의하였기 때문에 본절에서는 설명을 생략하기로 한다.

10.2.1 스코어링 모델(효용가치 분석)

스코어링 모델(scoring model)과 효용가치 분석(utility-value analysis)은 일반적으로 동의어로 사용된다.[2] 스코어링 모델은 혁신아이디어에 대한 다차원적인 평가를 위하여 가장 빈번하게 사용되는 방법이다.[3] 이 방법에서는 아이디어창출 단계에서 제안된 혁신아이디어들이 개별 목표기준에 따라 평가된다. 즉, 이 방법에서는 개별 목표기준이 설정되고, 목표기준에 따라 가중치가

2 Brose(1982), p. 326; Herzhoff(1991), 199.

3 Thom(1990), p. 188; Hopfenbeck(1991), p. 597; Hentze/Brose/Kammel(1993), p. 78.

부여되며, 각 혁신아이디어의 효용가치에 대한 평가가 구체적으로 이루어진다.[4] 스코어링 모델의 일반적인 분석절차는 다음과 같다.[5]

- 목표 및 목표기준의 결정
- 척도 및 목표기준에 대한 가중치의 확정
- 각 목표기준과 관련된 처리대안(혁신아이디어)에 대한 효용의 결정(부분효용의 결정)
- 효용가치의 확인(전체 효용가치의 합산)
- 가장 유리한 혁신아이디어의 선택

〈표 10-1〉은 효용가치 분석에 대한 사례를 보여준다. 이 사례에서는 3개의 목표기준과 3개의 혁신아이디어(대안)가 있다는 가정하에서 효용가치를 분석한다. 효용가치(N)는 다음과 같이 계산된다.

$$N = n_{i1} \cdot g_1 + n_{i2} \cdot g_2 + n_{i3} \cdot g_3$$

효용가치 분석에 대한 사례에 있어서는 혁신아이디어 1의 효용가치가 3.9점으로 가장 높게 나타났기 때문에 채택이 된다. 효용가치 분석에서는 목표기준 및 가중치 등을 변경시킴으로써 아이디어평가를 새롭게 할 수 있는 민감도 분석(sensitivity analysis, 각 독립변수의 변화에 따라 종속변수가 얼마나 변화하

표 10-1 ■ 효용가치 분석에 대한 사례

목표기준(Z_j) / 대안(A_i)	Z_1	Z_2	Z_3	효용가치(N)
가중치 (g_i)	0.2(g_1)	0.3(g_2)	0.5(g_3)	$N = n_{i1} \cdot g_1 + n_{i2} \cdot g_2 + n_{i3} \cdot g_3$
혁신아이디어 1 (A_1)	5(n_{11})	3(n_{12})	4(n_{13})	$N_1 = 3.9$
혁신아이디어 2 (A_2)	4(n_{21})	1(n_{22})	5(n_{23})	$N_2 = 3.6$
혁신아이디어 3 (A_3)	2(n_{31})	1(n_{32})	2(n_{33})	$N_3 = 1.7$

척도: 높은 값일수록 효용가치가 큼(최소 1-최고 5).
자료원: Park(1996), p. 135.

4 Brose(1982), p. 326.
5 전게서, p. 330 이하; Blohm/Lüder(1988), p. 175 이하; Hentze/Brose/Kammel(1993), p. 78.

는가를 분석하는 것을 말함)이 가능하다. 즉, 민감도 분석에서는 목표, 가중치 및 평가점수가 상황에 따라 변경될 수 있으며, 이를 통하여 평가하려는 아이디어들에 대한 효용가치의 순위가 달라질 수도 있다.[6]

이 방법의 장점은 다음과 같다.

- 신속하고 용이한 활용가능성
- 완벽한 평가가능성
- 양적 및 질적 변수의 평가가능성
- 의사결정의 투명성 및 완벽성
- 민감도 분석의 용이성

*라이스트(Leist)*는 다음과 같은 점들을 이 방법의 한계점으로 지적하였다.[7]

- 목표설정의 적합성 및 정확성
- 의사결정자의 가치평가능력
- 효용가치의 총점에 근거한 대안평가 방법의 문제점
- 대인을 평가하는 평가팀의 창의성
- 평가팀의 조직적 독립성

10.2.2 경제성 분석

혁신에 대한 미래의 성공잠재성과 관련하여 혁신아이디어들에 대한 경제성 분석(economic analysis)이 이루어져야 한다. 경제성은 "어떤 특정기간 동안 지출한 비용 또는 자원과 수익과의 관계"로 정의할 수 있다.[8] 경제성 분석은 원가절감 및 이윤증가 등과 같은 미래관련적인 성과기준뿐만 아니라, 자본가치도 아울러 검토해야 하기 때문에 원가계산, 손익계산 및 자본가치평가 등과 같은 방법이 일반적으로 사용된다.

6 Schierenbeck(1993), p. 155.

7 Leist(1989), p. 1265.

8 Horváth(1988), p. 3; Heyde et al.(1991), p. 119; Bea/Dichtl/Schweitzer(Ed., 1994b), p. 3.

(1) 원가계산

원가계산(cost accounting)에서는 아이디어평가의 시점에서 모든 미래의 주요 원가가 확실하게 정해질 수 있다는 가정을 한다. 연간 또는 단위당 원가절감액은 다음과 같이 계산된다.[9]

$$\Delta K = K_0 - K_1 = x_1 \cdot (k_0 - k_1)$$

여기에서 기호의 의미는 다음과 같다.

ΔK: 원가절감액
$K_{0/1}$: 투자 전과 투자 후의 총원가(원/연간)
$k_{0/1}$: 투자 전과 투자 후의 단위당 원가(예를 들면, 원/단위)
x_1: 생산량(개/연간)

아이디어실현을 위하여 필요한 원가는 혁신아이디어에 따라 변동이 되지만, 투자 전의 원가는 일정하다.

원가계산의 장점은 수많은 대안들 중에서 최소의 원가를 갖는 혁신아이디어가 비교적 용이하게 채택될 수 있다는 것이다.[10] 그러나 아이디어평가의 시점에서 원가를 계산하는 것이 어려울 수 있다는 단점이 있다.

(2) 손익계산

손익계산(profit and loss calculation)에서는 혁신을 통하여 달성될 수 있는 이윤증가가 중요한 의미를 갖는다. 이 방법에서는 아이디어평가의 시점에서 모든 미래의 주요 원가 및 매출액이 정해져야만 한다는 가정을 한다. 이윤증가액은 다음과 같이 계산된다.[11]

$$\Delta G = \Delta K + \Delta G_x + \Delta G_Q + \Delta G_t$$

위의 식에서 기호의 의미는 다음과 같다.

---

9 Heyde et al.(1991), p. 137 이하.
10 전게서, p. 137.
11 전게서, p. 132 이하.

ΔG: 이윤증가액

ΔK: 원가절감액; $\Delta K = x_1 \cdot (k_0 - k_1)$

ΔG_x: 생산량증가에 따른 이윤증가액; $\Delta G_x = (x_1 - x_0) \cdot g_0$;

g_0: 투자 전의 단위당 이윤(원/단위당)

ΔG_Q: 품질향상에 따른 이윤증가액; $\Delta G_Q = x_1 \cdot \Delta g_Q$;

g_Q: 고품질 달성을 통한 단위당 이윤증가액(원/단위당)

ΔG_t: 시간단축을 통한 제품의 조기판매에 따른 이윤증가액

$\Delta G_t = x_1 \cdot \Delta g_t$;

g_t: 조기판매, 적시의 시장진출, 공정의 단축 및 고객요구에 대한 신속한 반응 등을 통한 이윤증가액(원/단위당)

계산가능한 이윤증가액은 다음과 같다.[12]

$$\Delta G_{kalk} = \Delta G_1 - \Delta G_0 = (UE_1 - K_1) - (UE_0 - K_0)$$

여기에서 기호의 의미는 다음과 같다.

ΔG_{kalk}: 계산가능한 이윤증가액

$UE_{0/1}$: 투자 전과 투자 후의 매출수익(원/연간)

$K_{0/1}$: 투자 전과 투자 후의 연간원가(원/연간)

이 방법에서는 여러 가지 대안들로부터 이윤극대적인 혁신아이디어가 채택될 수 있다. 또한 제품아이디어와 공정아이디어가 동시에 검토될 수 있다. 그러나 이 방법에서는 아이디어 평가의 시점에서 매출수익과 원가를 정확하게 파악하기 어려운 단점이 있다.

(3) 자본가치평가

어떤 투자에 대한 자본가치(capital value)는 "투자와 인과관계를 갖는 모든 수입과 지출에 대한 현재가치의 차이"로 정의될 수 있다.[13] 자본가치는 다음과 같이 결정된다.[14]

---

12 전게서, p. 132.

13 전게서, p. 143; Busse von Colbe/Laßmann(1990), p. 47; Spremann(1991), p. 354.

14 Heyde et al.(1991), p. 143.

$$KW = \sum_{t=0}^{n} \frac{(E_t - A_t)}{(1+i)^t} = \sum_{t=0}^{n} (E_t - A_t)(1+i)^{-t}$$

위의 식에 표시된 기호는 다음과 같은 것을 의미한다.

KW: 자본가치

E: 수입(원)

A: 지출(원)

t: 0에서 n년까지의 수익기간

i: 산정이자율

$(1+i)^{-t}$: 현가율

의사결정자는 자본가치평가를 통하여 수많은 투자대안들 중에서 가장 높은 자본가치를 갖는 대안을 선택한다.[15] 자본가치평가는 다음과 같은 의사결정을 위하여 사용된다.[16]

- 감가상각기간의 결정
- 경제적 수익기간의 확인
- 여러 가지 자본투자대안들의 평가를 통한 가장 유리한 대안 선택
- 어떤 투자에 대한 최종 자산가치의 확인

자본가치평가는 혁신아이디어의 실현을 위해 투입되는 자본의 관점에서 여러 가지 대안들이 합리적으로 평가되는 장점이 있는 반면, 현재 시점에서 수입, 지출 및 이자율을 산정하여 계산하기 때문에 다소 현실성이 떨어질 수 있는 단점이 있다.

10.2.3 의사결정수 분석

의사결정수 분석(decision tree analysis)에서는 아이디어창출의 단계에서

15 Bea/Dichtl/Schweitzer(Ed., 1994b), p. 216.

16 Heyde et al.(1991), p. 143 이하.

획득된 혁신아이디어들이 관련된 의사결정의 순서에 따라 체계적으로 평가된다. 이 방법에서는 창출된 혁신아이디어들과 관련하여 해결해야만 하는 여러 단계의 의사결정문제들이 일목요연하게 표시될 수 있다.[17] 특히, 이 방법은 무엇보다도 유연적 투자계획을 위하여 적합한데, 이러한 유연적 투자계획에서는 시간적인 흐름에 따라 미래의 활동들이 체계적으로 표현될 수 있다.[18]

〈그림 10-1〉은 의사결정수 분석의 사례를 보여준다. 이 사례에서는 3개의 혁신아이디어와 3개의 의사결정기준이 있다는 가정을 하고 있다. 따라서 그림에 나타나 있는 바와 같이, 이 사례의 의사결정수는 3개의 가지로 연결된 9개의 마디로 구성되어 있다. 여기에서 각 마디에 대하여 1점에서 5점까지의 척도에 근거하여 점수가 부여된다. 이 사례에서는 다른 혁신아이디어들

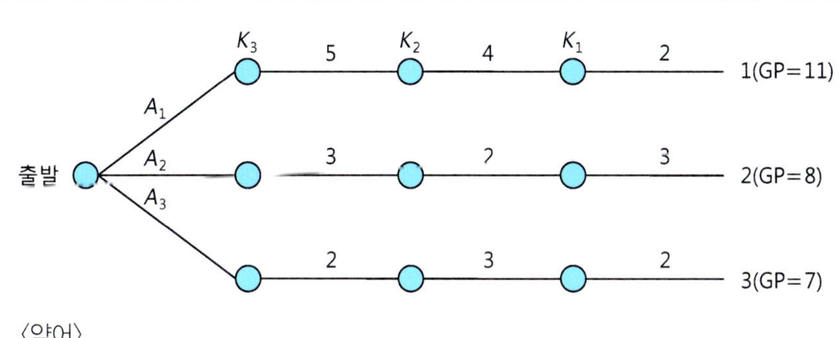

〈약어〉
A_1: 혁신아이디어 1
A_2: 혁신아이디어 2
A_3: 혁신아이디어 3
K_1: 원가절감의 가능성
K_2: 이윤증가의 가능성
K_3: 시장점유율 증대의 가능성
GP: 총점
척도: 1(매우 낮음)－5(매우 높음)

그림 10-1 ▪ 의사결정수 분석의 사례

자료원: Park(1996), p. 139.

17 Verlag Vahlen(Ed., 1984), p. 71; Busse von Colbe/Laßmann(1986), p. 32; Hahn(1994), p. 386.

18 Herzhoff(1991), p. 197.

과 비교하여 가장 높은 총점(11점)을 받은 혁신아이디어 1(A1)이 채택된다. 실제에 있어서의 의사결정문제는 이 사례보다 더욱 복잡하기 때문에 의사결정수는 더욱 많은 가지들과 마디들로 구성된다.

이 방법은 의사결정자가 제시한 다양한 의사결정기준에 따라서 혁신아이디어들을 시각적으로 일목요연하게 평가할 수 있을 뿐만 아니라, 혁신아이디어들을 신속하고 간단하게 평가할 수 있는 장점도 갖고 있다. 그러나 질적인 의사결정기준을 양적인 점수로 평가할 때, 객관성이 결여될 수 있는 단점이 있다.[19] 실제에 있어서 이 방법은 단계별 의사결정기준을 평가하기 위하여 미래관련적인 정보가 수집되어야 하기 때문에 비교적 높은 계획비용 및 실행비용이 요구된다.

---

19 Schierenbeck(1993), p. 377.

제 11 장

글로벌 기업의 아이디어실현의 단계

11.1 아이디어실현의 방법

아이디어평가의 단계에서 채택된 혁신아이디어는 아이디어실현의 단계를 거치면서 신제품 또는 신공정으로 구체화된다. 이 단계에서는 신제품 및 신공정의 개발 또는 개선뿐만 아니라, 생산시스템의 채택, 혁신제품의 시장테스트 및 시장도입 등이 이루어진다. 또한 아이디어실현의 단계에서는 신제품개발에 참여하는 기능영역 간의 협력이 중요한 과제로 떠오른다. 다음에서는 먼저 아이디어실현의 방법에 대하여 살펴본 후, 글로벌화의 관점에서의 신제품개발을 위한 연구개발과 마케팅부문 간의 공유영역(interface)에 대하여 논의하기로 한다.

11.1.1 신제품개발

보다 나은 신제품개발(new product development)을 위해서는 연구개발, 마케팅 및 생산부문 등과 같은 기업의 주요 기능영역들이 서로 협력할 필요가 있다. *박주홍*(*Park*)의 실증적 연구의 결과에 의하면, 신제품개발을 위해서 마케팅과 연구개발 및 생산과 연구개발부문 간의 협력이 가장 강하게 이루어지고 있는 것으로 밝혀졌다.[1] 즉, 이것은 신제품개발과 관련하여 가장 중요한 기능영역이 마케팅, 연구개발 및 생산부문이라는 것을 의미한다. 이러한 연구결과는 *저윈*(*Gerwin*)의 이론적인 연구결과와 일치하는데, 그는 기존의 방법을 대체하는 신제품개발을 위한 새로운 방법을 제시하였다.[2] 〈그림 11-1〉은 신제품개발에서의 개념의 변화를 보여준다.

〈그림 11-1〉에 나타나 있는 것처럼 신제품개발에 있어서 새로운 방법은 마케팅, 연구개발 및 생산부문의 통합을 신제품개발 초기부터 시도하는 것이

1 Park(1996), p. 144 이하.

2 Gerwin(1994), p. 61.

다. 반면에 기존의 방법은 시간의 흐름에 따라 마케팅, 연구개발, 생산부문의 역할이 분리되어 수행된다. 기존의 방법에서 신제품개발이 이루어지는 단계는 다음과 같다.

- 0단계: 장기적인 목표가 결정되는 사전적 단계
- 1단계: 시장요구 및 새로운 제품아이디어가 조사되는 단계
- 2단계: 제품개념의 확정
- 3단계: 기술적 구체화 및 시제품의 구조설계
- 4단계: 제품검사, 시제품제조 및 생산개시

〈그림 11-1〉에 제시되어 있는 것처럼 신제품개발에 있어서 앞에서 언급한 세 가지 기능영역은 중요한 의미를 갖는다. 기존의 방법에서는 마케팅과 연구개발부문(특히, 제품계획과 관련되어 있음)이 0단계, 1단계, 2단계에서 협력

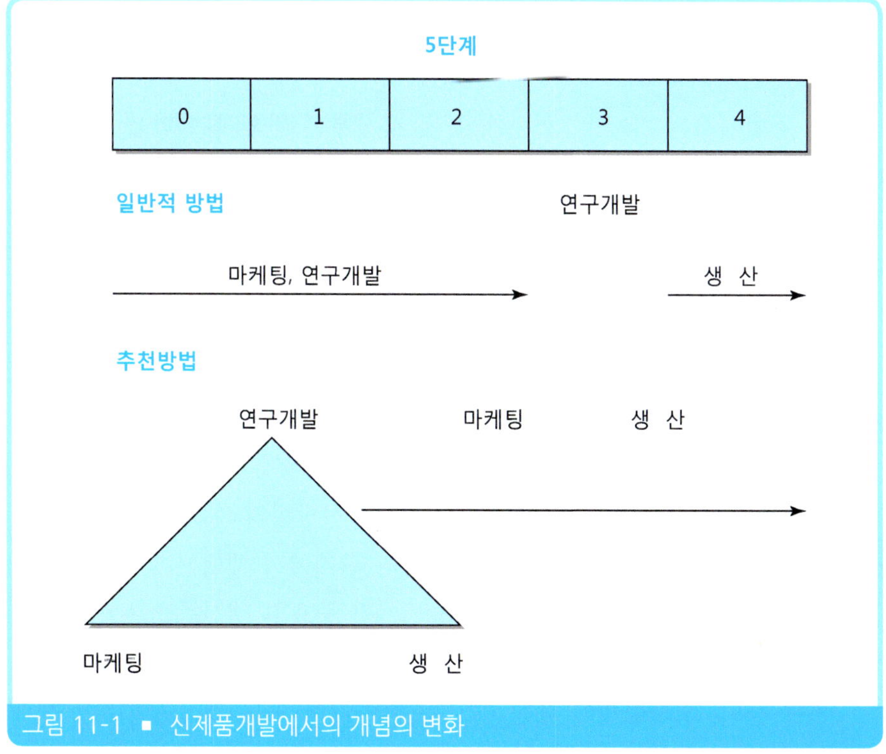

그림 11-1 ■ 신제품개발에서의 개념의 변화

자료원: Gerwin(1994), p. 61.

하며, 3단계에서는 연구개발부문이, 4단계에서는 생산부문이 중요한 역할을 한다. 그러나 초기단계에서 생산부문을 소홀히 하게 되고, 아울러 제품계획이나 제품설계에 생산부문이 참여하지 않으면, 생산이 시작되는 단계에서 문제점이 발생할 수 있다. 이러한 문제점을 사전에 방지하고, 신제품개발의 효율을 증대시키기 위하여 신제품개발 초기부터 '마케팅, 연구개발 및 생산' 등의 부문을 통합하는 것이 *저윈*(*Gerwin*)이 주장하고 있는 새로운 방법이다.

〈그림 11-1〉에 나타나 있는 것처럼 신제품개발에 있어서 세 가지 기능영역의 협력은 신제품개발 초기의 전략적 약점을 보완해 준다. 이러한 조직적인 개념의 변화는 다음과 같은 특징을 갖는다.

- 제품개념과 시장요구의 확인에 있어서의 생산부문의 참여
- 신제품개발 초기단계에서의 관련된 세 가지 기능영역의 전략적 및 전술적 책임의 증대
- 생산과 제품계획(마케팅) 간의 협력 증대
- 세 가지 기능영역 간의 결합 또는 연결의 공식화(기구화)

이 방법에서는 마케팅, 연구개발 및 생산부문 간의 통합만을 시도하기 때문에 신제품개발과 관련된 자원조달부문(예를 들면, 연구인력 및 연구자금의 조달 등) 및 기타 부문을 소홀히 한 단점이 있으나, 기존의 방법보다는 뛰어난 방법으로 평가된다.

11.1.2 신공정개발

신공정개발(new process development) 및 생산방법의 개선(improvement of production method)을 위하여 아이디어평가의 단계에서 채택된 혁신아이디어들은 생산 및 제조부문에서 실현이 된다. 가장 중요한 생산목표는 생산원가의 절감 및 제품품질의 개선이다.

예를 들면, 생산방법에 대한 새로운 아이디어 또는 개선아이디어 등과 같은 채택된 혁신아이디어들은 생산에 매우 큰 영향을 미칠 수 있다. 〈그림

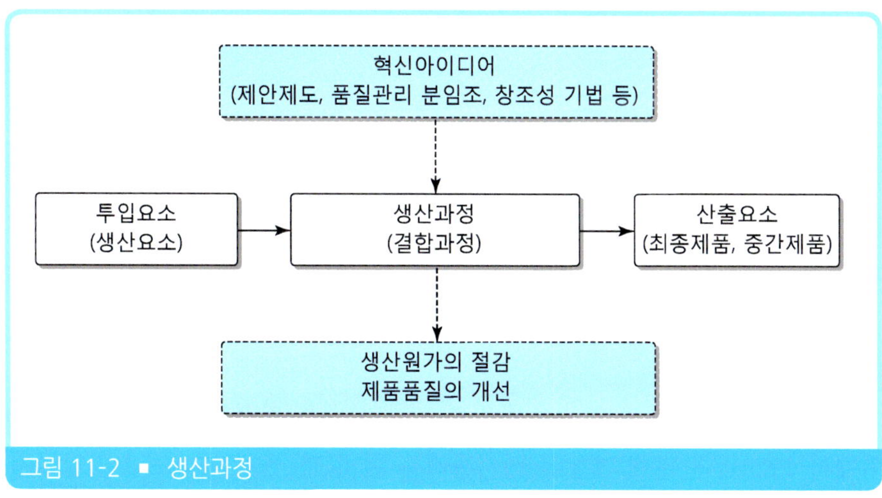

그림 11-2 ■ 생산과정

자료원: Park(1996), p. 146.

11-2〉는 생산과정을 보여준다.[3] 이 그림에서는 혁신아이디어들이 투입요소(생산요소)와 마찬가지로 생산에 얼마나 효과적이고 효율적으로 영향을 미치고 있는가를 알 수 있다. 투입요소가 생산과정을 거치면서 산출요소로 변환되는 것처럼, 제안제도, 품질관리 분임조 및 창조성 기법 등을 통하여 창출되고 채택된 혁신아이디어들은 생산원가의 절감 및 제품품질의 개선에 이바지한다.

생산공정을 개선하기 위하여 적시관리(just-in-time), 유연적 생산시스템(flexible manufacturing system), 컴퓨터에 의한 공정관리(computer integrated manufacturing) 및 린 생산(lean production) 등과 같은 다양한 개선프로그램들이 개발되었다. 제안제도, 품질관리 분임조 및 창조성 기법 등을 통하여 관련된 기능영역으로부터 수많은 혁신아이디어들이 창출된다면, 이러한 생산 및 제조와 관련된 개선프로그램들은 시너지효과를 이끌어낼 수 있을 것이다. 다음에서는 이러한 개선프로그램 또는 생산방법에 대하여 살펴보기로 한다.

3 Steinbuch/Olfert(1987), p. 19 이하; Corsten(1990), p. 7 이하; Dyckhoff(1992), p. 11 이하; Hentze/Brose/Kammel(1993), p. 298.

11.1.3 생산시스템의 선택

채택된 혁신아이디어들을 효과적이고 효율적으로 실현하기 위하여 기업에 적합한 생산시스템을 결정하여야 하며, 경우에 따라서는 기존의 생산시스템을 개선하는 것이 필요하다. 다음에서 논의할 생산시스템과 관련된 여러 가지 방법들은 일반적으로 매우 성공적인 것으로 인식되고 있다.

(1) 적시관리

완성차 제조업체와 부품업체 간의 관계가 매우 밀접한 일본의 자동차산업에서 1970년대 말에 개발된 적시관리는 현재 전 세계적으로 널리 알려져 있으며, 이 방법을 채택하는 기업의 수가 늘어나고 있는 추세에 있다. 적시관리를 개발한 일본 토요타자동차의 엔지니어인 오노(*Ohno*)는 적시관리(just-in-time)를 다음과 같이 정의하였다.[4]

> "적시관리는 조립에 필요한 해당 부품이 적시에 필요한 양만큼 조립라인으로 공급되는 관리방법을 의미한다. 이러한 부품공급방식을 실행하는 기업은 부품재고가 거의 없는 생산을 할 수 있다."

일본에서 '간판시스템(Kanban system)'으로 명명된 적시관리는 재고비용을 최소화하기 위하여 최소의 재고량을 추구한다. 적시관리에 의한 생산을 하는 주된 이유는 시장에 대한 유연적 적응 또는 수요에 대한 생산적응을 할 수 있기 때문이다.[5] 이러한 적응은 낮은 재고비용과 최소의 재고량을 통하여 더욱 잘 이루어질 수 있다. 일본의 간판시스템이 성공을 할 수 있었던 이면에는 '집단주의'로 특징지워질 수 있는 일본적 전통이 존재한다. 일본적 가치관에서 발견되는 집단주의적인 성향은 최종 조립업체와 부품업체 간의 강력한 결속관계를 가능하게 한다. 이러한 결속관계는 매우 안정적이기 때문에 적시관리에 참여한 모든 기업들이 서로 신뢰할 수 있다.

일본에서의 최종 조립업체와 부품업체 간의 관계의 특징은 다음과 같이

4 Traeger(1994), p. 31.

5 Urabe(1988), p. 20 이하; Hoitsch(1993), p. 147; Urban(1993), p. 53.

요약될 수 있다.[6]

- 납품업체의 최소화(2-3개의 최종 납품업체)
- 개별 부품의 납품보다는 모듈(module)의 납품
- 부품업체의 부품개발참여
- 부품업체에 대한 최종 조립업체의 품질표준 및 품질통제기준의 설정
- 최종 조립업체와 부품업체의 지속적 원가절감
- 부품업체에 대한 최종 조립업체의 자본참여
- 납품량과 납품기간에 대한 적시관리원칙의 확립
- 납품업체의 최종조립참여
- 최종 조립업체와 부품업체 간의 장기간 계약 또는 거래관계의 유지

*나카네*와 *홀*(*Nakane & Hall*)의 연구에 의하면 일본기업은 공장의 완전자동화를 달성하고, 재고수준, 유휴시간 및 노동생산성에 대한 광범위한 개선을 하는 데 약 5년의 기간을 필요로 하는 것으로 밝혀졌다.[7] 〈표 11-1〉은 일본기업의 간판시스템의 도입에 따른 몇 가지 주요 성과를 제시한다. 이 표에 나타나 있는 것처럼 간판시스템을 도입한 이후에 재고수준, 유휴시간 및 노동생산성에 대한 개선은 매우 성공적으로 이루어졌다.

간판시스템의 성공적인 도입을 위해서는 종업원들이 개선을 위하여 가능한 한 많은 제안을 하여야 하며, 최종 조립업체와 부품업체 간의 협력적인

표 11-1 ▪ 일본기업의 간판시스템의 도입성과

기 업	간판시스템 도입시기(n년 전)	재고수준 절감비율(%)	유휴시간 단축비율(%)	노동생산성 증가율(%)
자동차부품업체	3	45	40	50
전자부품업체	3	16	20	80
전자제품업체	4	30	25	60
오토바이제조업체	2	20	50	50

자료원: Nakane/Hall(1984), p. 49.

6 Lang/Ohl(1993), p. 31.
7 Nakane/Hall(1984), p. 49.

관계가 구축되어야 한다. 아울러, 간판시스템의 효과적인 실행을 위해서는 종업원들에게 작업이 균등하게 배분되어야 하며, 종업원들이 유연하게 작업할 수 있어야 한다.

(2) 유연적 생산시스템

유연적 생산시스템(flexible manufacturing system)은 공동적인 통제 및 수송 시스템을 서로 결합하는 일련의 조립설비를 의미하며, 이 시스템에서는 자동조립이 이루어질 뿐만 아니라, 서로 다른 제품에 대한 서로 다른 조립(예를 들면, 다품종 소량생산)도 한 작업영역에서 이루어질 수도 있다.[8] 이러한 생산시스템은 변화된 요구사항에 잘 적응하는 생산을 가능하게 한다.

유연적 생산시스템은 다음과 같은 목표를 추구한다.[9]

- 신제품 도입시간의 단축(또는 제품수명주기의 단축)
- 제품변경과 고객욕구의 효과적 실현
- 제품믹스와 제품의 양에 대한 신속한 적응
- 납품시간의 단축
- 제조비용의 감소
- 제품관련 비용의 감소

전체 조립공정의 자동화는 유연적 기계개념의 개발을 위한 전제조건이다.[10] 유연적 조립설비는 컴퓨터에 의해 조정되는 기계설비들로 구성된다. 컴퓨터에 의해 조정되는 기계설비는 다음과 같은 세 가지의 발전단계로 구분된다.[11]

수치제어(Numerical Control, NC)

수치제어기계는 조립의 자동화에 기초한 유연적 생산시스템을 위한 첫

8 Nieß(1979). p. 596.
9 Ingersoll Ingenieur GmbH(Ed., 1985), p. 11 이하.
10 Adam(1993), p. 18.
11 전게논문, p. 18 이하; Hoitsch(1993), p. 168 이하.

단계이다. 수치제어 프로그램은 모든 필요한 기하학적인 데이터(예를 들면, 제작제품의 측정)와 기술적 데이터(예를 들면, 절삭 깊이, 회전수 및 재료공급 등) 등을 포함한다.

컴퓨터에 의한 수치제어(Computerized Numerical Control, CNC)

컴퓨터에 의한 수치제어기계는 보다 큰 유연성을 달성할 수 있도록 하는 프로그램화된 마이크로프로세스를 내장하고 있다.

직접 수치제어(Direct Numerical Control, DNC)

직접 수치제어기계는 중앙 컴퓨터에 의해 직접 프로그래밍, 측정, 조정 및 감시 등을 가능하게 하는 최첨단 발전단계에 속한다.

유연적 생산시스템을 도입하기 위해서는 기업(관리, 생산 및 조직)에 있어서 몇 가지 중대한 변화가 수반되어야 한다. 이 생산시스템의 성공적인 도입은 설치된 기계의 수, 종업원의 기술적 능력 및 경영자의 능력 등에 달려 있다. 경우에 따라서 이 생산시스템의 성공적인 실행을 위한 보다 나은 해결방안을 찾기 위하여 단기간 유연적으로 구성된 '태스크포스'를 투입할 수 있다.

(3) 컴퓨터에 의한 공정관리

컴퓨터에 의한 공정관리(또는 컴퓨터 통합 생산방식, computer integrated manufacturing, CIM)는 어떤 산업부문의 기술적 및 경영적 과제에 대한 정보가공을 통합하는 것을 의미한다. CIM은 CAD(computer aided design, 컴퓨터 지원 설계), CAM(computer aided manufacturing, 컴퓨터 지원 제조), CAPP(computer aided process planning, 컴퓨터 지원 공정계획), CAQ(computer aided quality control, 컴퓨터 지원 품질통제) 및 PPS(Produktionsplanung und -steuerungssystem, 생산계획 및 조정시스템의 독일어 약자) 등을 포괄한다.[12] 날로 발전하는 정보가공시스템은

12 Hoitsch(1993), p. 162 이하.

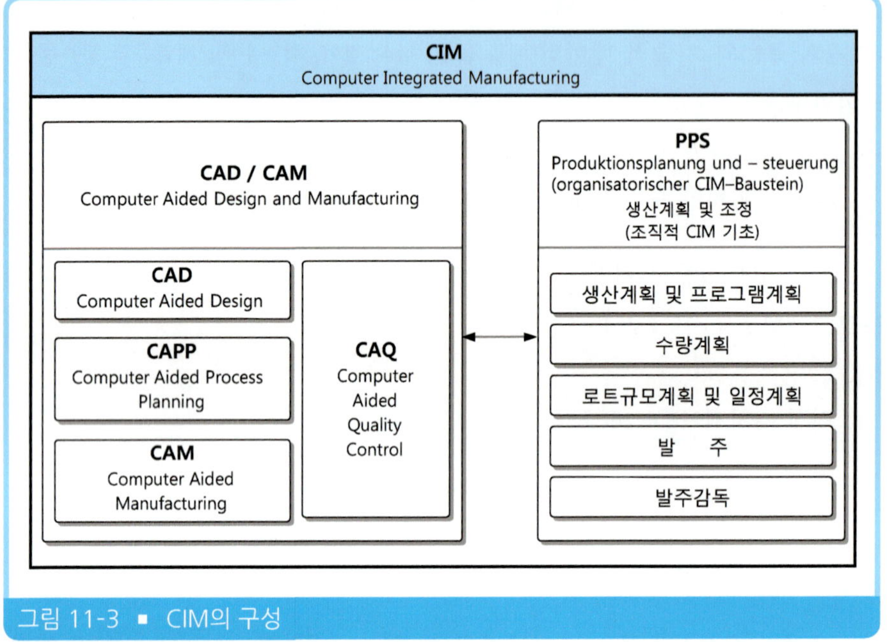

그림 11-3 ▪ CIM의 구성

자료원: Rembold/Nnaji/Storr(1994). p. 11.

CIM을 가능하게 만든 원동력이다. 기업의 기술적 및 경영적 영역에 있어서 CIM의 도입은 제품수명주기의 단축, 다양한 제품변경, 주문량의 감소(소량주문) 및 납품시간의 단축 등을 가능하게 하는 기업의 혁신능력을 향상시켰다.

〈그림 11-3〉은 CIM의 구성에 대하여 보여준다. 이 그림에 제시되어 있는 것처럼 제품생산을 위하여 경영적 및 기술적 기능의 통합이 이루어져야 한다. 경영적인 문제는 PPS에 의하여 해결되며, 기술적인 문제는 CAD, CAM, CAPP 및 CAQ 등에 의하여 해결된다.[13]

CIM의 도입에 있어서 가장 큰 문제점의 하나는 기술적인 측면과 경영적인 측면을 전체 시스템에 통합하는 것이다.[14] 또한 CIM의 도입에 있어서 기업은 최적적 통합(optimal integration)을 추구하는 것이 바람직하다. 그 이유는 많은 기업에 있어서 완전한 통합이 의미가 없을 수도 있고, 막대한 투자를 필

13 Czap(1991), p. 487.

14 Rembold/Nnaji/Storr(1994). p. 52.

요로 하기 때문이다.[15]

(4) 린 생산

'린 생산(lean production)'의 개념은 1988년 *크래프칙*(*Krafcik*)의 논문인 "린 생산시스템의 승리(Triumph of the Lean Production System)"에서 처음으로 언급되었다.[16] 1990년 *워맥, 존스*와 *루스*(*Womack, Jones & Roos*) 등이 출간한 『세계를 바꾼 기계』(*The Machine that changed World*)라는 베스트셀러에 힘입어 린 생산의 개념은 세계적으로 확산되었다.[17] 이 책은 MIT에서 수행한 일본과 서구 자동차기업의 비교연구에 근거를 두고 있다.[18]

린 생산은 자원조달, 연구개발, 마케팅, 생산 또는 조립 등과 같은 기업의 모든 기능영역들이 관련된 포괄적인 생산개념이다. 종업원들이 컨베이어 벨트에서 홀로 작업해야 했던 고전적 대량생산과는 반대로, 린 생산에서는 집단토의를 통하여 문제점들을 해결할 수 있는 작업집단이 구성된다.

린 생산을 통하여 다음과 같은 목표들이 달성될 수 있다.

- 높은 제품품질
- 낮은 비용으로 지속적인 제품개선
- 모든 자원의 효율적인 배분
- 짧은 의사결정경로
- 높은 정보수준
- 시장에 대한 유연적 적응
- 최종 조립업체와 납품업체 간의 좋은 관계

〈표 11-2〉는 *워맥, 존스*와 *루스*(*Womack, Jones & Roos*) 등에 의한 연구결과에 기초하여 일본의 자동차기업이 서구의 자동차기업보다 더욱 효과적이고 효율적으로 생산하고 있다는 것을 보여준다.[19] 이러한 우위에 근거하여 일

15 Hässig(1988), p. 344.
16 Krafcik(1988), p. 41.
17 Womack/Jones/Roos(1992).
18 Gottschall/Hirn(1992), p. 203; Groth/Kammel(1994), p. 23.
19 Womack/Jones/Roos(1992).

표 11-2 ■ 린 경영의 성과비교

부 문	일본의 자동차기업	미국의 자동차기업	유럽의 자동차기업
• 연구개발			
인건비(100만 엔지니어 시간)	1.7	3.1	3.1
설비개발기간(월)	13.8	25.0	28.0
시제품 도입기간(월)	6.2	12.4	10.9
기존부품의 비율(%)	18	38	30
• 생 산			
생산성(시간/1대)	16.8	25.1	36.2
품질(100대당 조립불량)	60	82.3	97
팀조직 비율(%)	69.3	17.3	0.6
결근율(%)	5.0	11.7	12.1
조립부품 재고기간(월)	0.2	2.9	2.0
• 납품시스템			
납품업체의 수	170	509	442
납품업체의 조립(%/총시간)	51	14	35
JIT에 의한 부품공급비율(%)	45	14.8	7.9
종업원 1인당 기계의 수	7.4	2.5	2.7
부품 재고기간(일)	1.5	8.1	16.3
• 판매시스템			
납품기간(일)	21	66	66
딜러/유통기업의 수	300	2,000	7,500

* 이 표에 제시된 수치는 MIT 연구에 근거함.
자료원: Womack/Jones/Roos(1992); Pfeiffer/Weiß(1993), p. 17.

본의 자동차기업은 서구의 자동차기업보다 더욱 유리한 경쟁적 지위를 확보할 수 있었다.

린 생산의 성공은 모든 관련된 기능영역들이 얼마나 잘 협력하는가에 달려 있다. 린 생산은 포괄적인 생산개념이기 때문에 오늘날 널리 사용되고 있는 적시관리(JIT), 유연적 생산시스템 및 CIM 등과 같은 생산개념의 지원을 받을 수 있다. 즉, 이러한 생산시스템들의 지원이 없이는 린 생산의 성공을 보장할 수 없다. 또한 린 생산을 성공시키기 위해서는 적은 계층, 팀 작업, 동시공학, 전사적 품질경영, 협력업체 통합, 고객근접, 통합적 정보관리 및 커뮤니케이션 문화 등이 관련된 린 생산의 핵심요소들이 검토되어야 한다.

11.1.4 혁신제품의 시장테스트와 시장도입

혁신과정의 최종 단계는 혁신제품(신제품)의 시장테스트(market test)와 시장도입(market introduction)이다. 실제에 있어서 시장테스트는 기술적 및 기능적 제품테스트를 거친 후 이루어진다. 시장테스트는 가장 포괄적인 시장조사의 한 방법이며, 이러한 시장테스트에서는 제품을 개선하고, 신제품도입을 위한 어떤 마케팅개념을 개발하기 위하여 신제품에 대한 고객 또는 구매자의 반응이 확인되어야 한다.[20] 시장테스트의 가장 중요한 목표는 신제품이 시장에 도입되기 전에 고객욕구와 신제품 간의 편차를 적시에 수정하는 것이다.[21] 시장테스트는 무엇보다도 다음과 같은 방법으로 수행될 수 있다.[22]

- 신제품과 관련된 특징들을 평가할 수 있는 소비자 패널을 활용함(예를 들면, 기능적 속성, 포장, 가격 및 제품명 등에 대한 평가를 함).
- 테스트시장에 제품을 도입함(실험 테스트시장, 점포테스트 및 지역시장테스트 등).

특히, 시장테스트에서 발생하는 높은 비용을 고려하는 것이 중요하다. 또한 테스트기간에는 신제품에 대한 보안을 유지하기 어렵기 때문에 신제품을 모방할 가능성이 있는 경쟁업체를 주의 깊게 관찰하여야 하며, 신제품도입이 늦어질 경우의 도입비용을 줄이기 위하여 시장테스트를 가능한 한 빨리 마쳐야 한다.[23]

시장테스트가 성공적으로 수행이 되고, 고객욕구와 신제품 간의 편차가 수정되면 그 신제품은 비로소 시장에 도입될 수 있다. 시장도입과 관련된 의사결정단계에 있어서는 마케팅 믹스(제품, 가격, 유통 및 촉진)의 관점에서 구체적인 신제품 도입계획이 수립되어야 한다.[24] 무엇보다도 시장도입의 시점에서는 신제품에 대한 지리적 판매거점 및 목표고객이 확정되어야 한다.[25] 아울

---

20 Hill/Rieser(1993), p. 240.
21 Trommsdorff/Reeb/Riedel(1991), p. 569.
22 Groth/Kammel(1994), p. 34.
23 전게서; Holt(1988), p. 227.
24 Trommsdorff/Reeb/Riedel(1991), p. 569.
25 Kotler/Bliemel(1992), p. 528 이하.

러, 이 단계에서는 생산, 유통 및 자원조달부문 간의 부문초월적인 조정이 요구된다.[26]

11.2 글로벌화 관점에서의 신제품개발을 위한 연구개발과 마케팅부문 간의 공유영역[27]

본서에서는 기업의 글로벌화를 다음과 같이 정의하고자 한다. 기업의 글로벌화는 "기업이 국제적으로 성장·발전하는 것"을 의미하며, 일반적으로 글로벌화는 다음과 같은 과정을 거친다. 즉, 기업의 글로벌화 과정은 수출에서 시작하여 해외직접투자로 점진적으로 발전하는 단계이며,[28] 여기에서 중요한 개념은 급진적인 글로벌화가 아니라 점진적인 글로벌화이다. 본서에서는 이러한 점진적 글로벌화에 기초하여 기업의 글로벌화를 '수출, 라이선스제공 및 자회사 설립' 등으로 분류하기로 하며,[29] 이러한 세 가지 활동 중에서 한 가지 이상과 관계될 경우, 기업의 글로벌화가 이루어진 것으로 간주하기로 한다. 그러므로 글로벌화 관점에서의 연구개발과 마케팅부문 간의 공유영역에 대한 논의를 함에 있어서 수출, 라이선스제공 및 자회사 설립 등 세 가지 글로벌화 대안만을 기준으로 하기로 한다.

부문 간의 공유영역(interface)은 일반적으로 각 부문 간의 협력에 바탕을 두고 있으며, 이러한 공유영역은 기업의 효율적이고 원활한 업무수행과 목표달성에 이바지해야만 한다. 특히, 연구개발과 마케팅부문 간의 신제품개발 또는 제품혁신을 위한 밀접한 협력은 기업의 장기적인 목표달성과 글로벌 경

26 Allesch/Klasmann(1989). p. 11.

27 저자의 논문 일부분을 요약하여 제시함; 박주홍(2003a), p. 75 이하.

28 Davidson(1980), p. 9 이하.

29 기업의 글로벌화 과정은 일반적으로 수출, 라이선스제공, 지점 또는 지사 설립(유통망) 및 자회사 설립 등의 네 가지 단계로 나누는데, 본서에서는 지점 또는 지사 설립을 부문 간의 공유영역과 관련된 논의의 대상에서 배제하기로 한다. 왜냐하면 넓은 의미에서 볼 때, 자회사 설립에 이러한 세 번째 과정이 포함될 수 있기 때문이다.

쟁력 강화에 큰 영향을 미친다.[30] 본서에서는 연구개발과 마케팅부문 간의 공유영역을 "신제품개발과 관련하여 두 부문 간의 업무 또는 활동이 겹쳐지는 부분"으로 정의하기로 한다.

11.2.1 연구개발과 마케팅부문 간의 공유영역과 통합메커니즘

연구개발과 마케팅부문 간의 공유영역의 문제는 일반적으로 신제품개발 과정에서 발생한다. 그러나 신제품개발과 관련된 여러 가지 활동들의 중요도는 기업에 따라 다르게 인식될 수 있다. 연구개발과 마케팅부문 간의 공유영역은 〈표 11-3〉에 제시되어 있다.[31] 이 표에서는 두 부문 간의 공유영역을 마케팅이 연구개발부문과 관련된 영역, 마케팅이 연구개발부문에 제공하는 정보 및 연구개발이 마케팅부문과 관련된 영역 등으로 구분한다. 이 표는 신제품개발에 있어서 연구개발과 마케팅 관리자 간의 커뮤니케이션을 위한 지침을 제공할 수 있다. 신제품개발을 위한 연구개발과 마케팅부문 간의 공유영역에서 가장 중요한 것은 무엇보다도 신제품개발을 통한 고객의 욕구충족이다. 기업은 이러한 고객의 욕구충족을 통하여 시장점유율을 향상시킬 수 있으며, 아울러 시장선도자의 지위를 확보할 수 있다.

앞에서 제시한 연구개발과 마케팅부문 간의 공유영역은 기업에 따라 그 중요성이 다르게 나타날 수 있다. 어떤 기업에 있어서 두 부문 간의 공유영역이 확인 또는 설정된다면, 이들 두 부문 간의 통합을 달성하는 메커니즘이 필요하다. *그리핀*과 *하우저*(*Griffin & Hauser*)는 연구개발과 마케팅부문 간의 통합장벽을 극복할 수 있는 여섯 가지 형태의 통합메커니즘(integration mechanism)을 구분한다.[32] 즉, 이것들은 다음과 같다.

- 재배치와 물리적 설비 디자인

30 Schneider/Müller(1993), p. 6.

31 Gupta/Raj/Wilemon(1985), p. 293.

32 Griffin/Hauser(1996), p. 191.

표 11-3 ■ 연구개발과 마케팅부문 간의 공유영역

세부 공유영역	주요 내용
• 마케팅이 연구개발부문과 관련된 영역	1. 신제품 목표와 우선순위의 설정 2. 연구개발 예산안의 준비 3. 제품개발일정의 수립 4. 신제품 아이디어의 창출 5. 신제품 아이디어의 선택 6. 연구개발부문의 신제품 아이디어와 기술에 대한 상업적 적용가능성의 발견
• 마케팅이 연구개발부문에 제공하는 정보	1. 신제품에 대한 고객의 요구사항 2. 제품성능과 디자인에 대한 법적 규제 3. 테스트 마케팅의 결과 4. 제품성능과 관련된 고객으로부터의 피드백 5. 경쟁자의 전략
• 연구개발이 마케팅부문과 관련된 영역	1. 마케팅 예산안의 준비 2. 신제품 아이디어의 선택 3. 마케팅부문의 제안에 따른 제품수정 4. 시장요구에 따른 신제품개발 5. 신제품의 고객을 위한 커뮤니케이션 전략의 설계 6. 사용자 및 서비스 매뉴얼의 작성 7. 신제품의 사용자 훈련 8. 고객욕구의 분석

자료원: Gupta et al.(1985), p. 293.

- 인력이동
- 비공식 사회적 시스템
- 조직구조
- 인센티브와 보상
- 공식적 통합관리과정

(1) 재배치와 물리적 설비 디자인

재배치와 물리적 설비 디자인을 통한 두 부문 간의 통합메커니즘의 관점에서 볼 때, 두 부문 간의 물리적 거리(physical distance)의 단축을 통하여 두 부문 간의 정보이전(information transfer)을 증대시킨다는 사실이 실증적 연구

를 통하여 증명되었다.[33]

(2) 인력이동

또한 인력이동을 통하여 두 부문 간의 상호작용과 정보의 교류가 활발해지며, 두 부문 간의 통합이 촉진될 수 있다.[34] 그러나 인력이동이 너무 빨리 진행되면, 두 부문 간의 충분한 지식이전에 방해요인이 나타날 수도 있다는 것을 주의해야 한다.[35]

(3) 비공식 사회적 시스템

비공식 사회적 시스템은 조직에 있어서 비공식 집단과의 교류를 통하여 두 부문 간 정보이전과 정보활용을 촉진시킨다.[36] 즉, 이러한 비공식적 네트워크를 통하여 두 부문 간의 어떤 특정문제에 대한 해결방안이 제시될 수 있다.

(4) 조직구조

조직구조는 일반적으로 연구개발과 마케팅부문 간에 프로젝트 팀이 구성될 때 그 의미를 갖는다. 두 부문의 관련인력들이 참여하는 프로젝트 팀은 무엇보다도 두 부문 간의 정보교환을 촉진시키고, 또한 최고경영층이나 다른 부문의 간섭이 없이 갈등이 해결될 수 있기 때문에 두 부문 간의 협력이 촉진된다.[37]

(5) 인센티브와 보상

인센티브(incentive)와 보상(compensation)은 조직 내에서의 성과에 기초하여 주어지며, 이를 통하여 두 부문 간의 통합을 위한 자극 또는 동기부여가 증대될 수 있다. 일반적으로 인센티브와 보상은 임금인상 및 보너스 지급 등과 같은 금전적인 방법과 포상, 칭찬 및 인정, 승진 및 연수기회의 제공 등

33 전게논문, p. 191 이하; Pinto/Pinto/Prescott(1993), p. 1281 이하.
34 Moenaert et al.(1994), p. 31 이하.
35 Leenders/Wierenga(2002), p. 307.
36 Dougherty, D.(1992), p. 179 이하.
37 Griffin/Hauser(1996), p. 191 이하.

과 같은 비금전적인 방법을 통하여 이루어진다.[38] 그러나 인센티브와 보상은 통합메커니즘의 성격보다는 두 부문 간의 통합의 성과에 대한 보상의 성격이 강하다는 것을 인식할 필요가 있다.

(6) 공식적 통합관리과정

마지막으로 공식적 통합관리과정을 통한 두 부문 간의 통합은 기업에 있어서 신제품개발과 관련하여 두 부문 간의 통합이 공식적인 조직 내에서 이루어지는 것을 의미한다. 일반적으로 신제품개발을 위해 연구개발과 마케팅부문의 관리자가 참여하는 위원회가 구성될 수 있고, 경우에 따라서 최고경영층 및 기타 관련부문의 관리자들이 함께 참여하는 위원회가 구성될 수 있다.

앞서 언급한 연구개발과 마케팅부문 간의 통합의 방법은 산업이나 기업에 따라 다르게 이루어질 수 있다. 이러한 방법 이외에 최근에는 정보통신기술의 발달로 인하여 이메일, 화상회의 및 인트라넷 등을 통한 두 부문 간의 통합이 추구되기도 한다.[39] 다음 절에서는 연구개발과 마케팅부문 간의 공유영역에 대한 조정방법에 대하여 살펴보기로 한다.

11.2.2 연구개발과 마케팅부문 간의 공유영역에 대한 조정방법

연구개발과 마케팅부문 간의 공유영역의 조정은 무엇보다도 신제품개발과정에 있어서의 유연성 증대, 짧은 개발일정의 달성, 비용, 관련인력의 동기부여증대, 두 부문 간의 갈등의 회피 및 목표된 제품혁신수준의 달성 등의 목표를 달성하기 위하여 이루어진다.[40] 신제품개발과 관련하여 이들 두 부문의 전체 과제가 여러 개의 부분 과제로 분류되면 조정의 문제가 나타난다.

38 Staudt et al.(1990), p. 1187 이하; Herzhoff(1991), p. 334; Park(1996), p. 93 이하.

39 이러한 통합방법은 정보통신기술(Information and Communication Technology, ICT)에 기초를 두고 있다.

40 Benkenstein(1987), p. 124 이하.

일반적으로 이러한 조정(coordination)은 기업 전체 차원에서 볼 때, '중앙집권적' 또는 '분권적'으로 이루어진다. 중앙집권적 조정(centralized coordination)에서는 조정의 과제는 최고경영층에 집중되며, 중하위계층의 의사결정권한은 제한된다. 그러나 분권적 조정(decentralized coordination)에 있어서는 중하위계층으로 의사결정권한이 대폭 위임된다.[41] 따라서 연구개발과 마케팅부문 간의 조정은 어떤 기업의 의사결정방식이 중앙집권적인가 또는 분권적인가에 따라 달라질 수밖에 없다.

연구개발과 마케팅부문 간의 공유영역에 대한 조정방법은 다음과 같다(제8장 8.3.2에서 이미 논의하였음).[42]

- 개인적 명령
- 표준규정 또는 프로그램에 의한 조정
- 계획에 의한 조정
- 연구자의 독자적 결정에 의한 조정
- 상호 결정에 의한 조정(조정회의 또는 조정위원회)
- 기업문화에 의한 조정

11.2.3 글로벌화 관점에서의 연구개발과 마케팅부문 간의 공유영역

여기에서는 앞에서 논의한 연구개발과 마케팅부문 간의 공유영역에 대한 이론적인 기초를 바탕으로 기업의 글로벌화 관점에서 연구개발과 마케팅부문 간의 공유영역의 설정, 통합메커니즘 및 조정방법을 제시하기로 한다. 따라서 수출, 라이선스제공 및 자회사 설립 등과 같은 글로벌화에서 특별히 나타날 수 있는 두 부문 간의 공유영역에 대한 문제를 중점적으로 다루기로 한다.[43]

---

41 Herzhoff(1991), p. 227 이하.

42 Park(1996), p. 84 이하; Schneider/Müller(1993), p. 9; Kieser/Kubicek(1992), p. 103 이하; Rieser(1984), p. 91.

43 제11장 11.2.1과 11.2.2에서 제시한 두 부문 간의 공유영역, 통합메커니즘 및 조정방법 등

(1) 수출 관점에서의 연구개발과 마케팅부문 간의 공유영역의 설정, 통합메커니즘 및 조정방법

수출(export)은 해외고객에게 제품 또는 서비스를 판매하는 기업활동이다. 수출은 중간상을 개입시켜 해외고객에게 제품 또는 서비스를 판매하는 간접수출 및 중간상을 개입시키지 않고 기업의 수출관련 부서를 통하여 판매하는 직접수출로 분류된다. 일반적으로 수출관련 부서는 수출부, 해외영업부, 국제사업부, 국제마케팅부 또는 국제부 등과 같이 기업에 따라 여러 가지 서로 다른 명칭으로 사용되기도 한다.[44] 아래에서는 간접수출과 직접수출을 구분하여 연구개발과 마케팅부문 간의 공유영역에 대하여 논의하기로 한다.

중간상을 통한 간접수출의 경우에 있어서, 해외에 수출할 신제품은 기업이 직접 개발할 수도 있고, 중간상의 주문에 의해 별도의 개발절차가 필요없이 생산될 수 있다. 이러한 경우에 있어서 신제품개발을 위한 연구개발과 마케팅부문 간의 공유영역은 서로 다르게 이해될 수 있다. 어떤 기업이 직접 신제품을 개발하여 중간상에 납품하는 경우 두 부문 간의 공유영역은 앞에서 언급한 것처럼 이해되고 관리될 수 있다. 반면에 중간상의 주문(예를 들면, 중간상이 신제품개발과 관련된 모든 정보를 제공하는 경우)에 의해 특정제품을 납품하는 경우 신제품개발의 필요성이 없어지기 때문에 신제품개발을 위한 두 부문 간의 공유영역에 대한 문제는 제기되지 않을 수 있다.

직접수출의 경우에 있어서 해외고객에게 판매할 신제품개발은 전적으로 해당 기업의 책임이다. 그러므로 신제품개발을 위한 연구개발과 마케팅부문 간의 공유영역에 대한 새로운 시각이 요구된다. 즉, 어떤 기업이 수출을 시작하기에 앞서 그 기업의 수출부는 해외고객의 욕구 또는 요구사항을 글로벌 시장조사를 통하여 연구개발부문에 제공하여야 한다. 이 경우 신제품개발을 위한 공유영역은 연구개발, 마케팅 및 수출부문 등으로 확대되며, 신제품개

은 수출, 라이선스제공 및 자회사 설립 등과 같은 글로벌화의 관점에서 이론적으로 모두 적용될 수 있는 내용이다. 따라서 여기에서는 수출, 라이선스제공 및 자회사 설립 등의 글로벌화 관점에서 특징적으로 나타날 수 있는 공유영역의 문제점에 초점을 맞추어 논의하기로 한다.

44 본서에서는 수출부를 마케팅부문으로 간주하기로 한다.

표 11-4 ■ 수출 관점에서의 두 부문 간의 공유영역의 설정, 통합메커니즘 및 조정방법

문제영역	주요 내용
• 공유영역의 설정	
(1) 마케팅이 연구개발부문과 관련된 영역	1. 국가별 · 지역별 신제품 목표와 우선순위 설정 2. 수출용 신제품을 위한 연구개발 예산안의 준비 3. 국가별 · 지역별 제품개발일정의 수립 4. 간접수출의 경우 수출중간상이 요구하는 신제품개발 일정의 수립 5. 해외시장을 위한 신제품 아이디어의 창출 및 선택
(2) 마케팅이 연구개발부문에 제공하는 정보	1. 신제품에 대한 해외고객의 요구사항 2. 현지국가의 제품관련 규제 정보(안전도 및 표준 등) 3. 현지시장 테스트 마케팅의 결과 4. 수출 신제품과 관련된 해외고객으로부터의 피드백 5. 해외경쟁자의 전략
(3) 연구개발이 마케팅부문과 관련된 영역	1. 수출용 신제품을 위한 마케팅 예산안의 준비 2. 해외시장을 위한 신제품 아이디어의 창출 및 선택 3. 수출부의 제안에 따른 해외시장을 위한 신제품의 수정 4. 해외시장요구에 따른 신제품개발 5. 간접수출의 경우 수출중간상이 요구하는 신제품개발 6. 해외고객을 위한 사용자 및 서비스 매뉴얼의 작성 7. 해외고객의 욕구분석
• 통합메커니즘	1. 수출부와 연구개발부문의 재배치와 물리적 설비 디자인 2. 수출부와 연구개발부문 간의 인력이동 3. 비공식 사회적 시스템 4. 조직구조(예, 수출을 위한 신제품개발 프로젝트 팀의 구성) 5. 신제품개발과 수출성과에 기초한 인센티브와 보상 6. 공식적 통합관리과정 7. 정보통신기술(ICT)에 의한 통합(예, 해외지사와 연구개발부문 간의 이메일, 화상회의 및 인트라넷 등)
• 조정방법	1. 개인적 명령 2. 표준규정 또는 프로그램에 의한 조정 3. 계획에 의한 조정 4. 연구자의 독자적 결정에 의한 조정 5. 상호 결정에 의한 조정(조정회의 또는 조정위원회) 6. 기업문화에 의한 조정

자료원: 박주홍(2003a), p. 85.

발을 위하여 이들 세 부문이 공유영역에 대한 관리를 해야만 한다. 그리고 직접수출을 하는 기업이 해외에서 지사(유통망)를 운영하는 경우에 있어서, 신제품개발과 관련된 해외고객의 정보는 해외지사로부터 국내의 본사로 전달된다.

〈표 11-4〉에서는 수출 관점에서의 두 부문 간의 공유영역의 설정, 통합메커니즘 및 조정방법에 대한 주요 내용을 보여준다. 수출 관점에서의 두 부문 간의 공유영역의 설정에 있어서 주요 내용은 다양하지만 무엇보다도 수출할 신제품의 국가별 및 지역별 목표와 우선순위의 설정, 국가별 및 지역별 제품개발일정의 수립, 해외시장을 위한 신제품 아이디어의 창출 및 선택, 현지국가의 제품관련 규제 정보, 해외경쟁자의 전략 및 해외고객의 욕구분석 등과 같은 요인들이 중요하다. 통합메커니즘과 조정방법은 11.2.1과 11.2.2에서 살펴본 이론적 내용과 거의 차이가 없다. 다만, 통합메커니즘에 있어서 조직구조에서의 수출을 위한 신제품개발 프로젝트 팀의 구성, 신제품개발과 수출성과에 기초한 인센티브와 보상 및 해외지사와 연구개발부문 간의 정보통신기술을 이용한 통합 등의 요인들이 중요한 의미를 갖는다. 아울러, 조정방법에 있어서도 신제품개발과 관련된 거의 모든 의사결정이 국내의 본사에서 이루어지기 때문에 앞에서 살펴본 조정방법을 그대로 적용할 수 있다.

(2) 라이선스제공 관점에서의 연구개발과 마케팅부문 간의 공유영역의 설정, 통합메커니즘 및 조정방법

라이선스제공(licensing)은 신제품 또는 신기술개발의 결과가 수출의 대상이 되는 제품의 성격을 갖는다.[45] 라이선스제공(예를 들면, 법률로 보호되는 특허권, 라이선스 및 기술의 수출 등)과 관련된 대표적 이론으로 잉여기술의 이론을 들 수 있다. 즉, 어떤 기업이 잉여기술을 갖게 되면 기술의 수출을 시도하는데, 이러한 기술의 수출활동은 잉여기술의 이론으로 설명될 수 있다.[46] 이때에 잉여기술은 연구개발비의 확보를 위해 판매가 되며, 잉여기술은 상품의 가치를 갖는다.

---

45 박주홍(1999), p. 168 이하.

46 Perlitz(1978), p. 112 이하; Perlitz(2004), p. 102 이하.

잉여기술(surplus technology)은 앞서 살펴본 바와 같이 대체로 자사에서 사용불가능한 기술, 자사에서 사용하지 않으려는 기술 및 판매될 수 있는 신기술의 개발 등으로 분류될 수 있다.[47] 어떤 기업이 신제품 또는 신기술을 수출하게 되면 해외시장에서 기술적 선도자로서의 명성을 얻게 된다. 또한 기술의 판매를 통하여 해외시장에 대한 정보수집이 가능하다. 즉, 라이선스제공의 대가로 로열티(royalty)를 받게 되는데, 로열티의 계산이 매출액 기준으로 이루어질 때 라이선스를 수입한 국가에서 라이선스를 수출한 기업의 기술로 만든 제품의 판매량을 정확히 알 수 있기 때문이다. 만일 라이선스를 수입한 국가의 시장규모가 매우 크다면 라이선스제공을 중단하고 현지국가에 자회사를 설립할 수 있다.

라이선스제공의 관점에서의 연구개발과 마케팅부문 간의 공유영역에 대한 문제는 무엇보다도 '판매될 수 있는 신기술의 개발'과 관련되어 있다. 예를 들면, 독일의 중소기업은 판매될 수 있는 신기술의 개발에 있어서 세계적인 경쟁력을 갖고 있다. 즉, 일반적으로 이들 기업은 이러한 신기술을 막대한 생산자본을 필요로 하는 신제품의 형태로 만들어 판매하지 않고, 신기술 그 자체를 제품으로 판매한다. 해외로의 라이선스제공은 제품의 형태(예를 들면, 자동차의 특정모델과 같은 완제품) 또는 개별 기술의 형태(예를 들면, ABS와 같은 자동차의 특정부품 제조기술)로 이루어진다.

〈표 11-5〉는 라이선스제공의 관점에서의 두 부문 간의 공유영역의 설정, 통합메커니즘 및 조정방법에 대한 주요 내용을 제시한다. 두 부문 간의 공유영역은 해외에 라이선스형태로 수출될 수 있는 신기술개발의 관점에서 설정된다. 라이선스제공의 관점에서의 두 부문 간의 공유영역의 설정에 있어서 중요한 내용으로는 라이선스제공을 위한 신기술 아이디어의 창출 및 선택, 해외의 신기술 구매기업의 요구사항 및 라이선스제공을 위한 신기술의 개발 등을 들 수 있다. 또한 두 부문 간의 통합메커니즘은 효율적이고 효과적인 신기술개발의 관점에서 이루어져야 한다. 라이선스제공은 상품 또는 제품으로서의 신기술의 수출과 관련되어 있기 때문에 앞에서 논의한 수출관점에서의 두 부문 간의 공유영역의 설정, 통합메커니즘 및 조정방법을 그대로 원용하

47 전게서.

표 11-5 ■ 라이선스제공 관점에서의 두 부문 간의 공유영역의 설정, 통합메커니즘 및 조정방법

문제영역	주요 내용
• 공유영역의 설정 (1) 마케팅이 연구개발부문과 관련된 영역	1. 신기술개발을 위한 예산안의 준비 2. 라이선스제공을 위한 신기술개발일정의 수립 3. 라이선스제공을 위한 신기술 아이디어의 창출 및 선택
(2) 마케팅이 연구개발부문에 제공하는 정보	1. 해외의 신기술 구매기업의 요구사항 2. 신기술과 관련된 법적 규제 3. 해외경쟁자의 기술수준
(3) 연구개발이 마케팅부문과 관련된 영역	1. 신기술 판매를 위한 마케팅 예산안의 준비 2. 라이선스제공을 위한 신기술 아이디어의 창출 및 선택 3. 라이선스제공을 위한 신기술의 개발 4. 해외의 신기술 구매기업의 욕구분석
• 통합메커니즘	1. 신기술개발을 위한 연구개발부문의 재배치와 물리적 설비 디자인 2. 연구개발과 마케팅부문 간의 인력이동 3. 비공식 사회적 시스템 4 조직구조(예, 수출용 신기술개발을 위한 프로젝트 팀의 구성) 5. 신기술개발과 수출성과에 기초한 인센티브와 보상 6. 공식적 통합관리과정 7. 정보통신기술(ICT)에 의한 통합 (예, 연구개발과 마케팅부문 간의 이메일, 화상회의 및 인트라넷 등)
• 조정방법	1. 개인적 명령 2. 표준규정 또는 프로그램에 의한 조정 3. 계획에 의한 조정 4. 연구자의 독자적 결정에 의한 조정 5. 상호 결정에 의한 조정(조정회의 또는 조정위원회) 6. 기업문화에 의한 조정

자료원: 박주홍(2003a), p. 87.

여 적용할 수 있다.

(3) 자회사 설립 관점에서의 연구개발과 마케팅부문 간의 공유영역의 설정, 통합메커니즘 및 조정방법

해외에서의 자회사 설립(establishment of subsidiary)은 전적으로 해외직접

투자에 의해 이루어진다. 해외에서의 주식투자인 포트폴리오투자와 해외직접투자의 본질적인 차이점은 다음과 같다. 포트폴리오투자는 자본이전이 금전적인 측면에만 국한되어 있는 반면, 해외직접투자는 자본이전이 금전적인 측면과 관련되어 있을 뿐만 아니라, 인적 및 물적 자원의 해외이전과 해외생산을 통한 이윤증대 또는 자산축적의 형태도 갖는다.[48] 앞서 논의한 수출과 라이선스제공은 본국을 생산거점으로 삼고 있지만, 해외직접투자는 해외 자회사의 설립, 지분참여, 전략적 제휴, 인수 및 합병 등과 같이 자본을 국제적으로 이동시켜 현지국가에서 생산하는 것을 말한다. 해외직접투자의 광범위하고 복잡한 성격 때문에 여기에서는 해외직접투자 중에서 50% 이상의 주식지분과 경영권을 갖고 있는 자회사에만 국한하여 연구개발과 마케팅부문 간의 공유영역문제를 논의하기로 한다. 아울러, 자회사 설립을 통하여 기업에 있어서 연구개발의 글로벌화가 활발히 이루어지고 있기 때문에 여기에서는 본사와 자회사 간의 관계를 중심으로 두 부문 간의 공유영역문제를 살펴보기로 한다.

해외에서 자회사 설립이 이루어지면 본사와 자회사 간의 관계에 대한 문제가 대두된다. 일반적으로 본사와 자회사 간의 관계는 본사 중심적, 현지 중심적, 지역 중심적 및 글로벌 중심적 등으로 나눌 수 있다.[49] 그러나 본서에서는 이러한 광범위한 본사와 자회사 간의 모든 관계를 논의하지 않고, 연구개발과 마케팅부문 간의 공유영역의 문제에 대하여 본사 중심적(중앙집권적) 및 현지 중심적(분권적) 관점에서만 살펴보기로 한다.

특히, 연구개발의 글로벌화(globalization of R&D)는 신제품개발을 위한 연구개발과 마케팅부문 간의 공유영역에 대한 국제적인 접근을 요구한다. 이러한 연구개발의 글로벌화는 본사와 자회사로 하여금 신제품개발의 과제를 국경을 초월하여 파악하고 처리하도록 한다.

연구개발의 글로벌화의 필요성이 제기되는 이유를 보다 구체적으로 살펴보면 다음과 같다.[50]

---

48 박주홍(1999), p. 165.
49 Heenan/Perlmutter(1979), p. 17 이하.
50 박주홍(1996), p. 126.

- 세계화 또는 글로벌화로 인한 사업구조의 변화
- 제품수명주기의 단축으로 인한 국내에서의 신속한 기술개발의 한계
- 보다 신속한 현지 소비자 및 고객의 요구의 충족
- 기술력이 우수한 현지국에서의 신기술 및 신제품개발
- 인적 및 물적 연구개발자원의 국제적인 효율적 배분의 필요성
- 생산 및 마케팅 위주의 현지 자회사에 연구개발기능을 추가함으로써 본사로부터 기능적으로 완전 독립하려는 현지 자회사의 요구
- 현지국 정부의 연구개발에 대한 각종 혜택

〈표 11-6〉은 자회사 설립의 관점에서의 두 부문 간의 공유영역의 설정, 통합메커니즘 및 조정방법에 대한 주요 내용을 보여준다. 신제품개발을 위한 두 부문 간의 공유영역의 설정은 본사와 자회사의 연구개발과 마케팅부문이 관련되기 때문에 앞에서 언급한 수출 및 라이선스제공의 경우보다 더욱 복잡한 양상을 띠게 된다. 두 부문 간 공유영역에 있어서 중요한 내용은 현지시장을 위한 신제품의 목표와 우선순위의 설정, 본사와 자회사 간의 신제품개발 방향의 설정, 현지국가 경쟁자의 전략 및 현지시장요구에 따른 신제품개발 등이다. 또한 통합메커니즘은 앞서 논의한 수출과 라이선스제공의 관점과 거의 유사하다. 다만, 자회사 설립의 관점에서는 본사와 자회사 모두를 포함하기 때문에 통합의 범위가 광범위하다. 조정방법에 있어서도 마찬가지로 앞서 논의한 수출과 라이선스제공의 관점과 유사하지만, 이 경우에 있어서는 본사와 자회사 간의 조정이 중요한 문제로 대두된다.

본사와 자회사 간의 조정은 조직관리의 관점에서 볼 때, 중앙집권적(본사통제), 분권적(현지자치) 및 절충적(유연적 통합) 조정 등으로 구분된다.[51]

중앙집권적 조정(centralized coordination)에서는 신제품개발과 관련된 중요한 의사결정이 본사에 의해 이루어지며, 아울러 현지 자회사의 신제품개발 활동도 본사에 의해 조정되고 통제된다. 이러한 조정의 가장 큰 장점은 본사와 자회사 간의 신제품에 대한 연구개발과제의 중복을 피할 수 있다는 것이

51 Bartlett(1986), p. 372 이하; 박주홍(1996), p. 129 이하; Perlitz(2004), p. 462 이하; 제8장 8.2.2에서 논의하였음.

표 11-6 ■ 자회사 설립 관점에서의 두 부문 간의 공유영역의 설정, 통합메커니즘 및 조정

문제영역	주요 내용
• 공유영역의 설정 (1) 마케팅이 연구개발부문과 관련된 영역	1. 현지시장을 위한 신제품의 목표와 우선순위의 설정 2. 현지시장을 위한 연구개발 예산안의 준비 3. 현지시장을 위한 제품개발일정의 수립 4. 현지시장을 위한 신제품 아이디어의 창출 및 선택 5. 본사와 자회사 간의 신제품개발 방향의 설정
(2) 마케팅이 연구개발부문에 제공하는 정보	1. 신제품에 대한 현지고객의 요구사항 2. 현지국가의 제품관련 규제 정보(안전도 및 표준 등) 3. 현지시장 테스트 마케팅의 결과 4. 현지국가 경쟁자의 전략
(3) 연구개발이 마케팅부문과 관련된 영역	1. 현지시장을 위한 마케팅 예산안의 준비 2. 현지시장을 위한 신제품 아이디어의 창출 및 선택 3. 현지시장요구에 따른 신제품개발 4. 현지고객을 위한 사용자 및 서비스 매뉴얼의 작성 5. 현지고객의 욕구분석
• 통합메커니즘	1. 본사와 자회사 간의 신제품개발관련 조직*의 재배치와 물리적 설비 디자인 2. 본사와 자회사 간의 신제품개발관련 조직 간의 인력이동 3. 비공식 사회적 시스템 4. 조직구조(예, 현지시장을 위한 신제품개발 프로젝트팀의 구성) 5. 신제품개발과 현지시장 매출성과에 기초한 인센티브와 보상 6. 본사와 자회사 간의 공식적 통합관리과정 7. 정보통신기술(ICT)에 의한 통합(예, 본사와 현지 자회사 간의 신제품개발관련 조직 간의 이메일, 화상회의 및 인트라넷 등)
• 조정방법	1. 개인적 명령 2. 본사와 자회사 간의 표준규정 또는 프로그램에 의한 조정 3. 본사와 자회사 간의 계획에 의한 조정 4. 본사와 자회사의 연구자의 독자적 결정에 의한 조정 5. 본사와 자회사 간의 상호 결정에 의한 조정(조정회의 또는 조정위원회) 6. 기업문화에 의한 조정 7. 본사와 자회사 간의 중앙집권적, 분권적 및 절충적 조정

* 신제품개발관련 조직은 본사와 자회사에 존재하는 각각의 연구개발 및 마케팅부문을 의미함.
자료원: 박주홍(2003a), p. 90.

며, 단점으로는 현지 연구인력의 동기부여의 악화초래 및 본사의 신제품개발 활동의 조정에 대한 과중한 부담 등을 들 수 있다.

분권적 조정(decentralized coordination)에서는 신제품개발과 관련된 의사결정권한이 현지 자회사에 이전된다. 본사는 재정문제와 기본적인 신제품개발 목표를 확정하며, 신제품개발에 관련된 구체적인 계획과 실행은 자회사에 의해 이루어진다. 이 방법의 가장 큰 장점은 현지의 고객 또는 소비자의 요구를 신속하게 신제품개발 활동에 반영할 수 있고, 현지 연구인력의 동기부여가 잘 이루어질 수 있다는 것이다. 단점으로는 본사와 자회사의 신제품에 대한 연구개발과제의 중복이 생길 수 있고, 자회사의 신제품개발 활동에 대한 본사의 조정과 통제가 약화될 수 있는 위험이 존재하는 것이다.

마지막으로 절충적 조정(eclectic coordination)에서는 신제품개발 활동의 통제가 본사와 자회사에 의해 절충적으로 이루어진다. 즉, 중앙집권적 조정과 분권적 조정이라는 극단적인 신제품개발 활동의 조정방법이 본사와 자회사의 원활한 커뮤니케이션에 기초를 둔 절충적 조정에 의해 개선될 수 있다. 본사는 신제품개발과 관련된 연구개발의 범위조건을 확정하고, 경우에 따라서 신제품개발 활동과 관련하여 현지 자회사의 의사결정에 직접 참여할 수 있다. 아울러, 현지의 신제품개발 활동은 어느 정도 자치권이 부여되기 때문에 연구인력의 동기부여에 긍정적으로 작용할 수 있다. 장점으로는 현지 연구인력의 동기부여의 증대 및 본사와 자회사 간의 신제품개발 활동의 일관적인 추진 등을 들 수 있다. 그러나 이러한 절충적 조정이 어느 일방의 의사에 치우치게 되는 경우에는 신제품개발 활동과 관련하여 본사와 자회사 사이에 갈등이 초래될 수 있다.

제 5 부

글로벌 기업의 혁신에 대한 통제와 혁신네트워크의 관리

제5부에서는 글로벌 기업의 혁신에 대한 통제와 혁신네트워크의 관리에 대하여 살펴본다. 제12장에서는 글로벌 기업의 혁신에 대한 통제에 대하여 논의하며, 여기에서는 혁신을 위한 연구개발 통제의 의의, 대상 및 종류 등에 대하여 체계적으로 검토한다. 마지막으로 제13장에서는 글로벌 기업의 혁신네트워크의 관리에 대하여 논의한다.

제 1 부 혁신의 글로벌화, 기술적 환경 및 기업문화

제 1 장 글로벌 기업과 혁신의 글로벌화
제 2 장 글로벌 기업의 기술적 환경
제 3 장 글로벌 기업의 혁신촉진적 기업문화

↓

제 2 부 글로벌 기업의 전사적 혁신경영에 대한 개념적 기초

제 4 장 글로벌 기업의 혁신과 글로벌 경쟁력
제 5 장 글로벌 기업의 전사적 혁신경영과 혁신믹스전략

↓

제 3 부 글로벌 기업의 전사적 혁신경영을 위한 전략, 계획 및 조직

제 6 장 글로벌 기업의 혁신을 위한 전략적 검토
제 7 장 글로벌 기업의 혁신을 위한 계획
제 8 장 글로벌 기업의 혁신을 위한 조직

↓

제 4 부 글로벌 기업의 혁신과정

제 9 장 글로벌 기업의 혁신과정의 3단계 및 아이디어창출의 단계
제10장 글로벌 기업의 아이디어평가의 단계
제11장 글로벌 기업의 아이디어실현의 단계

↓

제 5 부 글로벌 기업의 혁신에 대한 통제와 혁신네트워크의 관리

제12장 글로벌 기업의 혁신에 대한 통제
제13장 글로벌 기업의 혁신네트워크의 관리

제 12 장

글로벌 기업의 혁신에 대한 통제

12.1 혁신을 위한 연구개발통제의 의의

혁신에 대한 통제는 일반적으로 혁신활동이 수행된 이후에 이루어지지만, 경우에 따라서 혁신의 계획 또는 실행기간 중에도 이루어질 수도 있다. 특히, 기업에 있어서 혁신활동(예를 들면, 신제품개발 및 신공정개발)의 핵심적 주체는 연구개발부문이므로 연구개발통제가 매우 중요한 과제이다. 통제는 "계획과 성과 간의 편차를 확인하고, 이러한 편차를 분석하기 위한 어떤 순서적이고 지속적인 정보가공의 과정"으로 정의할 수 있다.[1]

연구개발통제(R&D control)는 연구계획, 연구실행 및 연구결과를 포괄하는 연구개발활동의 전반에 대한 지속적이고 체계적인 검토를 의미한다. 전통적인 통제형태인 계획과 결과의 비교(결과통제)는 다음과 같은 3단계로 구분된다.[2]

- 결과의 확인(계획한 값과 해당 측정치에 기초함)
- 계획과 결과의 비교(연구개발계획이 목표한 대로 실현되었는가 또는 편차가 있는가를 확인하기 위함)
- 편차분석(가능한 원인의 규명 및 추후의 처리대안의 영향에 대한 평가)

매우 빠른 기술적 변화가 진행되고 있는 현시대에 있어서 결과통제만으로는 연구개발통제를 충분하게 할 수 없기 때문에 기업은 연구개발과정을 적절하게 검토하기 위하여 전제조건통제와 실행통제를 실시해야만 한다(12.3에서 논의됨). 이러한 세 가지 종류의 연구개발통제를 통하여 기업은 그들의 연구개발활동에서 나타나는 문제점들을 조기에 파악하여 적시에 수정할 수 있다.

1 Bea/Dichtl/Schweitzer(Ed., 1994a), p. 90.

2 Frese(1987), p. 184; Schreyögg(1994), p. 346.

12.2 혁신을 위한 연구개발통제의 대상

연구개발통제의 대상은 다음과 같은 요소들을 포함한다.

- 비용(원가)
- 일정계획
- 기술적 개발목표
- 경제성 분석
- 시장점유율
- 환경보호

이들 요소들 중에서 비용(원가), 일정계획, 기술적 개발목표, 경제성 분석 및 환경보호 등은 전제조건통제와 관련되어 있다. 즉, 이들 요소들은 연구개발계획의 단계에서 주요 통제대상이 된다. 또한 실행통제를 위해서는 일정계획 및 기술적 개발목표가 중요한 의미를 갖는다. 마지막으로 비용(원가), 경제성 분석, 시장점유율 및 환경보호 등은 결과통제를 위한 본질적인 요인이다. 특히, 시장점유율은 신제품이 시장에 도입된 이후에 측정이 가능하며, 이는 혁신결과의 평가를 위한 핵심적인 요소이다.

특히, 환경보호는 오늘날 중요한 연구개발통제의 대상으로 대두되고 있다. 이러한 맥락에서 볼 때, 기업은 다음과 같은 기술적 혁신가능성을 통하여 연구개발활동을 통제할 수 있다.[3]

- 생산과 관련된 환경보호기술 및 혁신: 재활용이 가능한 재료사용 및 통합된 조립기술
- 제품과 관련된 환경보호혁신: 내구성이 뛰어난 질 좋은 제품생산 및 재활용품의 이용

〈표 12-1〉은 혁신경과에 따른 혁신통제의 대상을 보다 구체적으로 제시

3 Macharzina(1993), p. 777.

표 12-1 ■ 혁신경과에 따른 혁신통제의 대상

측정영역	중간결과	측정대상	측정주체
제품아이디어	프로토콜, 스케치, 가공된 제품시안	아이디어의 수, 대안	기술평가 전문가
연구개발	구조, 실험시설, 시제품	기술적 진보, 생산성 향상, 산출증가, 투입감소	기술개발 전문가
발　명	특허, 출판, 가격, 인용	구체적 수치(가중치 부여 가능)	과학자
투자, 제조 및 마케팅	시장성 있는 제품, 실현가능한 공정	기존의 해결방안 및 모방과 비교한 개선에 대한 구체적 내용	마케팅 관리자(제품혁신), 엔지니어(공정혁신)
시장 또는 경영에서의 혁신도입	매출, 원가절감, 순수익, 이윤	금전적 공헌, 수치, 지수, 시간 및 경영 비교, 주가상승	마케팅 및 생산 관계자, 컨트롤러, 산업전문가, 은행가
지속적 판매 또는 지속적 효용	수명주기에 따른 매출, 시장점유율, 원가, 순수익 및 이윤 등의 변화		

자료원: Hauschildt(1993), p. 334.

하고 있다. 즉 이 표는 혁신통제의 측정영역을 혁신경과에 따라 여섯 가지로 분류하여 중간결과, 측정대상 및 측정주체 등에 대한 구체적인 내용들을 보여준다.

12.3 혁신을 위한 연구개발통제의 종류

혁신을 위한 연구개발통제는 일반적으로 통제의 시점에 따라 전제조건통제, 실행통제 및 결과통제 등으로 분류할 수 있다. 아래에서는 이와 같은 세 가지 연구개발통제에 대하여 구체적으로 논의하기로 한다.

12.3.1 전제조건통제

전제조건통제(precondition control)는 연구개발계획이 수립되는 기간에 이루어지며, 여기에서는 내부적이고 외부적인 개발프로젝트 또는 환경조건에 대한 기본조건의 타당성이 검토된다.[4] 연구개발계획이 완전히 수립되기 전에 먼저 주요 기본계획요소들에 대한 예측이 이루어져야 하며, 이러한 예측은 현재 이용가능한 기업의 내부적 자원과 비교되어야 한다.[5]

일반적으로 전제조건통제는 연구개발계획의 단계에서 다음과 같은 과정을 거치면서 이루어진다.

- 특정 연구개발프로젝트의 설정
- 주요 기본계획요소에 대한 예측(예를 들면, 연구개발성과의 예측)
- 주요 비교대상의 설정
- 주요 비교대상과 이용가능한 내부적 자원과의 비교
- 연구개발비용의 확정

특히, 연구개발계획의 단계는 특정 연구개발프로젝트가 시작되는 초기단계이기 때문에 전제조건통제를 통한 비용(원가)절감의 잠재성이 매우 클 수 있다. 즉, 전제조건통제를 하지 않은 연구개발프로젝트가 실행된 이후에 어떤 결정적인 문제점이 발견된다면, 이 문제를 해결하기 위한 기업의 자원부담은 더욱 늘어나게 될 것이다. 전제조건통제에 있어서 무엇보다도 중요한 것은 미래의 연구개발성과에 대하여 정확하게 예측하는 것이다.

12.3.2 실행통제

실행통제(implementation control)에서는 연구개발이 진행되는 과정에서 연구개발활동의 목표와 목표달성 정도가 비교되며, 이들 사이에 편차가 발생할

---

4 전게서, p. 334.

5 Hentze/Brose/Kammel(1993), p. 117.

경우에는 연구개발활동을 수정할 수도 있다. 성공적인 실행통제를 위해서는 혁신의 실행 정도를 판단할 수 있는 중간목표(이정표 또는 체크포인트)가 설정되어야 한다.[6]

기업은 실행통제를 위하여 구체적인 방법을 사용할 수 있는데, 그 대표적인 방법은 이정표 감독계획 기법(milestone control method)이다.[7] 이 기법을 사용하여 실행통제하기 위해서는 다음과 같은 사항들이 요구된다.

- 이정표 리스트의 작성
- 부족한 요소투입의 고려(일반적으로 각 이정표의 도달을 위해 요구되는 기간의 전체적인 균형을 고려하여 부족한 요소를 투입함)
- 각 이정표에 도달하는 시점에 대한 목표조정

이정표 감독계획 기법은 특정 연구개발프로젝트의 조사항목과 관련된 다양한 정보를 기록하는 일정표 및 시간(*X*축)과 누적적 요소투입(*Y*축)을 기록한 그래프 진행보고서로 구성되어 있다. 이 기법은 설정목표와 목표달성 정도 간의 편차를 쉽게 확인할 수 있고, 편차를 적시에 수정할 수 있는 장점을 갖고 있다.

〈표 12-2〉는 이정표 감독계획에서 사용하는 일정표의 일례를 제시한다. 이 표에 나타나 있는 바와 같이 일정표에는 이정표(날짜별), 비용, 잔여비용, 비용지출, 단위당 추정판매가격, 연간 추정판매량, 단위당 추정생산비용, 연간 추정순수익 및 프로젝트성공 여부 등과 같은 정보를 기록할 수 있다. 이정표에 따라 목표달성 정도를 파악하여 연구개발활동의 목표와 비교한 이후에 각 담당부서는 목표, 비용 및 시간 등을 변경할 수 있다.

또한 그래프 진행보고서는 앞서 언급한 것처럼 시간(*X*축, 예를 들면 1월부터 12월까지)과 누적적 요소투입(*Y*축, 예를 들면, 총연구 투입월수)에 대한 내용을 이정표에 따라 표시하면 연구프로젝트의 실행과정에 대한 성과를 쉽게 파악할 수 있다. 〈그림 12-1〉은 이정표 감독계획에서 사용하는 그래프 진행보고서의 일례를 보여준다.

---

6 Macharzina(1993), p. 334.

7 Brockhoff(1994), p. 339.

표 12-2 ■ 이정표 감독계획에서 사용하는 일정표의 일례

<table>
<tr><th colspan="6">연구개발프로젝트 일정표(이정표 감독계획용)</th></tr>
<tr><td colspan="2">프로젝트 주제:</td><td colspan="2">담당부서:</td><td colspan="2">연구책임자:
전화번호:</td></tr>
<tr><td colspan="6">프로젝트목표:</td></tr>
<tr><td colspan="6">프로젝트 일정:</td></tr>
<tr><td>날짜/이정표:</td><td></td><td></td><td></td><td></td><td></td></tr>
<tr><td>비 용</td><td></td><td></td><td></td><td></td><td></td></tr>
<tr><td>잔여비용</td><td></td><td></td><td></td><td></td><td></td></tr>
<tr><td>비용지출:
실험실
기구
…</td><td></td><td></td><td></td><td></td><td></td></tr>
<tr><td>단위당 추정 판매가격</td><td></td><td></td><td></td><td></td><td></td></tr>
<tr><td>연간 추정판매량</td><td></td><td></td><td></td><td></td><td></td></tr>
<tr><td>단위당 추정 생산비용</td><td></td><td></td><td></td><td></td><td></td></tr>
<tr><td>연간 추정순수익</td><td></td><td></td><td></td><td></td><td></td></tr>
<tr><td>프로젝트 성공 여부</td><td></td><td></td><td></td><td></td><td></td></tr>
<tr><td colspan="2" rowspan="2">주의사항:</td><td rowspan="2">날 짜</td><td colspan="3">담당부서</td></tr>
<tr><td>연구개발부</td><td>마케팅부</td><td>생산부</td></tr>
<tr><td colspan="2">목표변경: A3
비용변경: A2
시간변경: A1</td><td></td><td></td><td></td><td></td></tr>
</table>

자료원: Brockhoff(1994), p. 341.

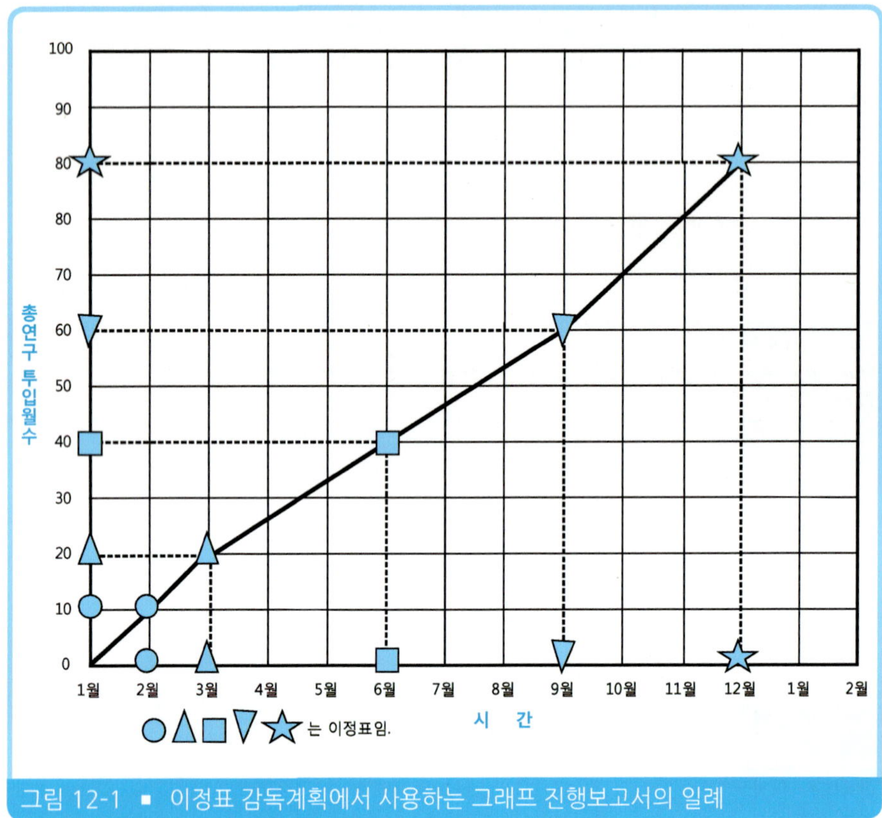

그림 12-1 ■ 이정표 감독계획에서 사용하는 그래프 진행보고서의 일례

자료원: Brockhoff(1994), p. 342.

12.3.3 결과통제

결과통제(result control)는 12.1에서 언급한 것처럼 전통적인 통제방법이다. 이 방법에서는 연구개발목표와 연구개발결과에 대한 비교가 이루어진다. 이 방법은 다음과 같이 특징지워진다.[8]

- 계획수치(또는 정도)와 실현수치(또는 정도)의 비교
- 통제는 최종결과 및 부분결과와 관련됨
- 과거와 관련된 정보에 근거함(피드백 통제)

8 전게서, p. 340 이하.

- 1회성 검토에 한정되지 않고, 체계적 검토가 이루어짐

결과통제의 단계에서는 혁신 또는 연구개발활동이 거의 종결된 상태이기 때문에 목표와 결과 간의 편차를 제거하기 위해서는 많은 비용이 들 수 있다. 따라서 혁신 또는 연구개발활동의 초기단계에서부터 통제를 하는 것이 중요하다. 즉, 결과통제의 단계에서보다는 실행통제의 단계에서, 실행통제의 단계에서보다는 전제조건통제의 단계에서 연구개발의 목표와 달성 정도 간의 편차를 수정하고, 문제점을 제거하는 것이 바람직하다.

이러한 맥락에서 볼 때 십배수의 법칙(rule of ten)이 중요한 의미를 갖는다. 십배수의 법칙에 의하면, 어떤 결함이 늦게 발견될수록 이러한 결함을 제거하는 비용이 기하급수적으로 늘어난다는 것이다.[9] 〈표 12-3〉은 특정전자제품에 대한 십배수의 법칙의 일례를 보여준다. 이 표에 나타나 있는 것처럼 혁신 또는 연구개발의 초기단계에서부터 결함 또는 문제점을 제거하는 것이 혁신성과를 증대시키는 지름길이다.

표 12-3 ■ 특성전자제품에 대한 십배수의 법칙의 일례

디자인 변경의 단계	변경비용(단위: $)
디자인단계	1,000
디자인 테스트단계	10,000
공정계획단계	100,000
대량생산 개시단계	1,000,000
대량생산단계	10,000,000

자료원: Perlitz(2004), p. 461.

9 Perllitz(2004), p. 460.

제 13 장

글로벌 기업의 혁신네트워크의 관리

13.1 혁신네트워크의 의의와 조정

13.1.1 혁신네트워크의 의의

네트워크는 정보통신분야에서 널리 사용되는 용어이지만, 경영학에 있어서 네트워크(network)는 기업의 다양한 경영활동과 관련된 당사자, 기관 및 조직의 연결망을 의미한다. 일반적으로 네트워크는 다음과 같은 네 가지 특성을 갖고 있다.

- 연결적 특성: 네트워크는 고립과 단절을 뛰어넘는 연결성을 보유하고 있다.
- 개방적 특성: 네트워크는 폐쇄되지 않고 관련된 모든 당사자, 기관 및 조직에 열려 있다.
- 사회적 특성: 네트워크는 관련된 당사자, 기관 및 조직의 사회적 관계를 촉진시킨다.
- 유기적 특성: 네트워크는 관련된 당사자, 기관 및 조직의 상호작용을 통하여 진화한다.

네트워크를 효율적으로 작동시키기 위해서는 다음과 같은 전제조건이 충족되어야 한다.[1]

- 모든 네트워크 파트너(network partner)는 다른 모든 파트너를 알고 있다.
- 네트워크는 공통의 목표를 갖고 있다.
- 모든 네트워크 파트너는 협력의 목표에 대한 포괄적 지식을 보유하고 있다.
- 네트워크를 구성하는 협력은 장기적 특성을 갖는다.
- 네트워크는 시스템을 위한 '네트워크 정체성(network identity)'을 보유하고 있다.

1 Strebel./Hasler(2003), p. 347 이하.

혁신네트워크(innovation network)는 앞서 설명한 네트워크의 관점에서 정의될 수 있다. 즉, 혁신네트워크는 기업의 다양한 혁신활동과 관련된 기업의 내부적 및 외부적 당사자, 기관 및 조직의 연결망을 의미한다. 또한 좁은 의미에서 볼 때, 혁신네트워크는 기술네트워크(technology network)를 포괄하고 있다.

13.1.2 혁신네트워크의 조정

혁신네트워크의 가장 중요한 유용성은 무엇보다도 글로벌 기업이 혁신을 추구하는 과정에서 필수적으로 요구되는 조정(coordination)이 이루어질 수 있다는 것이다(조정에 대한 구체적인 방법은 8.3 및 11.2 참고). 혁신네트워크의 관점에서 볼 때, 조정은 다음과 같은 목표달성과 관련되어 있다.[2]

- 시장집중의 목표: 자원조달, 생산 및 판매 등의 목표와 관련된 시장집중
- 혁신조직의 계층별 목표: 1차, 2차 및 3차 등으로 구분되는 계층별 목표
- 기간 목표: 단기, 중기 및 장기 목표달성
- 경제적 목표: 효율 및 시장지배력(market power)
- 시장전략 중심적 목표: 차별화, 시장확대, 수출, 유동성 및 혁신 등과 관련된 목표
- 관리적 목표: 내부적 및 외부적 목표
- 경제적 중요성과 관련된 목표: 재무적, 비재무적 및 국제경제적 목표

혁신네트워크의 조정을 원활하게 수행하기 위해서는 다음과 같은 산업환경적 차원의 영향요인들이 검토되어야 한다.[3]

- 경제적 압력
- 산업의 발전단계

2 전게서, p. 353.
3 전게서, p. 354.

- 자원의 희소성
- 환경의 복잡성
- 기술적 불확실성과 변화
- 시장의 불연속성
- 거래의 빈도
- 공급자 및 구매자의 수

특히, 혁신네트워크의 조정을 성공적으로 수행하기 위하여 혁신네트워크에 관련된 당사자, 기관 및 조직의 혁신성과를 검토하는 것이 중요하다. 이러한 혁신성과는 공정(process), 제품(product), 원가(cost), 시간(time) 및 품질(quality) 등과 관련되어 있다. 이와 관련된 구체적인 내용은 혁신에 대한 통제(제12장) 부분에서 논의하였기 때문에 이에 대한 구체적인 설명을 생략하기로 한다.

13.2 혁신네트워크의 기능

기업의 혁신활동을 촉진시키는 역할을 하는 혁신네트워크는 정보, 개발 및 확산 등과 같은 기능을 발휘한다. 이러한 세 가지 혁신네트워크의 기능을 살펴보면 다음과 같다.[4]

13.2.1 정보기능

일반적으로 기업에 있어서 정보(information)는 경영자의 의사결정 또는 판단을 위해 필요한 지식을 말한다. 혁신네트워크의 정보기능(information function)은 혁신활동을 수행하기 위하여 요구되는 네트워크에서의 정보교환

4 Gemünden/Heydebreck(1994), p. 267 이하; Strebel./Hasler(2003), p. 362 이하 재인용.

(information exchange)을 의미한다. 예를 들면, 본사와 현지 자회사의 연구개발부서에서 어떤 국경초월적인 특정프로젝트를 수행할 경우 네트워크로 연결된 본사와 현지 자회사의 연구개발부서는 각각 그들이 보유하고 있거나 취득한 정보를 교환하게 된다. 이러한 정보교환과 관련된 협력은 다음과 같은 세 가지 형태의 정보 파트너십(information partnership)으로 구분될 수 있다.

- 아웃소싱(outsourcing)을 통한 정보 파트너십: 이것은 기업과 전문적 정보제공 서비스기업 간의 협력을 의미한다. 즉, 기업은 혁신수행을 위해 필요한 정보를 기업 외부의 정보제공 서비스기업으로부터 구매할 수 있다. 이러한 정보 아웃소싱은 기업의 특성, 기업과 정보제공 서비스기업 간의 협력 및 환경 등에 의해 좌우된다.
- 기간구조(infrastructure)에 기초한 정보 파트너십: 이것은 기업 내부적으로 최소한 2개 이상의 기업(예를 들면, 본사와 현지 자회사) 간의 기간구조의 활용과 상호 협력에 바탕을 두고 있다. 이 경우에 있어서 혁신수행을 위하여 관련된 기업들은 혁신활동에 필요한 자원을 공유(예를 들면, 재무적 자원, 노하우)할 뿐만 아니라, 공동으로 정보관리(예를 들면, 본사와 현지 자회사의 양방향적 서버 활용)를 하게 된다.
- 데이터베이스(database)에 기초한 정보 파트너십: 이것은 기업 내부적(예를 들면, 본사와 현지 자회사 간) 및 외부적(예를 들면, 본사와 타기업 간)으로 최소한 2개 이상의 기업이 데이터베이스 또는 정보시스템을 통합적으로 활용하는 것을 말한다. 예를 들면, 어떤 기업에 원재료 또는 부품을 납품하는 공급업체(협력업체)가 그 기업의 데이터베이스를 이용하여 정보를 교환하는 경우 이것은 외부적 정보교환에 해당된다.

혁신네트워크의 정보기능은 전략적 차원 및 운영적 차원의 과제와 관련되어 있다. 전략적 차원의 과제는 최고경영층이 해결하여야 하는 반면, 운영적 차원의 과제는 중하위경영층이 해결하여야 한다. 이러한 과제들을 살펴보면 다음과 같다.

- 전략적 차원의 과제: 혁신을 통한 경쟁력 향상의 잠재성 확인, 정보 파트너십을 통한 혁신목표의 실현, 혁신을 위해 필요한 정보시스템의 구

축, 혁신을 위한 정보시스템 전략의 수립, 혁신실행을 위한 인적, 재무적 및 기술적 자원의 배분

- 운영적 차원의 과제: 혁신실행과 관련된 정보시스템 하드웨어(예를 들면, 서버 구축) 및 소프트웨어의 결정, 정보시스템의 보안유지 및 사용자 교육

13.2.2 개발기능

혁신네트워크의 개발기능(development function)은 혁신활동에 참여하는 본사와 현지 자회사, 그리고 현지 자회사들 간의 기술적 협력(technological cooperation)을 통하여 혁신에 필요한 구체적인 기술을 개발하는 것과 관련되어 있다. 이러한 개발기능은 다음과 같은 장점을 갖고 있다.

- 혁신과정에 소요되는 시간의 단축: 혁신활동에 참여하는 본사와 현지 자회사의 혁신네트워크를 통하여 효과적이고 효율적인 실시간 커뮤니케이션이 가능하기 때문에 혁신과정에 소요되는 시간이 대폭적으로 단축될 수 있다. 즉, 이것은 혁신네트워크가 혁신을 추구하는 글로벌 기업의 특정개발과제를 신속하게 해결할 수 있다는 것을 의미한다.
- 혁신성과의 개선: 글로벌 기업의 내부적 및 외부적 당사자, 기관 및 조직의 연결망인 혁신네트워크는 혁신 시너지효과(innovation synergy effect)를 증대시킬 뿐만 아니라, 혁신성과를 지속적으로 개선할 수 있다. 특히, 혁신 시너지효과는 보완적인 개발 노하우 및 생산 노하우를 가진 서로 다른 혁신 참여기업들의 상호 협력에 의하여 창출될 수 있다.
- 혁신 노하우 창출의 촉진: 혁신활동에 참여하는 개별기업들의 서로 다른 자원(예를 들면, 특허, 기술적 및 경영적 노하우 등)의 연결 및 공유를 통하여 새로운 형태의 혁신 노하우 창출이 촉진될 수 있다. 그러므로 혁신네트워크는 다양한 혁신자원을 공유하고 저장하는 혁신 노하우 풀(innovation know-how pool)이라고 할 수 있다.

- 개별기업의 혁신비용의 절감: 혁신네트워크에서 공유되는 다양한 자원, 노하우 및 핵심기술의 상호 활용을 통하여 개별기업의 혁신비용은 대폭적으로 절감될 수 있다. 예를 들면, 글로벌 기업의 현지 자회사는 본사가 개발하여 보유하고 있는 특정핵심기술을 이용한다면, 비교적 적은 연구개발비 투입으로 글로벌 경쟁력이 있는 새로운 기술을 개발할 수 있다.

13.2.3 확산기능

혁신의 확산은 혁신네트워크를 통하여 촉진되는데, 이것을 혁신네트워크의 확산기능(diffusion function)이라고 한다. 이러한 확산기능은 혁신의 성과물(예를 들면, 신제품개발)이 시장에서 판매되는 일련의 과정과 관련되어 있다. 혁신네트워크의 확산기능의 주요 특징을 간략히 살펴보면 다음과 같다.

- 피드백을 통한 조기 학습(premature learning): 글로벌 기업은 혁신네트워크에 참여하는 선도적 고객을 활용하여 그들이 생산한 시제품을 테스트할 수 있다. 이것은 피드백의 관점에서 수행되며, 이러한 피드백을 통하여 글로벌 기업은 시제품의 강점 및 약점을 파악할 수 있을 뿐만 아니라, 시장도입 이후에 발생할 수 있는 제품수정 비용을 절감할 수 있다. 즉, 글로벌 기업은 선도적 고객의 요구사항을 시제품에 반영함으로써 조기 학습을 할 수 있다.
- 고객충성도의 확보: 고객이 혁신네트워크에 연결되어 신제품개발의 과정(예를 들면, 제품 아이디어의 제안)에 참여한다면 신제품 판매단계에 있어서 고객과 기업의 관계는 매우 양호하게 형성될 수 있을 뿐만 아니라, 이 제품에 대한 고객충성도가 높아질 수 있다.
- 참고 기능: 글로벌 기업의 고객 네트워크에 의견주도자(opinion leader)가 있다면 혁신성과의 확산과정에 있어서 신제품에 대하여 호의적인 고객이 증가할 수 있다. 즉, 신제품의 확산과정에서 잠재적 및 실제적 고객들은 의견주도자의 구매행태를 참고하여 구매할 가능성이 높다.

- 규범(기술규범) 및 표준의 확립: 어떤 기업이 글로벌 시장에서 탁월한 명성을 보유하고 있는 글로벌 기업과 협력(예를 들면, 라이선스제공)하여 혁신네트워크를 구축한다면, 신제품의 시장도입의 속도가 빨라질 수 있을 뿐만 아니라, 이러한 협력을 통하여 신제품과 관련된 규범(norms) 및 표준(standards)이 신속하게 확립될 수 있다.

13.3 혁신네트워크에서의 주요 파트너 및 혁신네트워크의 관리

13.3.1 혁신네트워크에서의 주요 파트너

혁신네트워크에서의 주요 파트너는 구매자, 공급자 및 경쟁자 등이다(이에 대한 자세한 내용은 제2장 2.3 참고). 이들에 대한 주요 의미를 살펴보면 다음과 같다.[5]

(1) 구매자

구매자(buyer) 또는 고객(customer)은 기업이 만든 제품을 최종적으로 취득하는 역할을 담당하며, 이러한 취득을 통하여 기업의 매출이 발생한다. 혁신과정의 관점에서 볼 때, 구매자는 혁신제품의 구매자(고객) 역할 이외에도 다음과 같은 다양한 역할을 담당하기 때문에 혁신네트워크에 있어서 중요한 존재로 부각된다.

- 새로운 요구사항의 제시: 구매자는 그들이 필요로 하는 제품에 대한 아이디어를 기업에 제공한다. 이러한 제품아이디어는 구매자의 제안과 기업의 마케팅 조사를 통하여 획득된다. 구매자에 의해 제시되는 요구사항은 기업에 대한 혁신압력(innovation pressure)으로 작용할 수 있다.

5 박주홍(2012b), p. 181 이하; Ritter(2005), p. 623 이하; Strebel/Hasler(2003), p. 362.

- 개선사항에 대한 해결책 제시: 구매자는 그들이 구매한 혁신제품의 개선사항에 대한 해결책을 제시하며, 이를 통하여 제품수정이 이루어지기도 한다. 경우에 따라서 구매자는 시제품 테스트과정에서 기술적 노하우(사용자 관점에서의 기술적 건의사항)를 제공한다. 예를 들면, 시제품 테스트과정에서 구매자는 그들의 의견을 구체화하여 기업에 전달할 수 있다.
- 참고 및 확산의 역할 담당(13.2.3 참고): 신제품의 확산과정에서 잠재적 및 실제적 구매자(고객)들은 의견주도자의 구매행태를 참고하여 구매를 하게 된다. 이를 통하여 시장에서의 신제품 확산이 원활하게 이루어지게 된다.
- 혁신제품의 구매: 이것은 구매자가 담당하는 가장 중요한 역할이며, 이를 통하여 기업의 매출이 발생할 뿐만 아니라, 시장에서 신제품 성패가 좌우될 수 있다.

(2) 공급자

공급자(supplier) 또는 협력업체는 어떤 기업의 제품생산을 위해 원재료 또는 부품을 공급하는 기업으로서 최종 조립업체의 제품경쟁력과 원가경쟁력에 큰 영향을 미치게 된다. 특히, 글로벌 기업은 글로벌 소싱(global sourcing)을 통하여 글로벌 공급자와 협력하여 혁신활동을 수행한다. 기업의 혁신네트워크에서 공급자가 담당하는 역할은 다음과 같이 요약될 수 있다.

- 공정혁신의 파트너: 신제품의 생산 및 제조과정에서 공급자가 납품한 원재료 또는 부품이 신제품의 혁신성과를 높이는 역할을 담당할 수 있다. 아울러, 공정혁신의 관점에서 볼 때, 공급자는 납품(예를 들면, 모듈부품의 납품)을 통하여 최종 조립업체의 생산 또는 제조과정에 영향을 미칠 수 있으며, 이를 통하여 최종 조립업체의 인건비 절감, 생산성 증대, 공정 단축, 원재료 및 에너지 절감 등과 같은 생산목표가 달성될 수 있다.
- 생산 및 제조과정에서의 납품협력: 예를 들면, 최종 조립업체가 적시

관리(just-in-time)와 같은 생산시스템을 채택하였다면, 공급자는 조립에 필요한 해당 부품을 적시에 필요한 양만큼 조립라인으로 공급함으로써 최종 조립업체의 공정혁신에 이바지할 수 있다(제11장 11.1.3 참고).

- 신제품의 신뢰성 증대: 최종 조립업체가 출시한 신제품의 생산을 위해 공급된 원재료 또는 부품의 품질이 우수하다면, 그 제품에 대한 신뢰성이 증대될 수 있다. 경우에 따라서 최종 조립업체와 공급자가 공동으로 기술개발을 할 수 있으며, 이를 통하여 최종 신제품의 기술적 표준을 충족시킬 수 있다. 또한 부품의 성능이 증대된 경우 최종 신제품의 성능도 함께 향상될 수 있다.

(3) 경쟁자

경쟁자(competitor)는 어떤 글로벌 기업이 경쟁관계를 유지하고 있는 기존의 경쟁기업을 말한다. 기업의 혁신네트워크에서 경쟁자는 다음과 같은 역할을 담당한다.

- 신제품 도입 경쟁: 글로벌 기업의 경쟁자가 신제품을 먼저 도입하게 되면, 경쟁관계를 유지하고 있는 다른 기업은 경쟁에서 우위를 확보하기 힘들 수 있다. 따라서 글로벌 기업은 경쟁자의 제품수명주기와 신제품 개발능력을 분석하는 것이 중요하다.
- 기술적 협력을 통한 신제품 공동개발: 글로벌 기업은 그들의 경쟁자와 기술적 협력을 통하여 신제품을 공동으로 개발할 수 있다. 이러한 협력이 성공적으로 이루어진다면, 경쟁력이 있는 기술력을 확보할 수 있을 뿐만 아니라, 연구개발비용이 절감되고 연구개발시간이 단축될 수 있다. 또한 신제품 공동개발에 있어서 위험이 분산되는 효과가 나타날 수 있다.
- 규범(기술규범) 및 표준의 확립(13.2.3 참고): 어떤 기업이 글로벌 시장에서 기술을 선도하는 글로벌 경쟁기업과 협력하는 경우, 이러한 협력을 통하여 신제품과 관련된 규범(norms) 및 표준(standards)이 신속하게 확립될 수 있다. 표준을 선점하게 되면, 그 기업은 그들이 속한 산업에서

기술적 우위를 지속적으로 유지할 수 있을 뿐만 아니라, 법적으로 보호를 받는 표준 기술을 이전(판매)하여 부가적인 수익(로열티)도 창출할 수 있다.

13.3.2 혁신네트워크의 관리

혁신네트워크의 관리(innovation network management)는 혁신성과를 혁신목표 또는 혁신계획과 비교하여 피드백하는 과정이라고 할 수 있다. 관리과정(management process)의 관점에서 볼 때, 혁신네트워크는 다음과 같은 과정을 거쳐 관리되는 것이 바람직하다. 〈그림 13-1〉은 혁신네트워크의 관리과정을 제시한다.

- 혁신네트워크의 계획: 이 단계에서는 혁신네트워크에서 수행하여야 할 계획을 수립한다. 계획을 수립하기 위하여 글로벌 기업의 내부적

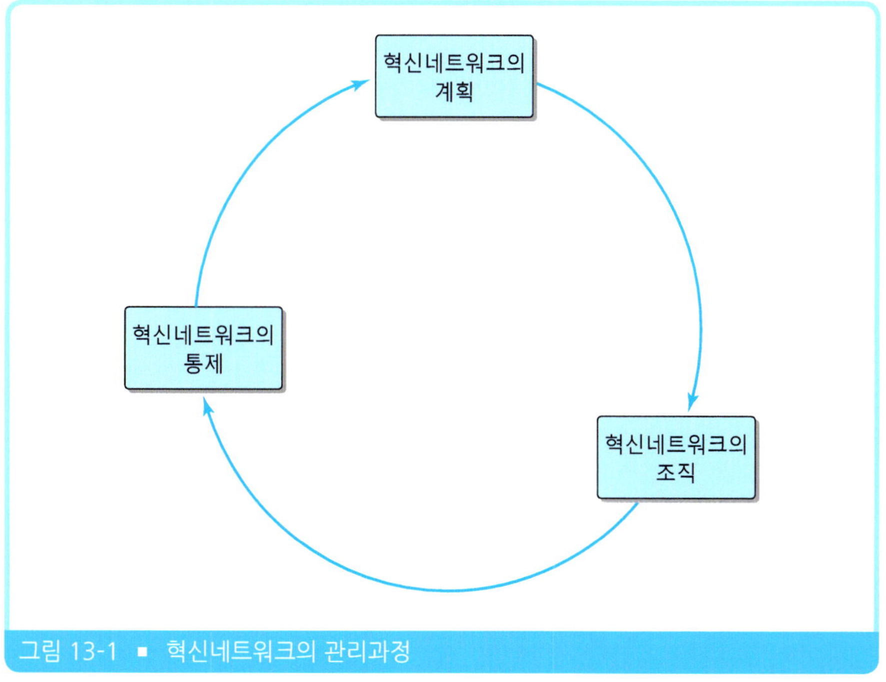

그림 13-1 ■ 혁신네트워크의 관리과정

및 외부적 환경을 분석할 필요가 있다.

- 혁신네트워크의 조직: 이 단계에서는 혁신네트워크가 조직적으로 운영된다. 즉, 이 단계에서는 기업의 내부적 및 외부적 당사자, 기관 및 조직의 연결망이 유기적으로 연결되어 혁신활동이 수행된다.
- 혁신네트워크의 통제: 이 단계에서는 혁신목표 또는 혁신계획이 혁신성과로 구체화되었는가를 평가하게 된다. 혁신네트워크의 계획단계에서 제시한 혁신목표 또는 혁신계획을 혁신성과로 연결시키지 못했다면, 피드백 과정을 거쳐 혁신목표 또는 혁신계획을 수정하여야 할 뿐만 아니라, 혁신네트워크의 조직에서의 혁신활동을 조정할 필요가 있다.

참 · 고 · 문 · 헌

■ 국내문헌

매일경제신문사(1998), **맥킨지보고서, 한국재창조의 길**, 서울.

박주홍 역(2003), **국제경영**(Perlitz 저, 제1판), 형설출판사, 대구.

박주홍(1996), "제품혁신을 위한 연구개발의 국제화-한국 자동차산업을 중심으로-," **경상논총**, 제14집, 한독경상학회, pp. 123-139.

박주홍(1997a), "전략혁신을 통한 기업의 국제경쟁력의 강화," **경상논총**, 제15집, 한독경상학회, pp. 253-268.

박주홍(1997b), "통일독일의 경영환경의 분석-국제화전략, 혁신경영 및 기업환경을 중심으로-," **논문집**, 제3집, 남서울대학교, pp. 335-348.

박주홍(1998), "위기상황에서의 국제경쟁력 강화를 위한 전사적 혁신경영," **경상논총**, 제18집, 한독경상학회, pp. 85-106.

박주홍(1999), "제품혁신과 공정혁신을 통한 국제화전략의 비교," **경상논총**, 제19집, 한독경상학회, pp. 157-177.

박주홍(2001), "국제경쟁력 강화를 위한 혁신믹스전략에 대한 연구," **경상논총**, 제23집, 한독경상학회, pp. 77-97.

박주홍(2003a), "국제화 관점에서의 신제품개발을 위한 연구개발과 마케팅부문 간의 공유영역(Interface)에 대한 이론적 연구," **경상논총**, 제28집, 한독경상학회, pp. 73-96.

박주홍(2003b), "연구개발의 글로벌화 관점에서의 조직구조와 조직관리에 대한 이론적 연구-펄뮤터(Perlmutter)의 EPRG 모델을 중심으로-," **한독사회과학논총**, 제13집, 제2호, 한독사회과학회, pp. 149-166.

박주홍(2004), "자동차 기업의 글로벌소싱에 대한 사례연구-쌍용자동차를 중심으로-," **경상논총**, 제29집, 한독경상학회, pp. 157-177.

박주홍(2005), "글로벌 기업의 기술포트폴리오 매트릭스의 적용에 대한 연구," **경영경제**, 제38집, 제2호, 계명대학교 산업경영연구소, pp. 39-52.

박주홍(2007), **국제경쟁력강화를 위한 전사적 혁신경영**, 삼영사.

박주홍(2008), "한국대학과 독일대학 간의 국제경영 커리큘럼에 대한 비교연구," **국제학논총**, 제12집, 계명대학교 국제학연구소, pp. 1-14.

박주홍(2009), **국제경영전략**, 삼영사.

박주홍(2010), **글로벌마케팅**, 박영사.

박주홍(2012a), **글로벌경영**, 유원북스.

박주홍(2012b), **글로벌전략**, 유원북스.

박주홍(2016), **글로벌 인적자원관리**, 유원북스.

전용욱 외(2003), **국제경영**, 문영사.

조동성(1997), **21세기를 위한 국제경영**, 경문사.

■ 외국문헌

Adam, D.(1993), "Flexible Fertigungssysteme im Spannungsfeld zwischen Rationalisierung, Flexibilisierung und veränderten Fertigungsstrukturen," *Schriften zur Unternehmensführung*, Band 46, Wiesbaden, pp. 5-28.

Albach, H.(1984), "Die Innovationsdynamik der mittelständischen Industrie," Albach, H./Held, T.(Ed., 1984), *Betriebswirtschaftslehre mittelständischer Unternehmen*, Stuttgart, pp. 35-50.

Albers, S./Gassmann, O.(Ed., 2005), *Handbuch Technologie–und Innovationsmanagement*, Wiesbaden.

Allesch, J./Brodde, D.(Ed., 1986), *Praxis des Innovationsmanagements–Planung, Durchführung und Kontrolle technischer Neuerungen in mittelständischen Unternehmen*, Berlin.

Allesch, J./Klasmann, G.(1989), *PRIMA–Produktinnovationsmanagement in technologieintensiven kleinen und mittleren Unternehmen*, Köln.

Allesch, J./Poppenheger, B.(1986), "Betricblicles Innovations-Management in dynamischen Umwelten," Allesch, J./Bredde, D.(Ed., 1986), *Praxis des Innovationsmanagements–Planung, Durchführung und Kontrolle technischer Neuerungen in mittelständischen Unternehmen*, Berlin pp. 11-26.

Ansoff, H. I.(1966), *Management–Strategie*, München.

Ansoff, H. I.(1984), *Implanting Strategic Management*, Englewood Cliffs, New Jersey.

Arrow, K. J.(1962), "The Economic Implications of Learning by Doing," *The Review of Economic Studies*, 1962, p. 155ff.

Asakawa, K.(2001), "Evolving Headquarters-Subsidiary Dynamics in International R&D: The Case of Japanese Multinationals," *R&D Management*, Vol. 31, Iss. 1, pp. 1-14.

Augustin, S.(1992), "Kaizen-Japanisches Erfolgsrezept auch für europäische Unternehmen?," Zsifkovits, H. E.(Ed., 1992), *Total Quality Management(TQM) als Strategie im internationalen Wettbewerb*, Köln, pp. 163-172.

Baldwin, R. E.(1971), "Determinants of the Commodity Structure of US Trade,"

The American Economic Review, 1971, p. 126ff.

Ball, D. A. et al.(2004), *International Business, The Challenge of Global Competition*, 9th Edition, Boston et al.

Ball, D. A. et al.(2006), *International Business, The Challenge of Global Competition*, 10th Edition, New York.

Bartlett, C. A.(1986), "Building and Managing the Transnational: The New Organizational Challenge," Porter, M. E.(Ed., 1986), *Competition in Global Industries*, Boston, p. 367ff.

Bea, F. X./Dichtl, E./Schweitzer, M.(Ed., 1994a), *Allgemeine Betriebswirtschaftslehre*, Band 2, Stuttgart/Jena.

Bea, F.X./Dichtl, E./Schweitzer, M.(Ed., 1994b), *Allgemeine Betriebswirtschaftslehre*, Band 3, Stuttgart/Jena.

Behrens, G.(1983), "Innovation; Innovationsforschung," *Marketing. Zeitschrift für Forschung und Praxis*, Heft 1, pp. 47-52.

Behrman, J. N./Fischer, W. A.(1980), *Overseas Activities of Transnational Companies*, Cambridge Mass.

Benkenstein, M.(1987), "Koordination von Forschung & Entwicklung und Marketing," *Marketing. Zeitschrift für Forschung und Praxis*, Heft 2, pp. 123-132.

Benkenstein, M.(1993), "Integriertes Innovationsmanagement-Ansatzpunkte zum 'lean innovation'-," *Marktforschung & Management*, 1/1993, pp. 21-25.

Bennauer, U./Dyckhoff, H.(1995), "Umweltschutzorientierte Produktentwicklung," *Wirtschaftswissenschaftliches Studium*, Heft 1, 1/1995, pp. 2-7.

Bleicher, F.(1990), *Effiziente Forschung und Entwicklung*, Wiesbaden.

Blohm, H./Lüder, K.(1988), *Investition*, München.

Böhny, R.(1989), "Innovationen muss man provozieren!" *io Management Zeitschrift*, 58, Nr. 5, pp. 31-34.

Breisig, T.(1990), *It's Team Time; Kleingruppenkonzepte in Unternehmen*, Köln.

Brockhoff, K.(1987), "Wettbewerbsfähigkeit und Innovation," Dichtl, E./Gerke, W./Kieser, A.(Ed., 1987), *Innovation und Wettbewerbsfähigkeit*, Wiesbaden, pp. 53-74.

Brockhoff, K.(1989), *Schnittstellen–Management–Abstimmungsprobleme Marktforschung & Managementungsprobleme zwischen Marketing und F&E*, Stuttgart.

Brockhoff, K.(1994), *Forschung und Entwicklung–Planung und Kontrolle*, 4. Auflage, München/Wien.

Brommer, U.(1990), *Innovation und Kreativität im Unternehmen; Erfolg durch neues Denken*, Stuttgart.

Brose, P.(1982), *Planung, Bewertung und Kontrolle technologischer Innovationen*, Berlin.

Buckley, P. J./Mirza, H.(1985), "The Wit and Wisdom of Japanese Management: An Iconoclastic Analysis," *Management International Review*, 3/1985, pp. 16-32.

Bühner, R.(1992), *Betriebswirtschaftliche Organisationslehre*, 6. Auflage, München/Wien.

Bungard, W./Dorr, J./Lezius, W./Oess, A.(Ed., 1991), *Menschen machen Qualität; Deutsch/Deutscher Dialog*, Ludwigshafen.

Buntenbeck, D. F.(1991), "Einführung von Qualitätszirkeln, Bungard," W./Dorr, J./Lezius, W./Oess, A.(Ed., 1991), *Menschen machen Qualität; Deutsch/Deutscher Dialog*, Ludwigshafen, pp. 75-87.

Busse von Colbe, W./Laßmann, G.(1986), *Betriebswirtschaftslehre*, Band 1, 3. Auflage, Berlin et al.

Busse von Colbe, W./Laßmann, G.(1990), *Betriebswirtschaftstheorie; Investitionstheorie*, Band 3, 3. Auflage, Heidelberg et al.

Calabrese, G.(2001), "R&D Globalization in the Car Industry," *International Journal of Automotive Technology and Management*, Vol. 1, Iss. 1, p. 145ff.

Cateora, P. R.(1993), *International Marketing*, 8th Edition, Burr Ridge, Illinois et al.

Cavusgil, S. T. et al.(2008), *International Business–Strategy, Management and New Realities*, Upper Saddle River, New Jersey.

Corsten, H.(1990), *Produktionswirtschaft*, München.

Corsten, H./Reiß M.(1994), *Betriebswirtschaftslehre*, München/Wien.

Corsten, H./Will, T.(Ed., 1993), *Lean Production, Schlanke Produktionsstrukturen als Erfolgsfaktor*, Stuttgart/Berlin/Köln.

Czap, H.(1991), "Produktionsplanung und Produktionssteuerung im Wandel," *Wirtschaftswissenschaftliches Studium*, 10/1991, pp. 486-491.

Davidson, W.(1980), "The Location of Foreign Direct Investment Activity: Country Characteristics and Experience Effects," *Journal of International Business Studies*, Fall 1980, pp. 9-16.

De Meyer, A. and Mizushima, A.(1989), "Global R&D Management," *R&D Management*, Vol. 19, No. 2, pp. 135-146.

Deppe, J.(1986), *Qualitätszirkel-Ideenmanagement durch Gruppenarbeit*, Bern et al.

Dichtl, E./Gerke, W./Kieser, A.(Ed., 1987), *Innovation und Wettbewerbsfähigkeit*, Wiesbaden.

Diller, H./Lücking, J.(1993), "Die Resonanz der Erfolgsfaktorenforschung beim Management von Großunternehmen," *Zeitschrift für Betriebswirtschaftslehre*, 63. Jahrgang, Heft 12, pp. 1229-1249.

Domsch, M.(1985), "Qualitätszirkel-Baustein einer mitarbeiterorientierten Führung und Zusammenarbeit," *Schmalenbachs Zeitschrift für betriebswirtschaftliche Forschung*, 5/1985, pp. 428-441.

Domsch, M./Jochum, E.(Ed., 1984), *Personal-Management in der industriellen Forschung und Entwicklung*, Köln et al.

Domsch, M./Sabisch, H./Siemers, S. H. A.(Ed., 1993), *F&E-Management*, Stuttgart.

Dougherty, D.(1992), "Interpretive Barriers to Successful Product Innovation in Large Firms," *Organization Science*, Vol. 3, No. 2, pp. 179-202.

Dugal, S. S./Roy, M. H.(1994), "The Link between R&D Intensity and Competitive Positioning under Different Technological Environments," *Journal of Strategic Marketing*, Vol. 3, pp. 293-304.

Dugal, S. S./Schroeder, J. E.(1995), "Strategic Positioning for Market Entry in Different Technological Environments," *Journal of Marketing-Theory and Practice*, Summer, pp. 31-45.

Dunning, J. H.(1980), "Towards an Electic Theory of International Production:

Some Empirical Tests," *Journal of International Business Studies*, p. 9ff.

Dunst, K. H.(1979), *Portfolio Management, Konzeption für die strategische Unternehmensplanung*, Berlin/New York.

Dyckhoff, H.(1992), *Betriebliche Produktion, Theoretische Grundlagen einer umweltorientierten Produktionswirtschaft*, Heidelberg.

Egli, R. A.(1982), "Das Management technischer Innovation," *Harvard Business Manager*, 2/1982, pp. 92-96.

Engelhardt, H. D.(1991), *Innovation durch Organisation–Unterwegs zu problemangemessenen Organisationsformen*, München.

Evered, R.(1983), "So What is Strategy?" *Long Range Planning*, Vol. 16, No. 4, pp. 57-72.

F. A. Brockhaus(Ed., 1970), *Brockhaus Enzyklopädie*, 9. Band, Wiesbaden.

Ford, D./Ryan, C.(1983), "Die Vermarktung von Technologien," Harvard Manager (Ed., 1983), *Marketing*, Band 1, Hamburg, pp. 157-165.

Franke, N./von Braun, C.-F.(Ed., 1998), *Innovationsforschung und Technologiemanagement*, Berlin/Heidelnerg,

Frese, E.(1984), *Grundlagen der Organisation*, 2. Auflage, Wiesbaden.

Frese, E.(1987), *Unternehmungsführung*, Landsberg/Lech.

Galbraith, C./Schendel, D.(1983), "An Empirical Analysis of Strategy Types," *Strategic Management Journal*, Vol. 4, pp. 153-173.

Gälweiler, A.(1977), "Steuerung der Kostenhöhe und der Kostenstruktur durch strategische Planung," *Deutsche Betriebswirtschaft*, Heft 1, 1977, pp. 67-75.

Gassmann, O./von Zedtwitz, M.(1999), "New Concepts and Trends in International R&D Organization," *Research Policy*, Vol. 28, pp. 231-250.

Gemünden, H. G./Heydebreck, P.(1994), "Geschäftsbeziehungen in Netzwerk: Instrumente der Stabilitätssicherung und Innovation," Kleinaltenkamp, M./ Schbert, K.(Ed., 1994), *Netzwerkansätze im Business-to-Business-Marketing*, Wiesbaden, pp. 251-283.

Gerpott, T. J.(1990), "Globales F&E-Management-Bausteine eines Gesamtkonzeptes zur Gestaltung einer weltweiten F&E-Organisation," *Die Unternehmung*, 44. Jahrgang, Nr. 4, pp. 226-246.

Gerpott, T. J./Meier, H.(1990), "F+E: Der Sprung über nationale Grenzen," *Harvard Manager*, 2/1990, pp. 59-66.

Gerpott, T. J.(2005), *Strategisches Technologie-und Innovationsmanagement*, Stuttgart.

Gerwin, D.(1994), "Die Fertigung engagiert sich in der Produktentwicklung," *Harvard Business Manager*, 2/1994, pp. 58-66.

Gerybadze, A.(2004), *Technologie-und Innovationsmanagement; Strategie, Organisation und Implementierung*, München.

Geschka, H.(1983), "Creativity Techniques in Product Planning and Development; A View from West Germany," *R&D Management*, 3/1983, pp. 169-183.

Geschka, H./Lantelme, G.(2005), "Kreativitätstechniken," Albers, S./Gassmann, O.(Ed., 2005), *Handbuch Technologie-und Innovationsmanagement*, Wiesbaden, pp. 285-304.

Gilbert, X./Strebel, P.(1987), "Strategies to Outpace the Competition," *The Journal of Business Strategy*, p. 28ff.

Gottschall, D./Hirn, W.(1992), "Schlanke Linie," *Manager Magazin*, 4/1992, pp. 203-221.

Griepenkerl, H.(1990), "Was uns japanische Personalführung lehrt," *Harvard Business Manager*, 1/1990, pp. 14-20.

Griffin, A./Hauser, J. R.(1996), "Integrating R&D and Marketing: a Review and Analysis of the Literature," *Journal of Product Innovation Management*, Vol. 13, pp. 191-215.

Grochla, E.(Ed., 1980), *Handwörterbuch der Organisation*, 2. Auflage, Stuttgart.

Grochla, E./Fieten, R.(1989), "Internationale Beschaffungspolitik," Macharzina, K./Welge, M. K.(Ed., 1989), *Handwörterbuch Export und internationale Unterhehmung*, Stuttgart, pp. 203-214.

Groth, U./Kammel, A.(1994), *Lean Management*, Wiesbaden.

Gupta, A. K./Raj, S. P./Wilemon, D.(1985), "R&D and Marketing Dialogue in High-Tech Firms," *Industrial Marketing Management*, Vol. 14, pp. 289-300.

Häfelfinger, K.(1990), "Intrapreneurship; Innovationskraft steigern," *io Management Zeitschrift*, Nr. 12, pp. 31-34.

Hahn, O.(1994), *Allgemeine Betriebswirtschaftslehre*, 2. Auflage, München.

Hammitzsch, H.(Ed., 1984), *Japan–Handbuch*, 2. Auglage, Wiesbaden.

Harvard Manager(Ed., 1983), *Marketing*, Band 1, Hamburg.

Haschek, H. H.(1986), "Innovation und Kapital," *Journal für Betriebswirtschaft*, 1/1986, pp. 2-10.

Hässig, K.(1988), "Wettbewerbsfähigkeit und neue Technologien in der Produktion," *Die Unternehmung*, Nr. 5, pp. 329-345.

Hauschildt, J.(1993), *Innovationsmanagement*, München.

Hauser, T.(1991), Intuition und Innovationen-Bedeutung für das Innovationsmanagement, Wiesbaden 1991.

Häußer, E.(1981), "Mehr Innovation durch bessere Information," *Ifo–Studien*, pp. 339-357.

Hax, A. C./Majluf, N. S.(1988), *Strategisches Management*, Frankfurt am Main/New York.

Heckscher, E.(1966), "The Effect of Foreign Trade on the Distribution of Income," *Readings in Theory of International Trade*, London.

Heenan D. A./Perlmutter, H. V.(1979), *Multinational Organization Development*, Reading, Mass.

Henderson, B. D.(1984), *Die Erfahrungskurve in der Unternehmensstrategie*, Frankfurt am Main/New York.

Hentze, J./Brose, P./Kammel, A.(1993), *Unternehmungsplanung*, 2. Auflage, Bern/Stuttgart/Wien.

Herstatt, C./Lüthje, C.(2005), "Quellen für Neuproduktideen," Albers, S./Gassmann, O. (Ed., 2005), *Handbuch Technologie–und Innovationsmanagement*, Wiesbaden, pp. 265-284.

Herzhoff, S.(1991), *Innovations–Management–Gestaltung von Prozessen und Systemen zur Entwicklung und Verbesserung der Innovationsfähigkeit von Unternehmungen*, Köln.

Hesse, U.(1990), *Technologie–Controlling–Eine Konzeption zur Steuerung technologischer Innovationen*, Frankfurt am Main et al.

Heyde, W. et al.(1991), *Innovationen in Industrieunternehmen–Prozesse, Ent-*

scheidungen und Methoden, Wiesbaden.

Hill, W./Rieser, I.(1993), *Marketing–Management*, 2. Auflage, Bern/Stuttgart/Wien.

Hirschmeier, J.(1984), "Management," Hammitzsch, H.(Ed., 1984), *Japan–Handbuch*, 2. Auglage, Wiesbaden, pp. 2239-2246.

Hodgetts, R. M./Luthans, F.(2000), *International Management*, 4th Ed., McGraw-Hill.

Hoebel, A.(1970), *Culture & Society*, Oxford University Press, New York.

Hofstede, G.(2000), *Culture's Consequences–Comparing Values, Behaviors, Institutions and Organizations across Nations*, 2nd Edition, Thousand Oaks/London/New Delhi.

Hoitsch, H.-J.(1993), *Produktionswirtschaft*, 2. Auflage, München.

Holt, K.(1988), *Product Innovation Management*, London et al.

Hopfenbeck, W.(1991), *Allgemeine Betriebswirtschafts–und Managementlehre*, 4. Auflage, Landsberg/Lech.

Horváth, P.(1988), "Grundprobleme der Wirtschaftlichkeitsanalyse beim Einsatz neuer Informations-und Produktionstechnologien," Horváth, P.(1988), *Wirtschaftlichkeit neuer Produktions–und Informationstechnologien*, Stuttgar, pp. 1-14.

Horváth, P.(Ed., 1988), *Wirtschaftlichkeit neuer Produktions–und Informationstechnologien*, Stuttgart.

Horváth, P.(Ed., 1993), *Target Costing*, Stuttgart.

Horváth, P./Niemand, S./Wolbold, M.(1993), "Target Costing-State of the Art," Horváth, P.(Ed., 1993), *Target Costing*, Stuttgart, pp. 1-27.

Hufbauer, G.(1966), *Synthetic Materials and the Theory of International Trade*, London.

Hymer, S.(1960), *The International Operations of National Firms: A Study of Direct Investment*, Ph. D. Dissertation, MIT.

Ingersoll Ingenieur GmbH(Ed., 1985), *Flexible Fertigungssysteme*, Berlin et al.

Johanson, J. & Vahlne, J. E.(1977), "The Internationalization Process of the Firm-A Model of Knowledge Development and Increasing Foreign Market Commitments," *Journal of International Business Studies*, Spring/Summer

1977, pp. 23-32.

Kanter, R. M.(1984), "Innovation-The Only Hope for Times Ahead?" *Sloan Management Review*, Summer 1984, pp. 51-55.

Kern, W.(Ed., 1979), *Handwörterbuch der Produktionswirtschaft*, Band 7, Stuttgart.

Kern, W./Schröder, H.-H.(1977), *Forschung und Entwicklung in der Unternehmung*, Reinbek.

Kieser, A.(1984), "Organisation der industriellen Forschung und Entwicklung," Domsch, M./Jochum, E.(Ed., 1984), *Personal-Management in der industriellen Forschung und Entwicklung*, Köln et al., pp. 48-68.

Kieser, A.(1985), "Die innovative Unternehmung als Voraussetzung der internationalen Wettbewerbsfähigkeit," *Wirtschaftswissenschaftliches Studium*, 7/1985, pp. 354-358.

Kieser, A./Kubicek, H.(1992), *Organisation*, 3. Auflage, Berlin/New York.

Kim, K.-S.(1990), *Quality Circles in der Bundesrepublik Deutschland und in Korea-Vergleich ihrer Formen, Ziele und Auswirkungen sowie der Einstellungen deutscher und koreanischer Mitarbeiter zur Quality-Circle-Arbeit*, Dissertation, Universität Mannheim.

Kindleberger, C. P.(1969), *American Business Abroad: Six Lectures on Direct Investment*, New Haven.

Kirsch, W.(Ed., 1981), *Unternehmenspolitik: Von der Zielforschung zum strategischen Management*, München.

Kirsch, W./Trux, W.(1981), "Perspektiven eines strategischen Managements," Kirsch, W.(Ed., 1981), *Unternehmenspolitik: Von der Zielforschung zum strategischen Management*, München, pp. 290-397.

Kleinaltenkamp, M./Schbert, K.(Ed., 1994), *Netzwerkansätze im Business-to-Business-Marketing*, Wiesbaden.

Kotler, P./Bliemel, F.(1992), *Marketing-Management*, 7. Auflage, Stuttgart.

Krafcik, J. F.(1988), "Triumph of the Lean Production System," *Sloan Management Review*, Fall 1988, pp. 41-52.

Kreilkamp, E.(1987), *Strategisches Management und Marketing*, Berlin/New York.

Krubasik, E. G.(1982), "Technologie-strategische Waffe," Wirtschaftswoche, Nr.

25, pp. 28-33.

Kunzmann, E. M.(1991), *Zirkelarbeit; Evaluation von Kleingruppen in der Praxis*, München/Mering.

Lang, K./Ohl, K.(1993), *Lean Production–Herausforderungen und Handlungsmöglichkeiten*, Köln.

Lang, P.(1990), "Technologieorientierung in strategischen Management," Tschirky, H./Hess, W./Lang, P.(Ed., 1990), *Technologie–Management*, Zürich, pp. 31-70.

Leenders, M. A. A. M./Wierenga, B.(2002), "The Effectiveness of Different Mechanisms for Integrating Marketing and R&D," *The Journal of Product Innovation Management*, Vol. 19, pp. 305-317.

Leist, G.(1989), "Nutzwertanalyse," Szyperski, N./Winand, U.(Ed., 1989), *Handwörterbuch der Planung*, Band 9, Stuttgart, pp. 1259-1266.

Leontief, W.(1956), "Factor Proportions and the Structure of American Trade: Further Theoretical and Empirical Analysis," *Review of Economic Studies*, p. 368ff.

Litke, H.-D.(1993), *Projektmanagement–Methoden, Techniken, Verhaltensweisen*, München/Wien.

Little, A. D.(1988), *Innovation als Führungsaufgabe*, Frankfurt am Main/New York.

Little, A. D.(Ed., 1985), *Management im Zeitalter der Strategischen Führung*, Wiesbaden.

Lorenz, G.(1985), "Größere Flexibilität durch Innovation," *Schmalenbachs Zeitschrift für betriebswirtschaftliche Forschung*, 2/1985, pp. 138-143.

Macharzina, K.(1993), *Unternehmensführung; das internationale Managementwissen; Konzepte–Methoden–Praxis*, Wiesbaden.

Macharzina, K./Welge, M. K.(Ed., 1989), *Handwörterbuch Export und internationale Unterhehmung*, Stuttgart.

Marr, R.(1980), "Innovation," Grochla, E.(Ed., 1980), *Handwörterbuch der Organisation*, 2. Auflage, Stuttgart, pp. 947-959.

Meissner, H.-G. & Gerber, S.(1980), "Die Auslandsinvestition als Entscheidungsproblem," *Betriebswirtschaftliche Forschung und Praxis*, 32. Jahrgang, pp. 217-228.

Moenaert, R. K. et al.(1994), "R&D-Marketing Integrating Mechanisms, Communication Flows, and Innovation Success," *Journal of Product Innovation Management*, Vol. 11, No. 1, pp. 31-45.

Nakane, J./Hall, R. W.(1984), "Kanban-Produktion ohne Zwischenlager," *Harvard Business Manager*, 2/1984, pp. 46-53.

Nieder, P./Zimmermann, E.(1992), "Innovationshemmnisse in Unternehmen," *Betriebswirtschaftliche Forschung und Praxis*, 4/1992, pp. 374-387.

Nieschlag, R./Dichtl, E./Hörschgen, H.(1988), *Marketing*, 15. Auflage, Berlin.

Nieß, P. S.(1979), "Fertigungssysteme, flexible," Kern, W.(Ed., 1979), *Handwörterbuch der Produktionswirtschaft*, Stuttgart, pp. 595-604.

Nütten, I./Sauermann, P.(1988), *Die Anonymen Kreativen–Instrumente einer Innovationsorientierten Unternehmenskultur*, Frankfurt am Main.

Ohlin, B.(1931), "Die Beziehung zwischen internationalem Handel und internationaler Bewegung von Kapital und Arbeit," *Zeitschrift für Nationalökonomie*, Band 2, p. 161ff.

Olschowy, W.(1990), *Externe Einflußfaktoren im strategischen Innovationsmanagement–Auswirkungen externer Einflußgrößen auf den wirtschaftlichen Innovationserfolg sowie die unternehmerischen Anpassungsmaßnahmen*, Berlin.

Osborn, A. E.(1966), *Applied Imagination–Principles and Procedures of Creative Problem Solving*, 3. Auflage, New York.

Park, J.-H.(1996), *Vergleich des Innovationsmanagements deutscher, japanischer und koreanischer Unternehmen–Eine empirische Untersuchung am Beispiel der chemischen Industrie*, Dissertation, Universität Mannheim.

Perl, E.(2003), "Grundlagen des Innovations-und Technologiemanagements," Strebel, H.(Ed., 2003), *Innovations–und Technologiemanagement*, Wien, pp. 15-48.

Perlitz, M. et al.(1995), "Unternehmen der Zukunft," *EU Magazin*, 4/1995, pp. 26-27.

Perlitz, M.(1978), *Absatzorientierte Internationalisierungsstrategien*, Habilitationsschrift, Universität Bochum.

Perlitz, M.(1983), "Strategisches Innovationsmanagement," Wuppertaler Kreis(Ed., 1983), *Innovationsmanagement in Mittelbetrieben*, Köln, pp. 23-49.

Perlitz, M.(1985), "Innovationsmanagement; Die Krise üben," *Wirtschaftswoche*, Nr. 50, pp. 94-101.

Perlitz, M.(1988), "Wettbewerbsvorteile durch Innovation," Simon, H.(Ed., 1988), *Wettbewerbsvorteile und Wettbewerbsfähigkeit*, Stuttgart, pp. 47-65.

Perlitz, M.(1993), "Why Most Strategies Fail Today; The Need for Strategy Innovations," *European Management Journal*, Vol. 11, No. 1, pp. 114-121.

Perlitz, M.(2004), *Internationales Management*, 5. Auflage, Stuttgart.

Perlitz, M./Löbler, H.(1985), "Brauchen Unternehmen zum Innovieren Krisen?" *Zeitschrift für Betriebswirtschaftslehre*, 55 Jahrgang, pp. 424-450.

Perlitz, M./Löbler, H.(1989), *Das Innovationsverhalten in der mittelständischen Industrie–Das Risk/Return Paradoxon*, Stuttgart.

Perlmutter, H. V.(1969), "The Tortuous Evolution of the Multinational Corporation," *Columbia Journal of World Business*, p. 9ff.

Pfeiffer, W. et al.(1991), *Technologie–Portfolio zum Management strategischer Zukunftsgeschäftsfelder*, Göttingen.

Pfeiffer, W./Bischoff, D.(1981), "Produktlebenszyklus-Instrument jeder strategischen Produktplanung," Steinmann, H.(Ed., 1981), *Planung und Kontrolle*, München, pp. 133-165.

Pfeiffer, W./Dögl, R./Schneider, W.(1986), "Technologie-Portfolio-Management," Staudt, E.(Ed., 1986), *Das Management von Innovationen*, Frankfurt, pp. 107-124.

Pfeiffer, W./Dögl, R./Schneider, W.(1989), "Das Technologie-Portfolio-Konzept als Tool zur strategischen Vorsteuerung von Innovationsaktivitäten," *WISU*, 18 Jahrgang, pp. 486-491.

Pfeiffer, W./Weiß, E.(1993), "Philosophie und Elemente des Lean Managements," Corsten, H./Will, T.(Ed., 1993), *Lean Production, Schlanke Produktionsstrukturen als Erfolgsfaktor*, Stuttgart/Berlin/Köln, pp. 14-43.

Pinto, M. B./Pinto, J. K./Prescott, J. E.(1993), "Antecedents and Consequences of

Project Team Cross-functional Cooperation," *Management Science*, Vol. 39, No. 10, pp. 1281-1297.

Pisano, G. P./Wheelwright, S. C.(1995), "The New Logic of High-Tech R&D," *Harvard Business Review*, 9/10 1995, pp. 93-105.

Pleschak, F.(1993), "Betriebswirtschaftliche Aufgaben bei der Vorbereitung von Prozeßinnovationen," Domsch, M./Sabisch, H./Siemers, S. H. A.(Ed., 1993), *F&E-Management*, Stuttgart, pp. 33-48.

Popper, E./Buskirk, B. D.(1992), "Technology Life Cycles in Industrial Markets," *Industrial Marketing Management*, Vol. 21, pp. 23-31.

Porter, M. E.(1980), *Competitive Strategy: Techniques for Analyzing Industries and Competitors*, The Free Press.

Porter, M. E.(1986), *Wettbewerbsstrategie*, Frankfurt am Main.

Porter, M. E.(1993), *Nationale Wettbewerbsvorteile*, Wien.

Porter, M. E.(Ed., 1986), *Competition in Global Industries*, Boston.

Posner, M. V.(1961), "International Trade and Technical Change," *Oxford Economic Papers*, p. 223ff.

Probst, G. J. B. et al.(1992), *Organisation*, Landsberg/Lech.

Quinn, J. B.(1985), "Managing Innovation: Controlled Chasos," *Harvard Business Review*, May-June 1985, pp. 73-84.

Reddy, P.(2011), *Global Innovation in Emerging Economics*, New York.

Rembold, U./Nnaji, B. O./Storr, A.(1994), *CIM; Computeranwendungen in der Produktion*, Bonn et al.

Ricardo, D.(1821), *On the Principles of Political Economy and Taxation*, 3. Auflage, London.

Rieser, I.(1984), "Koordination in der Forschungspolitik," *Die Unternehmung*, Nr. 2, pp. 85-99.

Ritter, T.(2005), "Innovationszetzwerken," Albers, S./Gassmann, O.(Ed., 2005), *Handbuch Technologie-und Innovationsmanagement*, Wiesbaden, pp. 623-639.

Roy, M. H./Dugal, S. S.(1999), "The Effect of Technological Environment and Competitive Strategy on Licensing Decisions," *American Business Review*,

June, pp. 112-118.

Sakurai, M.(1989), "Target Costing and How to use it," *Journal of Cost Management*, 3/1989, pp. 39-50.

Schanz, G.(1972), *Forschung und Entwicklung in der elektrotechnischen Industrie*, Mindelheim.

Schertler, W.(1993), *Unternehmensorganisation*, München/Wien.

Scheuch, F./Holzmüller, H.(1983), "Innovation und Produktpolitik," *Wirtschafts-wissenschaftliches Studium*, 5/1983, pp. 225-230.

Scheuss, R.(1985), *Strategische Anpassung der Unternehmung*, Dissertation, St. Gallen.

Schierenbeck, H.(1993), *Grundzüge der Betriebswirtschaftslehre*, 11. Auflage, München.

Schlicksupp, H.(1977), *Kreative Ideenfindung in der Unternehmung–Methoden und Modelle*, Berlin/New York.

Schlicksupp, H.(1983), "Innovation im Unternehmen; Den Machtschub an Ideen sichern," Wuppertaler Kreis(Ed., 1983), *Innovationsmanagement in Mittelbe-trieben*, Köln, pp. 51-87.

Schlicksupp, H.(1989), *Innovation, Kreativität und Ideenfindung*, 3. Auflage, Würzburg.

Schmidt, I.(1981), *Wettbewerbstheorie und–politik, Eine Einführung*, Stuttgart.

Schneider, D. J. G./Müller, M. E.(1993), "Durch Koordination zu marktgerechten Innovationen-Schnittstellengestaltung zwischen F&E und Marketing-," *Marktforschung & Management*, 1/1993, pp. 6-13.

Schneider, W.(1994), *Erfolgsfaktor Qualität, Einführung und Leitfaden*, Berlin.

Schreyögg, G.(1994), "Zum Verhältnis von Planung und Kontrolle," *Wirtschafts-wissenschaftliches Studium*, 7/1994, pp. 345-351.

Schröder, H.-H.(1980), "Fehler bei der Vorhersage der Aufwendungen für Forschungs- und Entwicklungs-(F&E-) Vorhaben-Ein Erklärungsversuch," *Schmalenbachs Zeitschrift für betriebswirtschaftliche Forschung*, Jahrgang 32, pp. 646-668.

Schumpeter, J. A.(1952), *Theorie der wirtschaftlichen Entwicklung*, 5. Auflage, Berlin.

Servatius, H.-G.(1985), *Methodik des strategischen Technologie–Managements, Grundlage für erfolgreiche Innovationen*, Berlin.

Simon, H.(Ed., 1988), *Wettbewerbsvorteile und Wettbewerbsfähigkeit*, Stuttgart.

Simon, W./Heß, M.(1988), *Handbuch Qualitätszirkel; Hilfsmittel zur Produktion von Qualität*, Köln.

Sommerlatte, T./Deschamps, J.-P.(1985), "Der strategische Einsatz von Technologien-Konzepte und Methoden zur Einbeziehung von Technologien in die Strategieentwicklung des Unternehmens," Little, A. D.(Ed., 1985), *Management im Zeitalter der Strategischen Führung*, Wiesbaden, pp. 39-76.

Specht, G.(1986), "Grundprobleme eines strategischen markt-und technologieorientierten Innovationsmanagements," *Wirtschaftswissenschaftliches Studium*, 12/1986, pp. 609-613.

Specht, G./Michel, K.(1988), "Integrierte Technologie-und Marktplanung mit Innovationsportfolios," *Zeitschrift für Betriebswirtschaftslehre*, 58. Jahrgang, pp. 502-520.

Staudt, E. et al.(1990), "Anreizsystem als Instrument des betrieblichen Innovationsmanagements; Ergebnisse einer empirischen Untersuchung im F+E-Bereich," *Zeitschrift für Betriebswirtschaftslehre*, 60. Jahrgang, pp. 1183-1204.

Staudt, E.(Ed., 1986), *Das Management von Innovationen*, Frankfurt.

Steinbuch, P. A./Olfert, K.(1987), *Fertigungswirtschaft*, 3. Auflage, Ludwigshafen/Rhein.

Steinmann, H.(Ed., 1981), *Planung und Kontrolle*, München.

Stern, T./Jaberg, H.(2005), *Erfolgreiches Innovationsmanagement; Erfolgfaktoren–Grundmuster–Fallbeispiele*, Wiesbaden.

Strebel, H.(1990), "Innovation und Innovationsmanagement als Gegenstand der Betriebswirtschaftslehre," *Betriebswirtschaftliche Forschung und Praxis*, 2/1990, pp. 161-173.

Strebel, H.(Ed., 2003), *Innovations–und Technologiemanagement*, Wien.

Strebel, H./Hasler, A.(2003), "Innovations-und Technologienetzwerke," Strebel, H.(Ed., 2003), *Innovations–und Technologiemanagement*, Wien, pp. 347-381.

Szyperski, N./Winand, U.(Ed., 1989), *Handwörterbuch der Planung*, Band 9,

Stuttgart.

Thom, N.(1980), *Grundlage des betrieblichen Innovationsmanagements*, 2. Auflage, Königstein.

Thom, N.(1983), "Innovations-Management-Herausforderungen für den Organisator," *Zeitschrift für Führung und Organisation*, 1/1983, pp. 4-11.

Thom, N.(1990), "Innovation Management in Small and Medium-Sized Firms," *Management International Review*, 2/1990, pp. 181-192.

Timischl, W.(1995), *Qualitätssicherung, Statistische Methoden*, München.

Traeger, D. H.(1994), *Grundgedanken der Lean Production*, Stuttgart.

Trommsdorff, V.(Ed., 1990), *Innovationsmanagement in kleinen und mittleren Unternehmen*, München.

Trommsdorff, V./Brodde, D./Schneider, P.(1987), *Modellversuch Innovationsmanagement für Kleine und Mittlere Betriebe*, Technische Universität Berlin, Berlin.

Trommsdorff, V./Reeb, M./Riedel, F.(1991), "Produktinnovationsmanagement," *Wirtschaftswissenschaftliches Studium*, 11/1991, pp. 566-572.

Trommsdorff, V./Schneider, P.(1990), "Grundzüge des betrieblichen Innovationsmanagement," Trommsdorff, V.(Ed., 1990), *Innovationsmanagement in kleinen und mittleren Unternehmen*, München, pp. 1-25.

Trompenaars, F.(1993), *Riding the Waves of Culture–Understanding Cultural Diversity in Business*, London.

Tschirky, H./Hess, W./Lang, P.(Ed., 1990), *Technologie–Management*, Zürich.

Ueno, H.(1988), "Nippons Personalchefs müssen umdenken," *Harvard Business Manager*, 2/1988, pp. 55-63.

Urabe, K.(1988), "Innovation and the Japanese Management System," Urabe, K./Child, J./Kagono, T.(Ed., 1988), *Innovation and Management; International Comparisons*, Berlin, pp. 3-25.

Urabe, K./Child, J./Kagono, T.(Ed., 1988), *Innovation and Management; International Comparisons*, Berlin.

Urban, C.(1993), *Das Vorschlagswesen und seine Weiterentwicklung zum europäischen KAIZEN–Das Vorgesetztenmodell–, Hintergründe zu aktuellen Veränder-*

ungen im Betrieblichen Vorschlagswesen, Konstanz.

Vahs, D./Burmester, R.(2005), *Innovationsmanagement, Von der Produktidee zur erfolgreichen Vermarktung*, 3. Auflage, Stuttgart.

Verlag Vahlen(Ed., 1984), *Kompendium der Betriebswirtschaftslehre*, Band 2, München.

Vernon, R.(1966), "International Investment and International Trade in the Product Life Cycle," *Quarterly Journal of Economics*, 1966, p. 190ff.

von Behmer, A.(1998), "Internationalisierung industrieller Forschung und Entwicklung," Franke, N./von Braun, C.-F.(Ed., 1998), *Innovationsforschung und Technologiemanagement*, Berlin/Heidelnerg, pp. 107-113.

von Keller, E.(1982), *Management in fremden Kulturen: Ziele, Ergebnisse und methodische Probleme der kulturvergleichenden Managementforschung*, Bern/Stuttgart.

von Reibnitz, U.(1981), "So können Sie die Szenario-Technik nutzen," *Marketing Journal*, 14. Jahrgang, Nr. 1, pp. 37-41

Vrakking, W. J.(1990), "The Innovative Organization," *Long Range Planning*, Vol. 23, No. 2, pp. 94-102.

Welge, M. K./Al-Laham, A.(1992), *Planung; Prozesse-Strategien-Maßnahmen*, Wiesbaden.

Wild, J. J. et al.(2008), *International Business, The Challenges of Globalization*, 4th Edition, Upper Saddle River, New Jersey.

Wolfrum, B.(1992), "Technologiestrategien im strategischen Management," *Marketing. Zeitschrift für Forschung und Praxis*, Heft 1, pp. 23-36.

Womack, J. P./Jones, D. T./Roos, D.(1992), *Die zweite Revolution in der Automobilindustrie*, 5. Auflage, Frankfurt/New York.

Wuppertaler Kreis(Ed., 1983), *Innovationsmanagement in Mittelbetrieben*, Köln.

Zahn, E.(1986), "Innovations-und Technologiemanagement-Eine strategische Schlüsselaufgabe der Unternehmen," Zahn, E.(Ed., 1986), *Technologie- und Innovationsmanagement*, Berlin, pp. 9-48.

Zahn, E.(Ed., 1986), *Technologie-und Innovationsmanagement*, Berlin.

Zsifkovits, H. E.(Ed., 1992), *Total Quality Management(TQM) als Strategie im internationalen Wettbewerb*, Köln.

Zwicky, F.(1966), *Entdecken, Erfinden, Forschen im Morphologischen Weltbild*, München.

http://fortune.com/global500/

국·문·색·인

ㄱ

ㅍ

영·문·색·인

I

K

L

[저자 약력]

박 주 홍(朴 珠 洪)

계명대학교 경영학과(부전공: 독어독문학) 졸업(경영학사)
계명대학교 대학원 경영학과 졸업(경영학석사)
독일 슈투트가르트(Stuttgart) 대학교 경영학과 수학
독일 호헨하임(Hohenheim) 대학교 대학원 국제경영전공 박사과정 수학
독일 만하임(Mannheim) 대학교 대학원 국제경영학과 졸업(경영학박사)
독일 바덴-뷰르템베르크(Baden-Württemberg)주 학예부 박사학위지원 장학금 수상
독일 학술교류처(DAAD) 연구지원 장학금 수상
BMW 학술상 수상, 2001
남서울대학교 경영학과 조교수 및 경영연구센터 소장 역임
독일 만하임(Mannheim) 대학교 국제경영학과 방문교수 역임
계명대학교 경영대학 부학장, 취업지원처장, 학생복지취업처장 역임
현재 계명대학교 경영학전공(국제경영) 교수, 경영학부장(juhong@kmu.ac.kr)
독일 Perlitz Strategy Group(PSG) 아시아지역 학술고문(www.perlitz.com)

주요 논문, 저서 및 역서

글로벌혁신경영, 유원북스(2016)
글로벌인적자원관리, 유원북스(2016)
글로벌마케팅, 제3판, 유원북스(2022)
글로벌전략(2판), 유원북스(2020)
글로벌경영, 유원북스(2012), 집현재(2011)
글로벌마케팅, 박영사(2010)
국제경영전략, 삼영사(2009)
국제경쟁력 강화를 위한 전사적 혁신경영, 삼영사(2007)
국제경영(역서, Manfred Perlitz 저), 형설출판사(2003) 외 3권의 저서
"AIIP를 이용한 국제기술이전의 평가를 위한 체크리스트의 가중치 개발: 합작투자를 중심으로" (2015)
"The Competitiveness of Korean and Chinese Textile Industry: The Diamond Model Approach" (2010, 공동연구) 외 50여 편의 논문

글로벌혁신경영

2022년 7월 25일 2쇄발행
2016년 6월 30일 발행

저 자 박 주 홍
발행인 이 구 만
발행처 유원북스
04091 서울특별시 마포구 토정로 222(신수동)
한국출판콘텐츠센터 416호
전화 (02)593-1800 Fax (02)6455-1809
등록 2011. 9. 6 제25100-2012-3호
www.Uwonbooks.com

정 가 32,000원 ISBN 978-89-97926-56-5

이 도서의 국립중앙도서관 출판예정도서목록(CIP)은 서지정보유통지원시스템 홈페이지(http://seoji.nl.go.kr)와 국가자료공동목록시스템(http://www.nl.go.kr/kolisnet)에서 이용하실 수 있습니다.(CIP제어번호: CIP2016014532)